本著为教育部产学合作协同育人项目“投资学人工智能教学创新实践基地建设”（项目编号：231106396245146）成果

现代投资学

XIANDAI TOUZIXUE

宋 琴 / 著

華中師範大學出版社

图书在版编目(CIP)数据

现代投资学 / 宋琴著. -- 武汉 :华中师范大学出版社,2024.11.
ISBN 978-7-5769-0648-6
Ⅰ. F830.59
中国国家版本馆 CIP 数据核字第 2024SK3234 号

现代投资学

责任编辑：魏耀武　　**责任校对**：肖　霞　　**封面设计**：罗明波
编辑室：学术出版分社　　**电话**：027-67863280
出版发行：华中师范大学出版社有限责任公司
社址：湖北省武汉市洪山区珞喻路 152 号　　**邮编**：430079
电话：027-67863426(发行部)　　**传真**：027-67863291
网址：http://press.ccnu.edu.cn　　**电子信箱**：press@mail.ccnu.edu.cn
印刷：武汉中科兴业印务有限公司　　**督印**：刘　敏
开本：710 mm×1000 mm　1/16　　**印张**：20.25
版次：2025 年 1 月第 1 版　　**印次**：2025 年 1 月第 1 次印刷
字数：370 千字　　**定价**：98.00 元
欢迎上网查询、购书

前　　言

投资学是研究投资行为及其运动规律的一门学科。本教材立足于中国投融资实践，结合社会主义市场经济理论的特点，以马克思主义经济理论为指导，借鉴西方发达国家投资理论，将前沿理论与最佳实践有机融合，对投资活动全过程进行有效梳理，以探索投资行为的本质与基本规律。本教材按照中国式现代化经济高质量发展的要求，力求将投资学的最新知识、理论和技术融为一体，期望培养读者对投资领域的理解和实践能力。

本教材分为七篇：第 1 篇为基础知识篇，深入探讨投资历史和投资工具等内容；第 2 篇为市场运行篇，全面解析证券市场一般运行特点及国内外证券市场发展现状；第 3 篇为投资估值篇，细致讲解货币时间价值，并探讨债券、股票及金融衍生工具定价策略；第 4 篇为投资分析篇，综合运用宏观经济、行业趋势和公司价值评估，为投资决策提供多维度分析；第 5 篇为投资理论与管理篇，系统介绍投资组合理论及有效市场假说等基础内容，为理论与实践打下坚实基础；第 6 篇为行为投资篇，介绍行为金融学的理论框架及其在投资领域的应用；第 7 篇为产业投资篇，阐述产业投资基本原理，并追踪其在现代经济中的演变与发展。

在本教材的编写过程中，我们拜读了国内外众多专家和学者的论著，借鉴了其内容与研究成果，在此谨致以真挚的感谢。本教材编写的具体分工为：第一章至第二章由赵姣撰写；第三章至第四章由陈健、刘桂材撰写；第五章至第九章由薄思佳、刘金龙、周硕撰写；第十章至第十二章由李秀萍、张倩、姬钰杰撰写；第十三章至第十五章由尹聪、李俊达撰写；第十六章至第十七章由黄榆撰写。

受作者水平所限，本教材必然存在一定疏漏和不妥之处，望各位专家学者、老师、同学给予批评指正，以便再版时进行修订与完善。

目　　录

基础知识篇

市场运行篇

投资估值篇

投资分析篇

投资理论与管理篇

行为投资篇

产业投资篇

基础知识篇

第一章 投资概述

本章在明确界定投资的定义的基础上，介绍投资的分类及形式，尝试从古代投资、近代投资以及现代投资三个方面阐述投资的历史，并分析投资与投机的区别和联系，厘清投资学相关基础概念。

第一节 投资的基本概念

一、投资的定义

投资是最为重要的经济活动之一。任何经济体系得以有效运转都需要投资在其中发挥关键作用。政府、企业和个人投入时间、资源和资金，生产未来会产生效用的物品，是最具代表性的经济行为。从国民经济学的角度上说，投资可以定义为生产者获取固定资产或投入资源（资金、人力、原材料）的过程。经济主体进行投资，必须要有资金来源。从广义上说，全部投资来源于全部储蓄，而储蓄来源于消费剩余或牺牲当前消费，牺牲当前消费是为了在将来得到更多的回报和收益。可见，投资、储蓄、消费、收益和风险密不可分。

经济学家从不同角度解释了投资的概念。马克思在资本论中提到"投资是将货币转化为生产资本的过程"①。Paul A. Samuelson 则认为，投资是指实际资本的形成，即增加存货的生产，或增加新工厂、房屋及工具的生产。只有当资本通过建造房屋、生产汽车或类似的活动产生时，才有经济学家所说的投资②。William F. Sharpe 在其所著的《投资学》一书中，将投资概念表述为：投资是指为了获得可能的不确定的未来值，而做出的确定的现值的牺牲。

---

① 马克思. 资本论：第 3 卷[M]. 北京：人民出版社，1975：128.

② SAMUELSON P A, NORDHAUS W D. Economies[M] 13th edition. New York: McGraw-Hill Book Company, 1989.

张中华认为，投资的定义可以表述为：一定经济主体为了获取预期不确定的效益而将现期的一定资金转化为资本或资产的经济行为①。我们可从以下方面来认识投资的定义：

第一，投资是投资者现在支出一定数量资金的经济活动。从静态角度来看，投资是现在垫支一定数量的资金；从动态角度来看，投资就是为了获得未来的报酬而从事的经济行为。

第二，经济效益是投资活动的出发点和归宿点，即投资目的在于获得报酬（即收益）。投资活动是以牺牲现在价值为手段，以赚取未来价值为目的。未来价值超过现在价值，投资方能获得正报酬。

第三，投资具有时间性。也就是说，投资者现在付出的价值只有到未来的时间才能收回。

第四，投资具有风险性。风险是指未来收益的不确定性，当前投入的价值是确定的，但是，未来可能获取的收益却是不确定的，这种未来收益的不确定性就是投资风险。风险是客观存在的，不是投资者主观上的风险。投资中的风险是不可避免的，而且风险大小与投资对象、投资时间长短有关。时间越长，发生不可预测事件的可能性就越大，未来收益的不确定性就越大，从而风险就越大。

上述所讲的投资者即投资活动的经济主体，简称投资主体、投资者或投资方。它有多层次和多种类型，如直接从事投资的各级政府、企业、事业单位，投资基金或者个人等。前四者通常合称为机构投资者，其投资规模较大，而个人投资者的投资规模相对较小。投资就是这些人或人格化的组织进行的一种有意识的经济活动。总之，投资是个人或机构对现有资金的一种运用，是为了获得未来收益而进行的一种资本垫付行为。

二、投资的分类

投资有广义和狭义之分。广义的投资，是指以获利为目的的资本使用，既包括运用资金建造厂房、购置设备和原材料等从事扩大再生产的经济行为，也包括金融学领域的有价证券的交易。而狭义的投资，仅仅指的是后者，即有价证券的投资，通过买卖股票债券等有价证券的方式，在承担一定风险的同时，获得未来收益的行为②。可以将投资划分为以下种类。

---

① 张中华. 投资学[M]. 北京：高等教育出版社，2021：4.

② 孙娟. 投资学[M]. 成都：电子科技大学出版社，2020：251.

(一)实物投资和金融投资

按照投资对象的不同,投资可分为实物投资和金融投资。

1. 实物投资

实物资产指一切有形的资产,包括房地产、贵金属、古董、首饰、宝石和艺术品等。实物投资是指投资者对现实的物质资产进行购建活动以求获取一定的回报。它的投入会形成社会资本存量和生产能力的增加,并可直接增加社会物质财富或提供社会所需要的服务,如国家、企业、个人出资建造工业厂房和购置生产所用的机械设备等。

2. 金融投资

金融资产主要是指投资者将货币资金投资于各种各样的有价证券,如股票、债券、基金等。这种行为会使投资者在证券的持有期内获得与其承担的风险相称的收益。金融投资是以有价证券的存在和流通为前提条件的,即金融投资所形成的资金运动是建立在金融资产基础上的。

购买实物资产的投资行为就是实物投资,而通过购买金融资产的投资行为就是金融投资①。

(二)直接投资和间接投资

按照投资的方式不同可分为直接投资和间接投资。

1. 直接投资

从广义上说,直接投资是指投资者将货币资金直接投入投资项目,形成实物资产(固定资产、流动资产等),或者通过收购、兼并等对现有企业进行投资。通过直接投资,投资者便可以拥有全部或一定数量的企业资产及经营的所有权,参与企业的经营管理,从而对投资企业具有一定的控制力。

从投资金融资产的角度而言,各个投资主体直接以购买股票、债券、商业票据等形式进行金融投资是直接投资。从筹资者的角度看,又可称为直接融资。由于其投资形式主要是购买各种各样的有价证券,因此也被称为证券投资。

2. 间接投资

间接投资是指投资者将货币资金投资于金融资产,包括投资银行和金融机构储蓄,购买股票、债券、基金等有价证券。

各个投资主体将资金存入商业银行或其他金融机构,以储蓄存款或企业存款、机构存款的形式存在是间接投资。从筹资者的角度看,又可称为间

---

① 顾孟迪. 投资学[M]. 上海:上海人民出版社,2002:4.

接融资①。

投资者进行投资的原因在于，运用一定的资本进行投资，在一定的时期内可以获得一定的收益，取得一定的经济效益。使成果超过消耗，少投入、多产出是任何社会形态下人类进行任何经济活动都要受其支配的基本经济规律之一。经济效益是投资活动的出发点和落脚点。由于投资活动中运用资金与购买资产的经济活动是联结在一起的，投资的含义也就具有了双重意义，既用来指实体经济中特定的经济活动，又用来指金融产品的交易行为。

三、投资的形式

（一）固定资产投资

固定资产投资，是指企业购置或建造固定资产的投资。它既包括基本建设投资（新建、扩建工程的投资），也包括对现有固定资产进行更新改造的投资。

（二）房地产投资

房地产投资是为了获得未来收益或避免资金贬值而投资建造或购买房地产以便出卖、出租的活动。

（三）有价证券投资

有价证券投资简称证券投资。狭义的投资，是指投资者将资金投向于股票、债券等各种有价证券，进行有价证券的买卖，从而获取收益的一种投资行为。

（四）期货投资与期权投资

期货投资是指投资者通过买卖期货合约规避价格风险或赚取利润的一种投资方式。购买期权者以支付一定数量的期权费为代价，得到在一定时期以指定价格买卖一定数量商品或证券的权利，一般所说的期权即指期权合同。

（五）信托投资

从受托人的角度说，信托投资是指信托企业以投资者的身份直接从事各种投资活动，这是信托投资公司的基本业务。从委托人的角度说，信托投资是指委托人以投资者的身份将财产交付受托人，并指定用于投资活动，这是委托人的一种投资方式。基金投资就属于一种信托投资。

① 邢天才，王玉霞. 证券投资学[M]. 大连：东北财经大学出版社，2007：8.

(六)保险投资

保险投资是指投资者通过参加保险来抵补风险损失或获取收益的一种投资方式。保险投资具体又可细分为财产保险、人寿保险、投资连接保险等。

(七)BOT投资

BOT(Build Operate Transfer)投资是指外国投资者投资于东道国基础设施项目的建设,东道国授予投资者一定时期的经营管理权,使投资者在其经营期间赚取利润和收回投资后,到期将该项目全部无偿交给东道国政府的投资方式,是近年来国际上流行的利用外资的新形式。

随着社会、经济与文化的发展,投资的分类将会出现新的变化。因此,关于投资的分类,将会伴随人类文明形态的更迭和科学技术的进步,变得更加具有多样性。

第二节　中国投资的发展历史

一、古代投资发展

中国古代投资,是从早先的贷款演变而来。中国贷款已经有几千年的历史。中国最早的贷款制度见于《周礼》,其中规定了国家贷款的准则,也规定了私人贷款的准则。根据《周礼》的记载,可以看到那时的官员或多或少都在发放高利贷。到了春秋时代(公元前770—前476)和战国时代(公元前475—前221),资金借贷流行,有关书籍记录了当时的情况。

从中国的历史来看,放款主体主要有政府、寺庙僧人和商人。三者在放款过程中都充当了极其重要的角色。在古代,中国政府饱受高利贷困扰,民间贷款利率极高。例如,唐朝(公元618—907),唐高祖李渊在位期间,朝廷规定,官吏必须以百分之十的利息来借贷,以此来填补巨额的财政赤字。

在宋代,王安石进行改革,制定了政府发放贷款补助农户的政策。农户们在春季借钱购买种子,等到农作物收获后再偿还贷款。但实际情况是,许多地方政府强迫农户贷款,以获取利益。封建政权一直努力遏制放款行为,以维持社会的稳定,但从来没有制定过严格的放款政策。

公元701年,唐朝皇后武则天发布法令,规定利息不能超过原始债务金额。此项制度虽有间歇,但一直持续到清代。但是,在实际运作中,经常出现一些违法行为,尤其是国家借贷行为。在清朝,规定了借贷利息只有3%

的上限，但这条规定并没有得到严格的实施。

贵族、官吏、地主、商人等是参与民间借贷的主体，他们所经营的放款机构一般被称作“质库”“典当”。由于王朝的更迭、贷款规模和放款机构的经营方式的差异，这些金融机构的名称也会发生改变。起初，这些机构的大多数借款业务都是抵押贷款。到了宋代，质库的作用变得越来越大，可以用来吸收存款，也可以用来进行货币兑换，并有一些质库已经开始采取合伙经营的模式。例如，在宋朝的《金华黄先生文集》里就记载了 50 人合伙开设贷款机构的案例。

除了共同出资经营之外，还产生了一种由部分人出资，其他人提供劳动力的运营模式，它与利益分享相似。但与利益分享有所区别的是，这种运营模式并没有按照比例分配利润。没有出资的合伙人想要取得收益就必须支付固定的利息。这种合作关系是两汉时期的产物，在宋朝得到进一步发展，质库这类借贷机构也广泛被采用。

中国的放款方式随着时代的发展而发生变化，除早期根据粮食收成发放贷款之外，典当行贷款金额也越来越大。典当行是按照抵押来进行放款的机构。如果放款后发生违约，那么借款者将失去抵押物。典当行的出现逐渐成为银行的雏形，从唐代开始，对典当行开办的管制逐步放松。到了明朝，专由僧侣经营当铺的原有模式被彻底打破，新设的典当行如雨后春笋般出现。

二、近代投资发展

我国还没有出现股票市场和现代银行之前，已经出现了钱庄、票号等各种金融形态，而与之对应的金融票据以及它们的承兑与交换，应该被看作是证券市场萌芽的一种原始形态。明朝中期之后，商品生产迅速发展，并出现了最早的货币市场形式——钱业市场。到清朝中期，这样的货币交易已遍布整个江浙地区。在这些地区，上海、杭州、宁波、苏州的经济都有了较大的增长，并逐步形成了国内货币交易的集聚地，这些市场与地方上的民族工业和商业联系十分紧密。在中国，股份有限公司是在明朝和清朝初期出现的。在一些投资大、收益高、风险性大的产业中，诸如上海砂轮工业、四川油盐工业、云南广东矿业工业、山西金融业等，都普遍采取了“招商集资，得到合股经营”的经营方式。这种经营方式带有鲜明的资本股份性质，“集资合股”的参与者签署了一份载明权利责任的契约，这是中国最早的股票雏形。

中国现代股票市场的形成可以追溯到清代后期。那时候，先是出现外商股票，然后是华商股票，而债券也是先有国外发行的债券，后有国内发行的债券。近代以来,中国股票市场同时出现了华、洋两种完全不同的体系。虽然此时的股票市场具有天然的缺陷,没有充分地发挥资本市场功能,但仍是一次历史性的飞跃。不可否认的是,它对抵御外来经济侵略、吸引游资、稳定物价,都产生了很大的影响,也为后来股票市场的建立与发展积累了丰富的历史经验。

三、民国时期投资发展历程

民国时期是中国投资发展历程中一个充满变革和挑战的时期。民国时期中国投资发展的主要历程如下。

(一)1911 年辛亥革命后的初期改革

辛亥革命后,民国政府试图建立现代企业制度和法律框架,以推动国内经济的发展。初期改革包括设立企业法人、银行法人等,为国内外投资者提供了一定的法律保障。

(二)1912 年—1927 年北洋政府时期

北洋政府时期,国内经济相对稳定,外资进入逐渐增加,尤其是在工矿业、交通运输等领域。一些实业家开始崭露头角,积极投资于轻工业、制造业等民族工业。

(三)1927 年—1937 年国民政府时期

国民政府时期,中国政局动荡不安,但也有一些投资活动在进行。国民党政府采取了一系列经济建设政策,鼓励民族工商业的发展。但由于战争和政治因素,经济发展受到一定影响。

(四)1937 年—1945 年全民族抗日战争时期

全民族抗日战争爆发后,中国经济遭受重创,但也出现了一些战略性产业的发展,如军工、矿产资源等。一些地方政府和实业家为了抵抗日本侵略,采取了一些积极的经济举措,促进了部分产业的发展。

(五)1945 年—1949 年战后重建和内战时期

抗日战争胜利后,中国陷入全面内战,经济遭受重创。虽然一些地区出现了经济复苏和投资活动,但由于内战和政治动荡,整体投资环境不稳定,国内外投资受到限制。

民国时期的中国投资发展受到政治、军事等因素的影响,经历了起伏不定的历程。尽管存在诸多挑战,但也奠定了一些国内投资和产业发展的基础,为中国经济的未来发展打下了一定的基础。

四、新中国成立以来投资发展历程

新中国成立以来的投资发展历程可以划分为几个关键阶段，每个阶段都反映了国家政策和经济环境的重大变化，共同构成了中国投资发展的丰富历程，也为中国经济的蓬勃发展提供了有力支撑。

(一)初期国有化和计划经济时期

在新中国成立之初，实行了国有化和计划经济体制，政府主导着国家经济的发展方向和资源配置。1949 年—1978 年，投资主要集中在基础设施建设、重工业和农业等关键领域，旨在推动国家工业化和农业集体化进程。政府通过五年计划和农村集体化等政策手段，来有效引导资本的流动和投资方向。

(二)改革开放初期

随着 1978 年改革开放政策的实施，中国经济迎来了前所未有的转折。政府开始逐步放开经济管制，吸引国内外投资，推动了经济结构的调整和产业升级。特别是在改革开放的前两个十年中，中国逐步放开了对外贸易和投资的限制，吸引了大量外资进入，推动了国内私营经济的蓬勃发展。政府还实施了一系列的改革措施，如城市化改革、农村土地承包制度改革等，为私营经济和外资的进一步发展创造了良好的环境。

(三)加入 WTO 后的快速发展

中国于 2001 年正式加入世界贸易组织(WTO)。中国经济进一步融入全球化进程，投资领域走向全面开放。外资投资规模和领域不断扩大，外资获准参股我国基金管理公司和证券公司。2003 年瑞士银行成为首家合格境外机构投资者获准进入中国资本市场。在此期间，中国政府通过放宽市场准入、降低贸易壁垒等措施，吸引了更多的国内外投资，中国经济以惊人的速度增长。

(四)资本市场改革和开放

2004 年 1 月 31 日，国务院颁布了《国务院关于推进资本市场改革开放和稳定发展的若干意见》，将资本市场改革开放上升到国家战略层面。2004 年 7 月 16 日，国务院颁发了《国务院关于投资体制改革的决定》。同时，一系列的改革举措开始实施，如国有商业银行实行股份制改革，发展多层次资本市场，推进汇率市场化改革等，进一步完善中国投资体制。

(五)全面深化体制改革

2013 年，党的十八届三中全会通过《中共中央关于全面深化改革若干重大问题的决定》，中国进入全面深化改革时期。投资体制改革也进一步深化，包括投资主体的多元化，实行统一的投资市场准入制度和投资便利化，完善金融市场体系，拓展投资渠道，健全多层次资本市场体系等。投资重点也逐渐从基础设施转向高科技产业和服务业，经济结构逐步优化[①]。

近年来，中国政府致力于推动经济转型和结构调整，提升创新能力和科技水平。投资重点包括人工智能、新能源、生物技术等领域。党的二十大报告指出，要健全资本市场功能，提高直接融资比重。随着中国经济持续增长和国际地位提升，投资环境逐步优化，投资工具将越来越丰富，投资相关的法制建设和知识产权保护力度会不断增强，将会吸引更多的国内外资金流入。同时，中国政府也强化投资风险管理，以优化投融资结构，促进产业升级，推动经济高质量发展。

第三节　投资与投机

一、投资与投机的概念

Keynes 对投资与投机的定义是："我用投机一词来表示预测市场心理的活动，而用投资一词来表示预测资产的整个生命期间的未来收益。"该定义揭示：投资与投机都是面临着不确定的将来的"预测"行为；但这两种方法在预测的内容上存在差异，投资是预测资产的整个未来收益（分析企业价值），投机是预测市场心理（市场行情）[②]。

Benjamin Graham 认为：投资是根据全面的分析，使本金安全和满意回报有保证的操作；不符合这一标准的操作就是投机。由此可见，投资的核心是安全性，不符合投资安全标准的行为便是投机。

可见，投资是将一定的资产投入某一个经营项目以获得一定利润的行为，用资金或者有价证券购买资产，然后进行生产、服务等经济活动，并在这些经济活动中获得收入和利润的过程，是一种可以给社会财富净增长的经济行为。在实体经济的投资活动中，也存在着一定的风险。比如，公司股东投入资金时，他们希望获得收入和利润。一般来说，只要公司的运营顺利，他们就可以达到预期的目的。然而，如果遇到坏的环境和管理不善的情况，则存在损失的风险。

---

① 张中华. 投资学[M]. 5 版. 北京：高等教育出版社，2021：21-22.

② 凯恩斯. 就业、利息和货币通论[M]. 高鸿业，译. 北京：商务印书馆，1999.

而投机，则是在市场中短时间内用低买高卖的方法来获得差价，比如炒地皮、炒楼花、炒权证、炒股票等。在股市中，当投机者预测到股票的价格会上升时，就会以相对较低的价位买进股票，待股票的价格上升时，就卖出股票，以获得差价。反之，当市场存在卖空时，投资者预期价格会下降，则他可以以当前的价位向经纪人借来股票做空，当股价真的下降时，他再买入并归还给经纪商，同样可以获得价差。可以看出，投资者是基于对股票未来走势的预测而进行的买卖，他们愿意用自己的钱去承担风险，持续买入和出售股票。当然，这样的投机行为并非欺骗伪造、违法地进行买卖，它是基于贸易规则，根据自己对行情变化的预测进行买卖，期望获得更大的利润。

因而，投机(Speculation)就是在愿意承担较高风险的基础上为获取较高的收益而从事的买卖行为。投机者根据自己对市场行情变化的预测来进行各种各样的买卖，以此来获取利润。如房地产的投机，是指投机者利用房产的价格变化，寻求高风险高收益的一种经济活动。投机行为，既包括在实体经济活动中的投机行为，也包括在各种商品和市场中的投机行为，如在证券市场和衍生产品市场中的投机行为。

二、投资与投机的区别

(一)作用不同

投资和投机的社会功能有很大的不同，前者具有生产性和建设性的社会功能，后者则没有这些社会功能。投资产生了价值，提高了社会财富，而投机则没有这些作用。当一国的投机性超过了投资性时，将对一国的社会、经济和财富的增长产生重大影响。投机行为会对股票市场造成毁灭性的后果。由于投机者对自己所购买的商品没有清晰的认知，仅仅依靠对市场心态的判断，不可避免地会被他所处的市场情绪所影响。在这种情况下，他也会成为一种参与者，从而加大市场的情绪波动，导致股票价格大幅涨跌。而投资具有建设性社会功能，投资机构通过理性投资，支持优秀企业发展，合理配置资源，从而达到提升社会生产效率、增加社会财富的目的。

(二)选择策略不同

投资和投机使用的是两种战略。投资是通过对其内部价值的剖析，购买超出其本身价值的股票，并通过股价对其本身的价值的回归来达到其目的。投机行为是指对人们的预期和对股票价格变动的判断，与从事同样活动的人进行博弈。投资策略是建立在“价值决定价格”的基本原理上，它的收益具有合理性、必然性。为了保证自己的安全，也为了保持稳健发展，投资者都将“安全第一”作为自己的基本准则。投机则是一种对市场心态的揣测。在这个“游戏”中,关键在于如何“择机”,而非其内在价值。为了能获得更好的市场时机,投机者不遗余力地揣摩其他投资者,为了在投机群体的内斗中获胜,让其他人变成输家。

(三)特征不同

第一,投资者专注于了解企业,而投机者不是。只有深入研究,掌握企业的情况,才能对企业的内在价值进行分析和判断。所以,对企业的认识也就不可避免地成为投资人关注的焦点。对企业管理层的信赖,是对企业有较深认识的表现。在不清楚企业状况的前提下,进行多元化投资是一种盲目而错误的行为。

第二,投资者看重的是长远利益,而投机者看重的是短期利益。从价格到价值的回归通常需要一个很长的时间,由于企业的基本面发生变化而导致的投资决策发生变化也是如此。投资是一种长期行为。投机是根据市场行情判断下注,预测(赌)对了还是错了,市场实际走势很快就会给出答案。因此,投机者会自然而然地追逐短期的利益,紧紧地盯住自己手上不断上涨或下跌的股票,经常会对自己的近期收益和损失进行盘算,他们的心情也随着股市的波动而波动。

第三,投资者受到的外在的心理压力比投机者要大得多。在股票市场上,大多数的参与者想在当前的博弈中获得最大的利益,他们热衷于追求眼前的利益,并用眼前的结果来衡量成功与否。而那些寻求长远发展的投资人就比较“另类”了,因为他们不可避免地要承受来自大众的心理压力。在现实生活中,投资者就像是一个孤独的追寻真理的人,其行为在于维护投资者权益。

三、投资与投机的联系

无论是投资还是投机,都属于市场参与者的一种行为。它们在市场经济中都具有发现价格,实现市场均衡,进而实现资源最优配置的作用。二者的关系实际上是一对矛盾统一体,实质上都是为了利益,这是一种追求利益的本性。投资行为执行不到位,就会变成投机行为。

(一)相互依赖

以投资为目的的投资者和以投机为目的的投机者,两者相互补充,相互依赖。在一个成熟的市场中,投资行为占主导地位,在扩大市场规模的过程中,尤其是在市况较为低落但是具备了长期投资价值的情况下,投资群体通常是稳定股市的主力。而那些投机者,却是被动的、从属的。在股市运行过程中,投资人是股市运行的基石,也是股市运行的“稳定器”,而投机者则是股市运行中不可或缺的“润滑剂”。没有投机者的加入,就没有了市场的活力,也就不会有稳定的或不断壮大的投资者队伍。没有长期稳定的投资者参与,投机者就没有生存的土壤。

(二)相互转换

在特定的情况下,投资者与投机者之间是可以相互转换的。尽管投机者勇于冒险,但是当他们在利益与风险之间进行权衡时,会尽量在避免危险的前提下寻求更高的回报。当市场价差达不到预期时,最初的投机性就会转变成投资性。在获得日常营业收益的同时,投资者也会产生投机的心态,当遇到适当的机会,如股市行情大涨大跌的时候,他们就会抵挡不住巨大利益的引诱,参与到投机性的活动中来。

四、投机的作用

投机者冒着较大的风险,能保持股市的活力,并且能保持较大的交易量。因此,适度投机在市场中具有较重要的作用。

第一,提高市场竞争程度。合规的投机行为对维持市场竞争起着重要作用。比如,如果股票市场上有大量的投机行为,那么,想要垄断一个市场是很难的,这就会对这种垄断行为起到某种遏制效果,使股票价格不会出现大幅波动。对于其他市场也是如此。

第二,促进交易活动发展。比如,在中国的房地产业刚刚开始的时候,其发展速度比较慢,但是随着房地产投机的兴起,许多人都意识到,投资房地产是可以获得利润的,而且房地产还具备保值增值的特征,是一种十分不错的投资产品。在这样的背景下,房地产投机在一定程度上,激发了人们对房地产商品的认识,使得房地产市场中的交易活动变得更加活跃,从而在一定程度上推动房地产市场的繁荣与发展。

第三,调节市场需求。股票市场的投机者并不关注股票的股息和红利,他们只关注股票的价格变化,在股票的价格下跌时买入股票,在股票的价格上涨时出售股票,从而对股票的供求关系起到调节作用。

第四,提高市场流动性。在市场经济环境下,资金的本性就是利益最大化。投机者利用自己的洞察力,对市场进行分析,找出巨大利益的来源,从而参与进来,突破人为分割的市场。投机者一旦有了投机性的资金,就可以通过种种渠道“绕道而行”。事实上,市场对投机资本是开发的。

上述所有观点都适用于适度投机行为,但绝不适用于过度投机。适度投机能够在市场上发挥积极正向的作用,但当为了获得利润而不择手段进行恶性竞争时，就会出现过度投机的违规现象，势必会造成不良后果。过度投机行为具有很强的危害性。因此，我们需要对其加以控制，加强宏观调控，以防止其对整体经济产生冲击。只有正确理解“投资”和“投机”的关系，正确处理好“投资”与“投机”在市场中的位置，才能更好地把握市场的运行规则，从而进行更好地投资。

本章小结

1. 投资一般包括广义和狭义两个部分。广义的投资，是指以获利为目的的资本使用，既包括运用资金建造厂房、购置设备和原材料等从事扩大再生产的经济行为，也包括金融学领域的有价证券的交易。而狭义的投资，仅指后者，即有价证券的投资，通过买卖股票债券等有价证券的方式，在承担一定风险的同时，获得未来收益的行为。

2. 投资最早由贷款演变而来，中国现代投资发展经历沪深交易所的建立、股权分置、注册制改革，是现代投资发展的三座丰碑。

3. 投机就是在愿意承担较高风险的基础上为获取较高的收益而从事的买卖行为。投机者根据自己对市场行情变化的预测进行各种各样的买卖，以此来获取利润。投资与投机有很大的不同，合理投资有助于资产合理配置，投机风险较大，容易给投资者带来损失。

基本概念

直接投资与间接投资　实物投资与证券投资　投资与投机

复习题

1. 什么是投资？如何正确理解投资的含义？
2. 分析投资与投机的关系。
3. 什么是证券投资？试述证券投资与实物投资的区别与联系。

第二章　投资工具

投资工具是进行投资活动的载体。本章详细介绍股票、债券、投资基金以及金融衍生工具等代表性投资工具，并分析每类投资工具的特征。

第一节　股　　票

一、股票的概念

股票是股份公司发给股东，证明其持有公司资产所有权的凭证。股票持有人可以根据该凭证获得股息和红利。

持有人在成为发行公司的股东之后，就有参与公司决策、分享公司利益的权益，同时需分担公司一定的责任和风险。股票被认购后，持股人只可在股市上转让或卖出股份，不得要求返还股份。

股票是金融市场上重要的交易对象和抵押品，已成为金融市场上重要的投资工具，但是它本身并不具有任何价值，属于虚拟资本。

二、股票的基本特征

股票具有收益性、风险性、永久性、参与性和流通性五个特征。

（一）收益性

收益性是股票最基本的特征，它是指股票可为其持有人带来收益。投资者购买股票的主要目的就是要获取收益。根据股份有限公司的章程，股票持有者享有获得股息并分取公司经营利润的权利。股票的盈利大小取决于股份有限公司的经营状况。同时，由于股票还可以在二级市场上进行流通交易，股票持有人可以根据自己的预期和选择，在二级市场上买卖股票，获取差价。

（二）风险性

投资股票会产生一定的风险，其真实回报与期望回报可能会存在一定偏差，从而产生一定的收益或亏损。股票的收益率与其所投企业的利润有密切关系，但受股市波动等多种因素制约。股份公司盈利越多，股东就能获得越多的股息和股利。反之，公司盈利能力下降，股东分红减少，股价也会下降，从而造成损失。如果公司倒闭，股东将不能获得初始投资金额。

（三）永久性

股票的永久性是指股东所享有的权益在任何时候都保持不变，并且不允许投资人随时退出持股。这样，股东和股份公司的关系就会长期保持下去。因为股份是不能退回的，所以股东只能通过股份转让的方式退出其持有的股份，即通过出售股份回收其所投本金。

（四）参与性

股东的参与性是指股东对公司的重大决定具有一定的参与权。股份公司是投资人以股本形式对其持有的财产进行投资。股东们为了获得更多的利润，他们有权参加公司的管理决定，并选出董事会的成员。但是，股东是否有资格参与投票，由其所持股份的多少而定。

（五）流通性

股票的流通性是指股票具有法律上可以自由交易的特点。股票在特定金融市场上可进行流通转让。股权转让是股权转让方将股票所象征的权利转移到接受方的一种方式。

三、股票的基本类型

股票的形式随着股份公司制度的不断发展和完善，以及适应投资者的新要求不断发生变化。本书从不同的角度介绍股票常见的种类。

（一）普通股股票和优先股股票

股票可以分成普通股和优先股两种，其差别主要表现在持有者所拥有的权利不同。

1. 普通股股票

普通股是以其所发行的股票而获得的资金作为公司注册资金依据的标准股票。根据我国公司法，持普通股股票属于基础股东，他们在公司中拥有合法的股东权益。普通股是基本且常见的股票类型，其持有人在公司中拥有最基本的权益，股东的收益随企业利润的大小而增减，普通股的期限始于企业上市之日，终于企业退市之日。相对于优先股，普通股本是一种带有高风险性的标准化股票。普通股持有人可享有以下基本权利。

（1）公司重大决策参与权

普通股股东拥有多种权利，最主要的权利是公司决策的参与权。普通股股东通过行使参与股东大会的权利，对公司的经营状况进行监管，享有对公司未来投资计划和经营决策的建议权和表决权。股东通过出席公司的会议，行使投票权和表决权，且有选取董事和监事的权利。董事会一般一年一次或半年一次，如有需要，亦可举行临时会议。不能参加股东大会的股东，可委托其代理人参加股东大会来行使其表决权。投票的形式除现场投票外，也可通过线上投票等方式进行。持有股票的比例代表着投票权的大小，持有股票数量越多意味着越大的表决权。一股代表一票是股份公司采用的主要形式。少数股份公司采用差异化表决权，一般由于这些公司的创始人和控制股东希望通过较少的股票拥有较大的投票权，来实现对公司的控制。差异化表决权的股权设计结构为：公司的实际控股股东通过持有特殊类型的股票，一般称为"A 类股"或"特殊股"，一股特殊股可代表多于一票的表决权；另一类为"B 类股"或"普通股"，一股代表一票表决权，由普通持股人持有。

［例 2.1］

优刻得——中国国内第一家同股不同权的股份公司

优刻得是向第三方提供云计算服务的一家科技公司，是中国首批获得官方认可的云计算企业。该公司于 2020 年 1 月 20 日在上海证券交易所科创板块上市，实行同股不同权制度，这是我国国内首家实行差异化表决制度的企业。2014 年阿里巴巴因为合伙人制度被香港证券交易所拒之门外。赴港上市败北后，阿里巴巴转而在美国上市，其一直坚持的合伙人制度引发各界对"同股不同权"的广泛关注。在此之后，小米、美团等科技公司先后赴美上市，中国股权制度改革提上日程。差异化股权结构大多应用于科创型企业之中，维持创始人稳定的控制地位，从而为公司长期健康发展保驾护航。我国科创板双层股权结构的发展现状见表 1.1。

表 1.1　科创板双层股权结构发展

2018 年 9 月 国务院	《国务院关于推动创新创业高质量发展打造"双创"升级版的意见》	推动完善公司法等法律法规和资本市场相关规则，允许科技企业实行"同股不同权"治理结构。
2019 年 1 月 证监会	《关于在上海证券交易所设立科创板并试点注册制的实施意见》	依照公司法第一百三十一条规定，允许科技创新企业发行具有特别表决权的类别股份，每一特别表决权股份拥有的表决权数量大于每一普通股份拥有的表决权数量，其他股东权利与普通股份相同。

续表

2019 年 3 月 上交所	《上海证券交易所科创板股票上市规则》	本规则所称表决权差异安排，是指发行人依照《公司法》第一百三十一条的规定，在一般规定的普通股份之外，发行拥有特别表决权的股份(以下简称特别表决权股份)。
2020 年 6 月 深交所	《深圳证券交易所创业板股票上市规则》	第四章第四节详细介绍特别表决权制度。
2021 年 10 月 北交所	《北京证券交易所股票上市规则(试行)》	第四章第四节详细介绍特别表决权制度。
2021 年 1 月	《北京证券交易所上市公司业务办理指南第 5 号——表决权差异安排》	详细介绍北交所关于特别表决权制度的安排。

(2)公司盈余和剩余财产分配权

普通股持有者有权对公司利润进行分配，也有权对剩余资产进行分配。股东权利内容主要有两种：一种是股东有权在公司的税后获得利润分红；二是公司破产和清算后，债权人对公司的剩余资产享有追索权利。

普通股股东在进行利润分配的过程中，存在着一些制约因素。利润分配有法定的规范，只有留存利润才能进行分红，公司注册资本不得减少，公司无力偿债时不得进行分红。在中国，派发股利的先后次序依次为弥补亏损、提取储备金等。此外，还有其他制约因素，比如企业需要现金、股东身份、经营环境、融资能力等。上述因素会对企业的税后盈利水平和企业的发展需求产生一定的影响，进而对企业的股票持有人是否能够获得股利及其分配比例产生一定的影响。

普通股股东需遵照两个条件分配剩余资产。第一，股东只有在公司解散清算时才可行使剩余资产分配权。第二，公司在进行剩余资产的分配时，要按一定的次序进行，首先要支付清理费、员工工资、劳动保险费、应税所得、债务清偿等，然后再将剩余财产按股权的份额进行分配。

(3)其他权利

除了上述权利之外，普通股股东还依法享有如下基本权利：对公司运营情况的知情权、股份转让权、优先认购权等。其中，优先认购权是一种特别的权利，是在公司增发股票时，原普通股股东根据其持股比例以较低的价格优先认购一定数量的新股票的权利。赋予享有优先股的权利是因为要保持股东的原有持股比例，从而达到保护原普通股股东的利益及其持股的价值。

普通股持有者除了享有一定的权利外，还应履行的责任有：遵从公司的章程，根据所认购的股票支付股金；不得随意退股；拥有公司5%或更多投票权的股票持有人，所持股票若进行质押，须于三个工作日内提出申请；股东在行使表决权时，以维护公司和其他股东合法权益为前提。同时，根据法律、行政法规及公司章程，对公司的其他要求也负有相应的责任。

2. 优先股股票

优先股是对股票持有人具有一定的优先权的一种特殊股票。具体来说，优先股是在公司的收益分红和剩余资产分配上较普通股享有优先权的股份。优先股股东享有不同于普通股的权利，同时具备公债的一些特征，即在其发售时设定了一个固定的利率，这与债券的利率事先固定相似。

在公司的章程中，对优先股票的优先条件进行了明确，具体内容有：分配股利和剩余资产的顺序和额度；行使表决权的条件、顺序和限制；优先股股东的权利和责任，还有股权转让的条件等。

与普通股相比，优先股有如下特点：

(1)股息率是不变的。与普通股相比，优先股具有固定的分红比例，而普通股的分红比例则与企业的营运情况及获利程度有关。

(2)优先分配股息。在股份有限公司的利润分配次序上，优先股优于普通股。在许多国家的公司法中，企业所获得的利润都是优先偿还给债权人的本息和税款，其次是优先股的股息发放，而普通股票的股息发放则是在第三位。所以，持有优先股的风险要小于持有普通股，相应的收益也小于普通股。

(3)对剩余资产进行优先配置。当股份有限公司因破产或解体而面临清盘时，在其剩余资产的分配上，优先股的持有者具有比普通股票持有者更高的地位，而其地位仅次于债权人。优先股的持有者有权对公司的剩余资产进行分配，但是通常是根据优先股的票面价值来分配。

(4)没有表决权。优先股的持有者所行使的权利是有限的。他们不能像普通股持有者一样在董事会上进行表决。他们往往没有投票权，因而不能对公司的经营状况进行表决。其投票权仅限于与优先者利益相关的特例中。

(二)记名股票和不记名股票

根据股东的名字有无记载，股票分为记名股票和不记名股票。

1. 记名股票

非公开发行的股票应当将股东的名字记录在股票的背面，并将其记录在股东名册上。《公司法》明确了记名股票的法律制度，其中，个人持股应当登记其名称；凡由政府批准设立的国有控股公司或企业，均须登记。如果申请人的名字或名称发生了变化，则需要进行变更。

记名股票有以下几个特征：

(1)记名股东享有公司的股东权利。持有记名股票才可行使股东权利，其他股票持有者没有股东资格。

(2)购买股票的资金可以分期支付。一般来说，购买股票的资金需一次付清，但是，因记名股票与股份有限公司具有特殊的关系，有些国家或地区准许记名股东分期付款。

(3)股权转移的条款比较多。记名股份的转移因其具有法定的操作流程及所需的各种条件而较为烦琐。记名股票的转让需要遵守相关转让规定，有的国家要求记名股票只能转让给特定的持有人。

(4)记名股票挂失较为简单。记名股票与其代表的公司具有特定的关系，因此，即便记名股票丢失，但其地位和权利不会因此而被剥夺。在这种情况下，股东有权按照法律规定向股份有限公司提出申请，并请求其补发。

2. 不记名股票

在股票上或股东名册上不登记姓名的股票就是不记名股票。它与记名股票的区别在于股票的记载方法。不记名股票在发售时，通常都会有一张存根，由股票的正文和股息的票面组成。股票的正文记录了与公司相关的内容，例如公司的名字、股份所表示的股份数量，以及支付股利以及执行增加资本的权利。股息的计算及增资权利的行使记录在股息票面上。

不记名股票的特征如下：

(1)持有者享有股东权益。无记名股份由于没有记载具体的名字，所以必须使用精密的印刷工艺，包括色彩、纸张、水印、数字等，防止伪造和欺诈。

(2)一次性缴纳购买股票的全部款项。由于不记名股票没有登记股东的名字，因此，如果股票持有者支付部分资金就可获得其购买的全部股份，剩下的资金公司则无法追回。所以，认购人在收到股份之前，要先付清所有的费用。

(3)不记名股票的转移比较容易实现。与记名股票比较，不记名股票的转让更为方便，原持有人只要把手中的股权转移给受让人，就可以完成合法的转让，受让人不需要办理股权过户就可以获得股东身份。

(4)不记名股票存在着不安全因素。不记名股份因其缺乏法定的记载，一旦发生股票丢失，其持有人就丧失了其股东权益，也就不能办理登记。

(三)有面额股票和无面额股票

股票可以分成有面额股票和无面额股票,这需要看票面上有没有标明金额。

1. 有面额股票

有面额股票是公司章程和票面上都载明股份金额的股票。股票票面金额的计算方法是用资本总额除以股份数。公司发行的股票总金额代表股东所认缴的股本总额。公司的实际资本不能低于票面金额。

2. 无面额股票

无面额股票在其票面上没有显示股票的面值,仅显示该股票在公司资本中所占有的份额。它的价格与公司财产的增加和减少成正比,如果公司财产增多,它的股价就会上涨,相反,它的价格就会下跌。相对于有面额股票,无面额股票冲淡了面值的观念,但它仍然代表股东在公司总资产中所占的份额,拥有同等地位的股东权益。

四、中国股票类型

(一)按出资对象的特征划分

按照出资对象的特性,我国的股票类型可以划分为国家股、法人股、社会公众股、外资股等。

1. 国家股:以国有资产形式进行投资及折算现有国有资产所形成的股份。国家股从以下渠道获得融资:第一是现有国企改制后所获得的资本净值;第二是由政府授权的有关部门或机构对新成立的股份有限公司进行的资金投入。

2. 法人股:由企业、机构或其他组织等以法人名义出资所组成的股票。国有企业、事业单位或其他单位以合法占用的资产向独立于自己的股份公司出资形成的股份,被称作国有法人股,它是国有股权的一部分。在认缴时,可以采用现金或者其他形式财产,但是要对其他形式财产进行估价,保证不会过高或者过低。

3. 社会公众股:由社会大众将自己的资产投资于公司后所构成的能够在市场上交易的股票。在社会筹资模式中,社会公开发行的部分是由除去发行人认购外所构成的部分。我国证券法对社会公开募股的要求是公开发行的股票必须满足其所占总发行股数的比例超过25%;当公司总股本在4亿元以上时,其公开发行股票的比例需超过10%。

4. 外资股:由国内发行,我国的香港、澳门和台湾地区或外国投资者用外币购买,以人民币标明面值。

(二)按照投资对象和上市地区划分

根据投资对象的不同,我国主要存在的股票类型有A股、B股、H股、N股、S股以及红筹股等。

1. A股:中国企业在中国境内发行的以人民币进行交易的股票,主要面对中国境内的投资者。

2. B股:外国企业在中国境内上市的外资股,发行时以人民币标示其票面价值,以外国货币进行购买或交易,主要参与者是外国投资者。设立之初的目的是吸引外资在中国进行投资,随着经济的发展,B股的性质发生了变化。随着深港通、沪港通、QFII等外资进入中国内地资本市场渠道的扩大,B股的作用逐渐减弱,促使B股市场进行改革,如转为A股、H股等。

3. H股、N股、S股:在国外上市的外资股,是在境外发行的以人民币标明票面价值、用外币进行购买的一种股票。境外上市外资股需满足我国股票的上市要求,同时还必须满足所上市国家的上市要求。境外投资者成为公司股东后,公司用人民币所兑换的外国货币来支付他们的股息。在香港上市的外资股为H股,在纽约上市的外资股为N股,在新加坡上市的外资股为S股。

4. 红筹股:指在中国境外注册,在香港上市,公司的经营业务主要在中国境内的企业发行的股票。红筹股和外资股的区别在于发行红筹股的企业注册地是中国境内,而发行外资股的企业注册地在中国境外。通过发行红筹股,中国企业能够在境外进行融资并在国际市场上市,同时又可在中国境内经营。

(三)按流通受限与否分类

1. 有限授条件股票:它限制了股份的转让,只有满足国家相关要求才可上市。有限授条件的股票主要是股份改制而临时锁定的股份,包括内部员工股份,董事、监事等人员的股份。

2. 不限授条件股票:指能够在市场上自由交易的股票,包括中国股票(A股)、国内上市外资股票(B股)、境外上市外资股票等。

五、中国股票市场的发展

中国的股票市场主要由上交所和深交所的上市公司股票构成。另外,还有“新三板”等股票市场。2019年上交所设立了科创板,2020年“新三板”市场设立了精选层,于2021年转型为北京证券交易所。

中国股票市场虽然是一个新兴的市场,但是却得到了快速的发展。中国股票市场的形成可以上溯至19世纪下半叶。1840年鸦片战争后，外商开始在中国兴办工商企业并开始发行股票。最早在中国设立股份银行的是英国汇丰银行，于1865年3月3日在香港设立总行，4月在上海设立分行。1870年前后中国出现了买卖外商股票的经纪人。1891年，上海金融掮客协会正式设立，并于1904年更名为上海证券交易所。1918年北京股票交易所成立，1920年孙中山先生与虞洽卿联名向北洋政府申请成立了上海证券物品交易所，1921年天津证券物品交易所成立。新中国成立以前，因为社会动荡不安，没有形成一个稳定的投资氛围，股票的发行以满足战争需要为主，中国股市一直未能得到充分的发展。

1949年到1978年是我国股票市场发展的初步探索时期，这一时期的发展主要集中在1949—1952年。为了引导社会游资，消灭证券黑市，1949年6月1日设立天津证券交易所，并于次年5月在交易所内设立中国人民银行天津分行办事处。同时规定涨停线防止股市急剧波动，并按买卖双方成交金额的6%—8%收取经手费。1949年11月26日，中国人民银行批准设立北京证券交易所，1950年2月1日正式开业。两年后，北京证券交易所和天津证券交易所停业，仅存两年的证券交易基本停止。

1978年到1989年间，中国实行了一系列的制度创新，国企实行股份制改革，并试行了股票发行。1980年1月1日，抚顺红砖厂正式推出红砖股票，成为中国经济发展中的首张股票，为股市注入了新的活力(见图2.1)。1986年8月5日，沈阳证券交易所开通了股票的柜台买卖，并于当年9月26日，在中国工商银行开展了“小飞乐”“延中实业”等股票的买卖。1987年，第一家证券公司——深证特区证券公司成立。经过各方的努力，我国的证券市场开始逐渐复苏。自20世纪90年代上海、深圳两大证券交易所相继设立以来，中国的股市开始蓬勃发展。

图2.1 红砖股票票样

1990年至1998年是我国股市快速发展时期。1990年11月，经国务院授权、中国人民银行批准，我国首家证券交易所——上海证券交易所正式成立。次年7月，深圳证券交易所在试营业的基础上正式开业，成为我国股票市场发展的转折点，标志着股票集中交易市场正式形成。从此，我国股票市场由场外分散交易转为场内集中交易，交易手段实现了计算机配对、无纸化操作。1991 年，经中国人民银行批准，深圳、上海两市的部分上市公司开始进行增资扩股，发行股票，同时两市分别新增发行企业 11 家和 8 家。新增 19 家企业的股票均以溢价方式公开发行，从而使两市公开发行股票的企业达到 34 家，股份总额 33 亿元。其中，公股 28 亿元，占 84.8%，个人股 5 亿元，占 15.2%，确保了在社会主义股份制改革中公股占主体地位。1991 年 11 月 30 日，上海申银证券公司、上海真空电子器件股份有限公司以及瑞士银行、香港新鸿基投资服务有限公司、美国新罗门兄弟公司共同签署发行、承销真空电子 B 种股票的协议，标志着我国第一张 B 种股票正式诞生。1991 年，上海、深圳两地累计发行 B 种股票 3.8 亿元人民币，吸引外汇资金约 2.4 亿美元。B 种股票的发行，开拓了一条吸引外资的新渠道，丰富了我国股票品种，推动了我国证券市场向国际化、规范化方向迈进。

与此同时，为规范证券市场，国家相继出台了一系列配套政策法规。1993 年 4 月发布《股票公开发行与交易管理条例》，1993 年 6 月公布《公开发行股票信息披露实施细则》，1993 年 7 月发布《证券交易所管理暂行办法》，1994 年 7 月出台《中华人民共和国公司法》，1998 年 7 月颁布《中华人民共和国证券法》。这一系列法规和文件为股票市场的规范发展奠定了坚实的基础。

随着《中华人民共和国证券法》的正式实施，中国股票市场发生了重要的法制、制度变革。从 2004 年到 2009 年分别设立了“中小企业板”和“科创板”两个板块，这两个板块的设立，极大地促进了高技术企业的发展。2019 年设立的科创板为我国资本市场的改革提供新的契机。而 2023 年正式实行的注册制，成为中国证券市场发展的一个新的里程碑，也是我国证券市场制度改革的一项重大举措，有利于主板的发展和完善证券市场的筹资机制。

第二节　债　　券

一、债券的概念

债券是国家政府、金融机构、公司企业等各类社会经济主体为筹集资金而向投资者发行的，承诺按照一定利率定期支付利息，在到期日支付本金和最后一期利息的一种有价证券。它是一种固定收益证券，债务人是发行者，债权人是债券投资者。

二、债券的基本特征

(一)债券具有流动性

债券具有固定的还款期限,时间长短不一。比如美国国债,一般都是三个月到三十年不等。债券在截止日期以前不能兑现,但它可以在证券市场上进行交易,债券持有人既可以通过出售债券来获取现金,又可以将其作为抵押品到银行等金融机构进行抵押。

(二)债券具有收益性

投资者买入债券,是为了在将来得到一定的回报。投资者放弃对现有资金的使用,需获得一定的补偿。债券的回报本质上就是对证券持有人转让资金使用权的回报以及所承担的风险的一种补偿,因而债券具有一定的可收益性。债券持有人根据固定的利率,可以定期得到一定的利息收入,当市场利率下跌时,债券的实际价值就会上涨,因此可以得到债券增值的收益。一般来说,发行期限越短,债券的利率就越低,投资者收益也就更低。投资人可以根据债券的价格变化来购买或出售债券。

[例 2.2]

一家公司通过发行一张面值为 100 万元的债券进行融资,该债券的发行时间为一年,并将其票面利率设定为 5%,那么在一年之后,投资者可以得到的收益是:100+100×5%=105(万元)。这是一种平价发行的债券,在这种情况下,发行价格与债券的面值相等,而票面利率与市场利率相等。

如果市场利率跌至 3%,则该债券的实际发行价应该是:105/(1+3%)=101.94(万元),这时,该债券的价格就会上升,而该债券的买家就会获利。

(三)债券具有风险性

债券通过让渡现有资金的使用权以期获得未来收益,具有一定的不确定性,所以它的回报伴随着一些风险。如出现破产倒闭之类的情况,债权人可能收不回本息。由于信息不对称等因素,投资人并不知道发行人的真实运作,将会面对发行人无法及时偿付的风险。债券在发行时就设定了固定的利率,通胀造成的亏损仅靠事前约定的利息收入就无法完全弥补。此外,市场利率提高造成的债券价格下降也有可能给投资者带来损失。

相对于股票等投资工具来说,债券风险相对较小。股票是公司所有权的证明,投资者需根据公司经营状况获得相应的收益。由于债券是事先约定好的固定利率,投资人可以得到固定的回报,所以不用担心公司的运营情况。在公司提出破产时,公司支付了员工的薪酬及税务成本之后,优先将剩余财产偿付给债券持有人。

(四)债券具有返还性

虽然债券的期限有长有短,但是它们都应在规定的日期内偿还本息。如果没有按时偿还本息,可能会导致违约事件的发生。

以上所述就是债券的主要特点,但并不是所有债券都要具备上述全部特点。另外,债券的种类非常多,它们在具备一些基本特点之外,还会拥有自己独特的特点。

三、债券的基本类型

债券的历史由来已久,1174 年,威尼斯为了和君士坦丁堡开战,发行了世界上最早的债券。世界上最早的股份公司是 1600 年成立的东印度公司,该公司也在市场上发行债券。通常一个国家发行债券是为了满足特定的需求,如战时发行债券为国家筹集资金,或者为国家建设而发行国债。随着金融市场发展,债券市场已经呈现出多元化的格局,出现了适用于经济发展的各种新型债券种类。接下来将按照不同标准对债券进行分类。

(一)依发行者划分

按照其发行者划分,债券市场主要存在主权债券、金融债券、公司债券和企业债四种类型的债券。

1. 主权债券

主权债券就是依靠国家(政府)或者地方政府的信用向社会发行、募集资金的债券。它可以分为两种类型,一种是国家债券,另一种是地方债券。国家债券是指由一国政府利用其信誉向社会大众筹集资金的一种债券形式;地方债券的发行主体是地方政府,发行债券是用于支持当地的经济发展。主权债券是以国家或者当地政府的信誉为担保,具有较高的安全性,因此成为受投资人青睐的一种金融产品。图 2.2 为 1982 年国家债券票样。

图 2.2　1982 年国债票样

2. 金融债券

金融债券指由银行或非银行金融组织，经核准后向公众发售的筹集资金的一种债券。金融债券的收益率通常高于国家债券而低于企业债券。对金融机构来说，与吸收存款相比，发行债券融资更具主动性和灵活性，这主要是由于金融机构采取了积极主动的态度，按照自身资金需要，自主选择发债的数额和期限。而吸收存款只能依靠存款人的储蓄，而存款人的储蓄数额及期限都由存款人自行确定。

3. 公司债券

公司债券指股份公司为筹集资金向社会公众发行的债券。发行公司债的主体只能是股份公司，发行对象为社会公众。

4. 企业债券

企业债券指在中国境内具有法人资格的企业，依法按照一定的程序发行的一种在约定期限内还本付息的有价债券。企业债的发行主体一般是国有独资企业、国有控股企业或中央政府所属机构。

企业债券与公司债券的主要区别如下：

(1)发行主体：公司债券是由公司发行的债券，也就是由股份有限公司或有限责任公司发行的；企业债券主要由央企、国企或国有控股企业发行。

(2)发行定价方式：公司债券的利率可以通过市场询价来确定，期限一般为 5 年；企业债券的利率通常不能高于银行同期存款利率的 40%①，期限相对较长，以 5～10 年为主。

(3)发行市场：公司债券只能在证券交易所发行；企业债券不仅可以在证券交易所发行，还可以在银行间债券市场发行。

(4)资金用途：公司债券募集的资金用途往往由发行人自行决定，限制较少，不强制和项目挂钩，可以用于借新还旧；而企业债券的限制较多，往往只能用于固定资产投资和技术革新改造等，与政府部门审批的项目直接挂钩。

(5)监管机构：公司债券由证监会来监管，而企业债券由国家发改委来监管。证监会和发改委在 2023 年 4 月 21 日发文规定，证监会将统一负责公司债和企业债的管理。过渡期为 2023 年 4 月 21 日至 10 月 20 日，在这 6 个月间，企业债券的受理审核、发行承销、登记托管等安排保持不变，只是注册由证监会负责。

---

① 来源依据：《企业债券管理条例》第十八条，企业债券的利率不得高于银行居民储蓄定期存款利率的 40%.

［例 2.3］

中国第一起公司债券纠纷案——五洋债

五洋建设于 2015 年度公开发行了一笔总额达 13.6 亿元的债券，该债券的承销人德邦证券，审计师大信会计，法律顾问锦天城，以及评级机构大公国际都同意对该债券的正确性和真实性负责。五洋公司在 2017 年 8 月出现了债务拖欠的情况。2018 年 7 月，中国证券监督管理委员会向五洋建设做出了行政处罚，认为五洋建设在 2012—2014 年发行债券期间，进行了虚假披露，在此期间导致净利润每年增加了 3000 万元、6000 万元、1.5 亿元左右。如果没有这类虚假宣传，五洋证券过去三年平均分配利润将不能达到 9400 万元，根本达不到发债条件。2019 年 1 月，中国证券监督管理委员会对审计师大信会计及法律顾问做出了相关处罚。2021 年 9 月，五洋债案第二次开庭审理，法院做出裁定，被告对 487 位投资人共计 7.4 亿元的损失进行赔偿。这是我国第一个对发行公司债欺诈做出审理的案件，表明了我国对证券诈骗犯罪的“零容忍”，同时也将促使中介机构履行自己的职责，更好地扮演“看门人”的角色，促进金融市场的良性发展。

（二）依融资期限分类

债券按其筹资期限可分为短期债券、中期债券、长期债券、可展期债券和永久债券。

1. 短期债券

通常把发行期限在一年内的债券视为短期债券，最常见的是美国国债，期限一般是三个月到半年不等。

2. 中期债券

通常把发行期限大于 1 年小于 10 年的债券视为中期债券。

3. 长期债券

通常把发行期限超过 10 年的债券视为长期债券，并且通过采用浮动利率的方式来预防因发行期限过长而产生的风险。

4. 可展期债券

随着我国债券市场的不断发展，债券的种类也越来越多，如可展期债券等。所谓可展期，就是在债券期限满后，持有人可按照预先确定的条款对其进行适当的延期，可根据具体情况进行一次或多次延期。

5. 永久债券

永久债券是一种没有固定到期日的债券，它的持有者不会提出偿还面值，只在固定日期收取利息，它的形式与股票类似，只不过它的持有者可以得到固定的利息收入，不受公司经营状况的影响。

(三)依筹资方式分类

根据融资渠道的差异,债券可以划分为公募债券与私募债券两大类。

1. 公募债券

公募债券以筹资者公开向社会公众发行债券的方式来筹集资金。发行者要经过有关部门的批准,严格遵守相关法律法规,发行债券公司的有关信息需进行公开披露,满足这些要求的发行人通常都拥有很高的信誉度,这样才能保障投资人的权益。用这种方式筹资的金额一般较大。

2. 私募债券

私募债券指发行者对某一特定的对象直接发行的一种债券形式。由于交易双方存在着紧密的关系,发行者无须通过相关机构的批准,只要双方签订合同就可以了。这种类型的债券,通常是为了满足暂时的资金需求,所以它的交易金额比较小,且缺乏监管部门的监管,完全依靠双方的信誉,存在着很大的风险。因此,它的利率通常会比公募债券的利率高。

(四)依债券有无担保分类

根据所发债券有无担保,又可划分为无担保债券与担保债券。

1. 无担保债券

无担保债券指仅凭发行者自己的信誉而发行的债券,所以又叫信用担保债券。最常见的无担保债券就是国债,国家强大的信用保证了国债的安全性,吸引着大量的投资者。一般认为国债的利率是无风险利率。除国债之外,一些信誉较好、运作良好的企业或组织也能发行无担保债券。这些债券的发行将会被监管机构密切关注,并且通常是短期的,且利息较高。

2. 担保债券

担保债券是以多种资产作为抵押、为筹资而发行的债券。以实物财产,如土地、工厂、机械设备等作抵押物的债券,称为抵押债券。若发行人无法按期偿还本息,投资人可将抵押物处置以填补其亏损。除此之外,发行公司以自己所持有的其他有价证券(例如其他公司的债券或者股票等)作为抵押而发行的债券,称作质押证券。一般由专门的信托机构保管质押的证券。在债务人无法支付本金和利息的情况下,这些特殊的债券将被出售以偿还债务。由第三方作为担保的形式发行的债券是保证债券,担保方具有较高声誉和强大财力,通常是政府、银行等。

(五)特殊债券类型

1. 可持续类债券

在应对全球气候变化、推动经济可持续发展的背景下,各国开始发行可持续类债券，用于筹集专项资金支持绿色项目。主要包括绿色债券、转型债券、可持续发展挂钩债券、社会责任债券和可持续发展债券。近年来，我国也相继推出多种可持续类债券品种，其中，绿色债券是核心组成部分。自境内首只绿色债券发行以来，我国绿色债券市场扩容迅速。2023 年，我国共计发行“投向绿”债券 21.68 万亿元，贴标绿色债券 38448 亿元。转型债券与可持续发展挂钩债券发行只数为 58 只，发行规模为 412 亿元。社会责任债券和可持续发展债券的贴标发行在我国目前还处于试点阶段，发行潜力较大。未来随着标准更新、政策支持，市场参与者意识提升，我国可持续类债券市场将迸发勃勃生机，为推进实体经济绿色低碳转型提供更多助力。

2. 可转换公司债

可转换公司债是兼具股票与债券双重特性的混合型投资产品。持有者可以兑换成公司股份的公司债券。发债人在发行时会确定转换时间及转换价格。在股市走强的情况下，投资者可以通过将其持有的债券转为公司股份来获取更高的收益。若股市下跌，投资者可继续持有债券，以获取更多固定收益，这就使得可转债的投资者在收益与风险两方面有更多的抉择。可转债是一种在股市波动较大的情况下获取稳定回报的方式，被认为是一种较为安全的投资方式。可转债是一种常用的融资手段，企业可以利用可转债进行筹资，同时又不需要支付发行所带来的高额费用。

3. 城投债

城投债是为地方经济和社会发展筹集资金，由地方政府投融资平台公司发行的债券，包括企业债券、公司债券、中期票据、短期融资券、非公开定向融资工具(PPN)等。而地方政府投融资平台，即城投公司，是指由地方政府及其部门和机构等通过财政拨款或注入土地、股权等资产设立，从事政府指定或委托的公益性或准公益性项目的融资、投资、建设和运营，拥有独立法人资格的经济实体。

4. 特别国债

特别国债是为了解决国家面临的重大危机或配合某项重大政策实施等特殊事项而专门发行的国债产品，主要用于解决临时性的公共资金缺口，并可调节中央与地方的债务负担关系。它的发行专门服务于特定政策和项目，是国债的一种形式。特别国债并不是对预算赤字的融资，它与发行普通国债筹集资金的用途不同，特别国债一般以提高收益为主要目标。

四、债券的基本要素

(一)发行时规定债券的票面价值

票面价值是债券发行人在到期日需向持有人支付的本金。通常情况下，债券的面值与其实际发行价并不一致，如果发行价比债券的面值高，则被称作溢价发行；如果发行价比债券的面值低，则叫作折价发行；如果发行价与债券的面值相同，就叫作平价发行。

（二）确定偿还期限

债券偿还期限在债券发行时就已确定，指从发债日到偿还本金时的时间间隔。偿还期限取决于发行者的现金流动情况、市场利率以及外部经济环境。在债券到期后，可根据债务人资金的具体情况将到期日进行适当的延期，此时要适当调整利率来维护债权人的合法权益。

（三）规定利息的支付日期

债券发行之后，在发行期限内，需按固定的频率支付利息。支付利息方式通常为一次性付款、一年付款、半年付款、三月付款。在本息期限内一次性偿付的，其利率为单利；如果是分期付款，那么利率按复利计算。

（四）确定债券的票面利率

发行债券的票面利率是指债券的利息与其面值的比率，它是指债券发行者向其投资者所许诺的回报。债券的票面利率通常比市场利率要高，用以补偿投资人所承受的各类风险。由于市场利率、发行者信用状况和发行期限等因素的存在，发行债券的票面利率受到了一定程度的影响。

（五）确定发行者的名称

发行人名称是债券发行的基本内容，也是投资人在证券市场上获取债券收益的重要依据。

五、债券的交易形式

债券交易除了在证券交易所内完成，还可以在银行间或银行柜台上完成。根据交易场所的不同，可以将债券交易分为场内交易和场外交易。在交易所进行的交易是场内交易，而在银行间或银行柜台进行的交易是场外交易。

（一）场内交易

首先，要做的是报价。当投资者做出购买或出售债券的决策时，他们会以书面、口头或电话的形式，给他们所委托的经纪人发送一个购买或出售这种证券的报价指示。卖家所提供的报价条件主要包括所售债券的票面价值、利率、到期日、在不同的价格水平下所卖债券的份额；买家提供的报价条件主要包括购买债券的类型及不同价格水平下购买债券的数量。经纪人收到指示后，会将该指示告知投资者账户所在的证券交易所。

其次，交易所会告知交易中心的职员，让他们向其他债券经纪人报价，并将结果展示在电子屏上。各家经纪人按照价格、数量、时间等因素,采用公开报价的方式进行买卖。这三个因素考虑的先后顺序依次为:价格、时间及数量。在债券买方和卖方的经纪人之间达成口头协议之后双方签署书面协议,并在交易所进行登记。

最后,经纪人将交易结果告知投资者,投资者需要及时将资金或保证金交给经纪人在开户所完成交割。这一切都是在极短的时间里发生的,交易的过程只需几分钟便可完成。

(二)场外交易

场外交易主要以交易双方自行进行交易为主,该过程与我们在现实生活中所看到的谈判流程大同小异。

六、中国债券市场的发展历程

我国债券的发行,可以上溯到新中国建立以后,在中央政府核准下,于1950年1月5日,发行了第一支国债,即"人民胜利折实公债"。这只国债的发行,主要是用来缓解新中国成立初期财政赤字问题,债券市场的真正形成还有待时日。自1981年财政部重新开始发行国债以来,中国的债券市场经过了一段漫长而又坎坷的探索与发展。我国金融市场随着改革开放政策的实施而快速发展,债券市场的发展也与之同步,其发展过程可以分为四个阶段:萌芽阶段、起步阶段、规范整顿阶段和加速发展阶段。

(一)萌芽阶段

1981—1986年是中国债券市场的萌芽阶段。在此期间出现了许多"第一次",如首次发行国库券,首次批准有限制的发行企业债券,批准银行和非银行等金融机构发行金融债券,首次正式设立柜台交易市场。但在发行方式上仍以国债为主,发展相对迟缓,没有形成一个全国性的大市场。在这个时期,公司融资活动还没有得到国家的批准,也没有相关的法律和规章制度来加以规范。截至1986年年底,企业债的发行量在100亿元左右,也没有成熟的制度和交易场所,不能自由买卖和转让债券。

(二)起步阶段

1987—1997年是中国债券市场的起步阶段。在此期间,上交所与深交所相继成立,债券有了固定的交易场所,债券交易种类与形式更加充实,充分激发了投资者的热情。这个阶段债券市场发展的主要特征是:以政府债券为主的债券二级市场已经初具规模,而且以交易所市场为主。

（三）规范整顿阶段

1998—2004 年是我国债券市场的规范整顿阶段。这一阶段，债券市场管理体制的市场性相对薄弱，审批流程严格且耗时较长，企业债发行规模受到一定的隐性限制，且大多以大型央企及银行信用作担保，实质为“准政府债”。同期，市场交易结构也进行了相应调整，银行间债券市场架构逐步形成。1997 年，为防止银行资金流入股市，商业银行的国债现券交易与国债回购交易逐步退出交易所市场，改为在银行间同业拆借市场进行，全国银行间债券市场开始形成。2002 年国债银行柜台交易市场正式启动。2003 年 4 月，中央银行票据诞生。由此，中国开启了银行间市场与交易所市场并行的债券市场格局。

（四）快速发展阶段

2005 年至今，是我国债券市场的快速发展阶段。债券市场已经出现了多头监管的局面，债券市场成为主要的金融市场，债券市场的参与主体和产品也在不断地完善。2022 年，我国债券市场共发行各类债券 61.9 万亿元，同比基本持平。其中银行间债券市场发行债券 56 万亿元，同比增长 5.4%，交易所市场发行 5.8 万亿元。2022 年，国债发行 9.6 万亿元，地方政府债券发行 7.4 万亿元，金融债券发行 9.8 万亿元，公司信用类债券发行 13.8 万亿元，信贷资产支持证券发行 3345.4 亿元，同业存单发行 20.5 万亿元。截至 2022 年 12 月底，债券市场托管余额 144.8 万亿元，同比增长 11.3 万亿元，其中银行间债券市场托管余额 125.3 万亿元，交易所市场托管余额 19.5 万亿元。随着经济的发展，人民收入增加，居民财富管理意识增强，金融市场日趋健全，债券市场将有很大的拓展空间。

第三节　投资基金

一、投资基金的基本概念

投资基金属于一种常见的投资方式，通过发行基金证券，向社会公众筹资，然后将其进行多样化投资，将得到的收入按照基金的份额，对投资人进行平均分配。由于投资股票是一项风险性很大的项目，投资者要有足够的资本进行多元化的投资，以规避或降低投资风险，并且要具有一定的专业知识与实践能力，以便能够在快速变化的基金市场中把握好买入与卖出的最佳机会。对于普通投资者来说，具有上述能力较为困难，投资基金则是较好的选择。

二、投资基金的基本特征

投资基金具有投资规模较小且风险分散、专业化运营、投资成本低、收益性和流动性较高的基本特征。

(一)投资规模较小且风险分散

投资人并不需要投入太多的资金就可以在基金市场中进行投资。基金将小额资金聚集在一起,形成资金池,在多种类型的证券中进行分散投资。这对投资人而言,实质上是以极低的价格持有多种类型的证券。基金所持有的证券包括股票、债券、外汇、黄金、期货期权等。除此之外,还可能对房地产进行直接投资。因此其具有多元化及风险低的特点。

(二)专业化运营

基金管理人是专业化的投资者,他们具备丰富的投资知识和成熟的投资技术,并具备先进的通信手段。与普通投资者相比,他们的投资失误要少得多。他们将投资多元化的原则运用到极致,并针对不断变化的市场环境,及时地对自己的投资进行调整,从而实现既能减少风险又能获得最大回报的目的。

(三)投资成本低

个体投资者必须缴纳一定的费用才能雇佣专门的经纪人进行投资。如果投资基金,那么雇佣经纪人的成本将会被大部分的投资者所分担,从而极大地减少了投资成本。

(四)具有收益性

投资基金一般不会给投资人带来极大的回报,但总体上比国债及银行储蓄要好,它还可以规避通胀带来的亏损。很多基金因为其良好的运营业绩而升值,受到投资者的青睐。当然,投资基金也具有一定的风险。

(五)具有较高的流动性

基金是高度流动的,一般可以在任意交易日进行买卖。若投资者需要资金,一般可以随时出售所持有的基金来回笼资金。

三、投资基金的基本类型

(一)公司型基金和契约型基金

根据投资资金的组织形式,可将其划分为公司型基金与契约型基金。

1. 公司型基金

公司型基金是一种由企业发起并管理的投资基金,通常由企业自己的管理层或专业基金管理公司运作。这种基金的资金来自企业内部员工或其他内部资源,用于投资活动。其特征是所成立的股份公司就是基金公司。

2. 契约型基金

契约型基金是一种根据特定的契约或协议设立并管理的投资基金。在契约型基金中,投资者与基金管理公司之间签订具体的合同或协议,规定双方的权利、义务、投资目标、运作方式、费用结构等重要事项。

这种基金通常由专业的基金管理公司或金融机构进行管理,而投资者可能包括个人投资者、机构投资者、养老基金、保险公司等。

(二)开放式基金和封闭式基金

根据其经营模式,即基金是否可以被赎回、数量是否固定,可将其划分为两类:一类是开放式基金,另一类是封闭式基金。

1. 开放式基金

开放式基金指没有确定数额、可以不断发行的基金。投资人可以在任何时候购买或出售基金。认购或出售所投资的基金以资金净值为基础。

2. 封闭式基金

封闭式基金是指基金在成立时,资金数额就已经规定好了,发行期限一过,基金便会被关闭,而基金的数目和资金数额也会随之而定,不会有任何变动。如果要购买和出售基金,则需要在证券交易所中通过券商进行交易。所以,其交易价格在某种意义上受市场供需关系影响。如果交易价格比资产价值高,则被称作“溢价”,如果低于资产价值,则被称作“折价”。

(三)公募基金和私募基金

根据筹集资金对象的不同,可将基金分为公募基金和私募基金。

1. 公募基金

公募基金是向社会公众公开发行的基金。

2. 私募基金

私募基金是向特定的投资者发行的基金。公募基金相较于私募基金来说,由于它更加公开透明,因此也更安全。

(四)股票基金、债券基金和货币基金

依投资对象的类型,可将其划分为股票基金、债券基金和货币基金。

1. 股票基金

股票基金是较为常见的一类投资基金,其投资的对象是股票,目的是寻求资金增值,但会面临股价波动风险。股票基金主要投资于普通股,少数情

况下投资于优先股。虽然股价在短期起伏较大，但是从长期来看，股票带来的回报要高于债券的收益。

2. 债券基金

债券基金的投资对象是债券，其投资规模仅次于股票基金。债券基金所投资的主要是信用等级较高的债券，其收益相对较低，但相对安全。债券型基金会有固定的股息发放，非常适用于那些希望获得固定收入的投资人。

3. 货币基金

货币基金的投资对象是货币市场上的短期有价证券。其主要产品为国库券、可流通的大额存单、商业票据、短期公司债券等。货币基金最大的功能就是将分散的钱集中起来，形成巨大的储蓄池，从而获得比较有利的利息收入，并且可以享受到货币增值的时带来的好处。货币基金的风险小于股票基金和债券基金。

（五）其他基金

为适应经济发展，市场上不断推出新型基金种类，如 EGS 基金。近年来，越来越多的投资者将环境、社会和治理的因素纳入到考虑因素中，简称 ESG 因素。将基金投资在 ESG 领域表现良好的公司便是 ESG 基金，ESG 基金发展迅速。将基金投资在区块链或者数字货币领域，这种基金形式便是区块链基金。另外，还有投资在人工智能方面的基金便是智能财富管理基金。总而言之，基金会随着金融市场的发展不断创新。

四、中国基金市场的发展

100 多年前，英国首次出现了投资基金。随着美国经济的发展，投资基金在美国迅速兴起。如今，它已经成为全球热门的投资方式之一。

1991 年，经中国人民银行武汉支行核准，成立了武汉证券投资基金，成为我国第一家基金，募集资金为 1000 万元。中国投资基金大致可分为探索阶段、全面发展两个阶段。1987 年至 1997 年，我国基金市场在探索中缓慢发展。1997 年中国人民银行总行和分支机构以及地方人民政府共同制定的《证券投资基金管理暂行办法》，是我国第一部关于基金业的法律型文件。此后，我国基金市场迅速发展。截至 2021 年 11 月，我国已有 7971 支开放式基金，累计募集资金 22.26 万亿元，年均募集资金 27.93 亿元。相对于已经有 50 多年发展历程的美国，我国投资基金已经接近美国 2019 年年末的规模。

投资基金在国外的发展已经有近百年的历史，其运作模式已经比较成熟和完善。中国的基金市场属于创新市场。投资基金的产生，不仅为投资者带来了一个新的低风险高收益的投资方式，而且为金融市场注入了新的活力。可以预见，投资基金将会是今后我国居民的一种重要的投资形式，其发展空间巨大。

第四节　金融衍生工具

一、金融衍生工具的概念

(一)金融衍生工具的概念

金融衍生工具是以基础资产为标的物延伸出来的创新型金融工具，其价格受它所依赖的相关资产价格的影响。金融衍生工具的特点是：一是价格取决于其所依赖的基础资产的价格；二是初始投入不受限制；三是合同的交割和清算在将来进行。金融衍生工具又称“金融衍生产品”或“金融衍生品”。

(二)金融衍生品的作用

1. 价格发现功能

金融衍生品是一种基于基础金融资产而产生的创新性金融工具，其价格因其基础标的价格的变动而产生变动。与此同时，衍生品的价格也会对现货市场上的标的资产产生影响。金融衍生品的价格发现作用就是通过两者相互影响，得到金融市场中资产的真实价值，使价格体系更加完善。

2. 分散风险

金融衍生品之所以存在，是因为它们可以对冲风险。风险转移功能指的是将现货市场标的物打包，并创造出一个全新的金融衍生产品。金融衍生品投资者将自己不想承受的金融风险重新包装，转嫁到金融市场上愿意承担风险方。在金融衍生品的交易中，通过对现货和衍生品的价格变化的分析，可以将自己的成本提前锁定，可以有效地避免风险。

3. 套期保值功能

套保是金融衍生品最重要的作用，因为对资本进行增值和保值来规避风险是金融衍生品产生的主要原因。在金融市场中，衍生品的价格和现货价格趋向具有同向性。投资者可以利用金融衍生工具，在现货市场和期货市场上建立两个不同方向的头寸。更确切地说，就是投资者在现货交易市场中卖出或者购买某一资产的时候，以同样的价格在期货交易市场中进行相反的操作。这样无论价格如何变化，都可以用一个市场获得的收益去冲减另一个市场所遭受的损失。

4. 套利功能

金融衍生品的产生初衷是为了转移风险,但是随着它的发展,人们逐渐意识到只要资产价格有变化,就可以进行套利或投机,从而获得利润。由于衍生工具是高杠杆的,交易员可以用少量的投入换取大量的收益。同时,金融市场的复杂性和多变性,使其价格波动程度增大,给投机者提供了套利的可能性。

二、金融衍生工具的基本类型

金融衍生工具类在金融创新下不断发展,将其进行分类,有助于我们了解其特性和发展过程。本文根据金融衍生工具的交易方式、基础资产种类及交易所场所将衍生品进行分类。

(一)依交易方式分类

金融衍生工具可以分为期货、远期、互换以及期权四种。

1. 期货与远期

两者都是交易的双方用事先商定的价格,在将来的某一时刻按商定好的价格买卖资产。它们的不同在于合约是否标准化。远期是非标准化的,可在场外进行衍生产品买卖,无须支付保证金。期货是一种标准化的合约,其交易在交易所进行,交易双方都要缴纳一定的保证金,所以期货交易的流动性和产安全性较高。

2. 期权

期权是指在合约买方预先支付一定数额的期权费后,期权买方有权在未来的某个时点上,选择是否按照合同约定的确定价格买卖该资产。期权交易赋予买方选择权,买方可决定是否购买资产。然而,并没有给予卖家选择的权利,卖家必须遵守合同的条款。期权合约可根据购买者所拥有的选择权划分为看涨和看跌两种。看涨期权赋予买家在期满时以协议的价格购买某一资产的权利;而看跌期权的买家可以在期权到期时决定是否出售资产。

3. 互换合约

互换合约,也称掉期合约,是指在合约双方选定在未来某一期间交换现金流。在这些交易中,最常用的是货币掉期,其次就是利率掉期。

(二)依基础资产种类分类

按照基础资产种类,可划分为股票类、外汇类、利率类和商品类。

1. 股票衍生工具:是一种以股票价格为基础衍生工具。

2. 外汇衍生工具:是一种以货币价格变动为基础的衍生工具,常见的货币衍生工具是外汇期货和货币互换。

3.利率衍生工具:是价格取决于利率的水平的衍生工具,比如利率互换和利率期货。

4.商品类衍生工具:是以大宗商品价格变动为基础的衍生工具,常见的大宗商品有农产品、石油等。

(三)依衍生品的买卖场所分类

按照衍生品的买卖场所,分为场内交易和场外交易。

1.场内交易

场内交易是指在固定场所——证券交易所进行交易的衍生品。在场内交易中,进行交易的各方都要支付一定数额的保证金,并在交易所进行结算,交易所同时充当担保人的作用。因此,场内交易更加灵活,而且风险也降低了。

2.场外交易

场外交易是不在交易所进行交易,而是参与交易的双方自己协商以何种方式进行交易。这一类合约更加自由,风险也更高。

三、中国金融衍生市场的发展

(一)发展阶段

尽管中国金融衍生品起步晚,但是发展十分迅速。截至 2022 年,中国境内衍生品成交量在印度、美国、巴西之后,位列全球第四,其中商品衍生品成交数量居于全球首位。场内衍生品主要发展过程主要如下。

第一阶段,1990 年至 2003 年,场内衍生品初始和改革阶段。在中国场内衍生品交易市场中,其中期货是最主要的产品类型。1990 年 10 月,郑州粮食批发市场建立,远期合约也随之产生。20 世纪 90 年代初,随着改革开放步伐的加快,期货市场已初见雏形。1992 年,深圳有色金属交易所推出了中国第一个标准化期货合约——特级铝期货标准合同,实现了远期合约向期货交易的过度。同年 12 月,上海证券交易所推出国债期货,期货产品广受市场欢迎。

第二阶段,2004 年至 2013 年,平稳发展阶段。这一期间,在政府积极的改革政策推动下,中国期货市场也经历了自身的变革,实现了一轮快速扩张,之后又经历了一段时间的稳健增长。2006 年末,期货交易所整合,逐步形成四足鼎立的局面,包括上海期货交易所(SHFE)、大连商品交易所(DCE)、郑州商品交易所(ZCE)和中国金融期货交易所(CFFEX)。国债期货市场同样经历了一轮快速增长。2013 年,国债期货交易重启,五年期国债期货在中国金融期货交易所挂牌上市。目前，中国有两年期、五年期和十年期三种国债期货，为市场提供了管理短期、中期、中长期国债现货产品利率风险的工具。继大宗商品期货和债券期货后，股指期货于2010年在中国在岸市场推出。在沪深300指数期货、中证500指数期货和上证50指数期货相继上市后，股指期货市场在2010年至2015年期间实现加速发展。

第三阶段，2014年至今，产品创新和对外开放阶段。信用保护工具的推出标志着场内交易衍生品市场下一阶段发展的开始。一方面，中国政府希望通过债市为企业提供直接融资支持；另一方面，由于债券违约数量自2017年开始有所增加，政府希望对风险管理工具进行强化。在此背景下，信用保护合约作为中国首个场内信用衍生品于2018年11月25日在上海证券交易所推出，接着又在深圳证券交易所上市。随后，信用保护凭证先后于2019年12月和2020年在上海证券交易和深圳证券交易所推出，标志着场内可转让信用衍生品业务的开启。信用保护工具依然处于发展初期。期货市场仍在持续不断地开放。例如，2020年2月，监管机构联合宣布商业银行和保险公司可以开始交易国债期货。2020年11月，《合格境外机构投资者和人民币合格境外机构投资者境内证券期货投资管理办法》开始实施，进一步扩大了QFII或RQFII投资于在岸期货市场的范围。期货被纳入可投资产品的范畴后，银行和保险公司能够更加灵活地选择风险管理工具，同时投资者能够在交易标的现货资产时更好地发现价格，进而促进整个市场的流动性。2021年4月，广州期货交易举行揭牌仪式，以碳排放作为首个交易品种，是我国首家混合制交易所。

（二）《中华人民共和国期货和衍生品法》颁布

2022年8月1日开始实施的《中华人民共和国期货和衍生品法》为期货和场外衍生品市场的运作确立了一个全面的法律框架，该法案的诞生代表了中国衍生品市场的一个开创性里程碑。它代表了中国立法上明确承认终止净额结算在国家法律层面具有可执行性的第一步。这是中国衍生品市场发展的重要一步，因为终止净额结算是降低衍生品合约信用风险最重要的一项机制，确立该机制的可执行性将为建立安全高效的衍生品市场打下重要基础。

本章小结

1. 股票作为一种有价证券，它是一种能够证明股东地位和利益的凭证，其持有人可以根据这种凭证获得股息和红利。随着股票市场的发展，出现国家股、法人股、社会公众股、外资股、A股、B股、H股、N股、S股以及红筹股等股票类型。

2. 债券是一种金融有价证券，它指的是国家政府、金融机构、公司企业等各类社会经济主体为筹集资金而向投资者发行，承诺按照一定利率定期支付利息，在到期日支付本金和最后一期利息的一种有价证券，它是一种固定收益证券。

3. 投资基金属于一种常见的投资方式。它通过发行基金证券，向社会公众筹资，然后将其进行多样化投资，将得到的收入按照基金的份额，对投资人进行平均分配。

4. 金融衍生品是以基础资产为标的物延伸出来的创新型金融工具，其价格受它所依赖的相关资产价格的影响。衍生工具将基础资产按一定比例组合起来，使资产将来价值与当前价值联系在一起。和一般金融产品相比，衍生品交易需要交纳保证金。也就是说，只需要交纳一定数量的保证金，就可以进行完整的交易。

基本概念

普通股　优先股　A股　B股　红筹股　外国债券　欧洲债券　公司债　企业债　工资型投资基金　契约型投资基金　封闭式投资基金　开放式投资基金　货币市场基金　LOF基金　ETF基金　金融期权　金融期货　可转换证券　认购权证　股指期货　套期保值　看涨期权　看跌期权　欧式权证　美式权证

复习题

1. 什么是股票？它有哪些特征？
2. 普通股有哪些权益？它和优先股相比主要有哪些区别？
3. 什么是债券？债券的基本要素有哪些？
4. 简述债券和股票的区别与联系。
5. 什么是投资基金？它与股票债券的区别有哪些？
6. 什么是货币市场基金？它有什么特点？
7. 什么是金融期货、金融期权？二者有何区别？
8. 什么是金融期货的套期保值功能？

市场运行篇

第三章　证券市场

随着市场经济的快速发展，证券市场逐步成为世界经济发展中不可或缺的一环。了解和掌握证券市场的基本理论、知识和技术也越来越重要。本章首先重点介绍了证券市场的基本特征，以及证券市场的功能与分类，其次阐述了证券市场的参与主体和每个参与主体的作用，最后简述了证券市场的运行程序。

第一节　证券市场概述及功能分类

一、证券市场概述

证券市场是证券发行和流通的活动场所。它包括证券投资活动全过程在内的证券供求交易网络和体系①。随着时代的进步，社会上的闲置资本不断累积，为了使资本增值，这些闲置资本需要找到更多的投资渠道。与此同时，经济的快速健康发展也离不开源源不断的资本投入。证券市场的建立，能够有效地缓解资金的供求矛盾，促进经济快速健康发展。融资人可以在证券市场上以有价证券作为凭证向投资者进行融资，通过证券买卖过程中的资金流动，可以实现社会资源的有效配置，进而推动经济发展。证券市场在整个金融市场中都发挥着非常重要的作用②。证券市场与金融市场中的基本关系见图 3.1。

金融市场是各种金融工具交易场所的统称，包括货币市场、资本市场、外汇市场以及黄金市场等，资本市场是金融市场的重要组成部分，其中的证券市场是金融市场最为活跃的市场之一，其发展水平和运行状况直接影响着整个金融市场的稳定性和发展。

相比于一般商品市场，证券市场一般具有以下三个基本特征：

---

① 林俊国，郑路. 证券投资学[M]. 4 版. 北京：经济科学出版社，2013：167.

② 吴晓求. 证券投资学[M]. 5 版. 北京：中国人民大学出版社，2020：75.

- 金融市场
  - 货币市场
    - 承兑贴现市场
    - 拆借市场
    - 短期政府债券市场
  - 资本市场
    - 储蓄市场
    - 证券市场
      - 发行市场(一级市场)
      - 交易市场(二级市场)
    - 长期信贷市场
    - 保险市场
    - 融资租赁市场
  - 外汇市场
  - 黄金市场

图 3.1　证券市场与金融市场的关系

1. 证券市场交易的对象主要包括股票、债券、金融衍生工具等有价证券。它们没有使用价值，只是对未来收益的所有权凭证，而一般商品市场上交易的标的是各种各样的商品，不同的商品有自己不同的使用价值。

2. 有价证券的职能有很多种，可以用来融资，可以用来投资，也可以用于保值，还可以进行套利。而一般商品市场上的商品各自都有特殊的使用价值，可以用于满足消费者对应的使用价值需求。

3. 证券市场上有价证券价格的实质是对未来预期收益的定价，主要受各种市场因素的影响。而一般商品市场的商品价格，其实质是商品价值的货币表现形式，直接取决于生产对应商品所需要的社会必要劳动时间。

二、证券市场功能及分类

(一)证券市场功能

1. 筹资投资功能

有价证券兼具筹资功能和投资功能。通过发行证券，资金需求方可以向市场发出资金需求的信号，吸引资金盈余方进行投资；通过购买发行人发行的证券，资金盈余方可以将自己的闲置资本融出，实现资本的增值。证券市场的筹资功能和融资功能是密不可分的，二者共同促进了资本的有效配置和经济的有序运行。

2. 资本定价功能

证券市场上的供求关系决定了证券价格。证券的发行与购买形成了证券买卖双方的竞争关系。市场的需求大于供给，相应的证券价格就会提高；反之，证券的价格就会降低。因此，证券市场为资本定价提供了合理的定价机制。

3. 资本配置功能

证券市场的资本配置功能是指通过证券价格的引导，实现资本的合理配置。证券价格取决于该证券的预期回报率。预期回报率高的证券，其市场价格通常也相对较高，从而有更强的筹资能力。而这种证券通常来自经营状况良好、发展潜力较大的企业，或者新兴行业。通过这种方式，引导资本流向更有潜力的企业或新兴行业，从而优化资本配置。

(二)证券市场基本分类

1. 按功能区分

(1)一级市场。一级市场称为发行市场，是资本需求者将证券首次出售给公众时形成的市场。发行市场既为资本需求者提供资金来源，也为资本供应者提供投资机会。通过发行证券，发行市场将社会上的闲散资金集中起来，并转化为生产资本，为资本职能的转化提供场所。

(2)二级市场。二级市场称为交易市场，是已发行的有价证券买卖流通的场所，是有价证券所有权转让的市场。二级市场为有价证券注入流动性，在有变现需求的时候，证券持有者可以变卖手中的有价证券。有价证券一旦通过发行市场发行之后，就进入二级市场。

二级市场与一级市场，两者相互依存，又相互制约。一级市场发行证券的种类和数量决定了二级市场上证券的流通规模和流通速度，而二级市场上证券的买卖交易，也可以对一级市场的证券发行起到积极的推动作用。没有二级市场进行证券流通，一级市场上的证券发行也难以为继。

2. 按上市条件区分

(1)一板市场。一板市场也称主板市场，即传统概念的证券市场。作为资本市场的关键组成部分，主板市场是证券发行和交易的主要场所，可以很大程度地体现一国或地区的经济发展状况。主板市场对上市公司的公司规模、盈利能力、市值等方面有较高的要求，在主板市场上市的公司主要为资本规模较大、盈利能力较强的大型成熟企业。

(2)二板市场。二板市场包括创业板市场与科创板市场。二板市场是针对中小企业的资本市场，其目的是帮助中小型的高成长性企业进行融资。相比于主板市场，二板市场准入门槛较低，其风险较高，监管要求也更加严格，有利于中小型企业上市融资。建立二板股市能够有效帮助中小型高科技企业快速发展。

(3)三板市场。三板市场包括新三板市场与老三板市场。三板市场是一个专门服务于中小型高新技术企业的场所，在这个市场上，企业并不是真正意义上的上市公司，而是挂牌交易，虽然这些企业在三板市场上交易受到一定的限制，但其交易门槛非常高，需要投资者具备一定的资金实力。

3. 按交易对象区分

(1)股票市场。股票市场既包括股票发行市场，也包括股票交易市场。前者是股票发行人向投资者销售股票、筹集资金的市场，后者则是买卖已经发行的股票的市场，也称为流通市场或二级市场。两种市场的职能是互补的。

(2)债券市场。债券市场根据其基本职能，可以划分为债券发行市场和债券交易市场。这两个市场密不可分，相互依存。发行市场中的债券发行种类和发行数量影响着交易市场中债券的价格、规模和流动性。交易市场通过债券变现的能力，为发行市场中的债券提供了流动性。此外，如果交易市场中的债券价格较高、债券流动性较强，就可以直接促进发行市场中同类新债券的发行与流通。

(3)基金市场。基金市场是进行基金证券发行和转让的场所。通过发行基金证券，投资基金可以把投资者的资金集中起来，进行专门的规模化的投资，投资基金具有共担风险、共享利益的性质，它的托管和管理分别有基金托管人和基金管理人负责，并从基金投资收益中收取一定的托管费和管理费。部分基金证券购买后可以进行流通和转让，从而形成了投资基金的流通市场。

(4)金融衍生品市场。金融衍生品市场是进行金融衍生产品发行和交易的场所。在衍生品交易市场中，人们所交易的是经过交易所标准化之后的衍生品。它是由某种更为基本的变量派生出来的产品，衍生产品的标的变量常常是某种交易资产的价格。例如，股票期权是由股票价格派生出的衍生产品。衍生产品价值可以依赖于几乎任何变量①，包括从猪肉价格到某个滑雪胜地的降雪量。

4. 按组织形式区分

(1)场内市场。场内市场即证券交易所，是最主要的证券交易场所。证券交易不同于一般商品交易，通常需要集中的交易场所，设置固定的开盘时间和收盘时间。证券交易一般采取双向拍卖，由买卖双方撮合形成最终的成交价，或者直接由做市商双向报价。只有注册成为交易所的会员之后，才可以在相应的证券交易所进行证券买卖交易，未注册的投资者只能委托证券经纪商在证券交易所代理买卖证券。所有证券在证券交易所上市之前，

① 赫尔. 期权、期货及其他衍生产品[M]. 王勇，索吾林，译. 北京：机械工业出版社，2018：1.

都需要进行严格审批。此外,证券市场也提供一些其他的证券相关业务,比如为投资者提供相关参考信息等。

(2)场外市场。非证券交易所的证券交易市场统称为场外市场,例如柜台市场。柜台交易一般以协议价格成交,由证券交易商之间或证券交易商与证券投资者之间协商形成协议价格。相比于证券交易所,场外市场不仅可以交易已上市的证券,也可以交易一些尚未在证券交易所上市的证券。

第二节 证券市场的参与主体

证券市场的参与者包括证券发行人、证券投资者、证券公司、证券监管机构和证券行业自律性组织等,不同的参与者在市场上扮演着不同的角色,为证券市场的健康运行发挥着不同的作用①。证券市场中不同的参与者在市场中的关系和作用的基本情况见图 3.2。

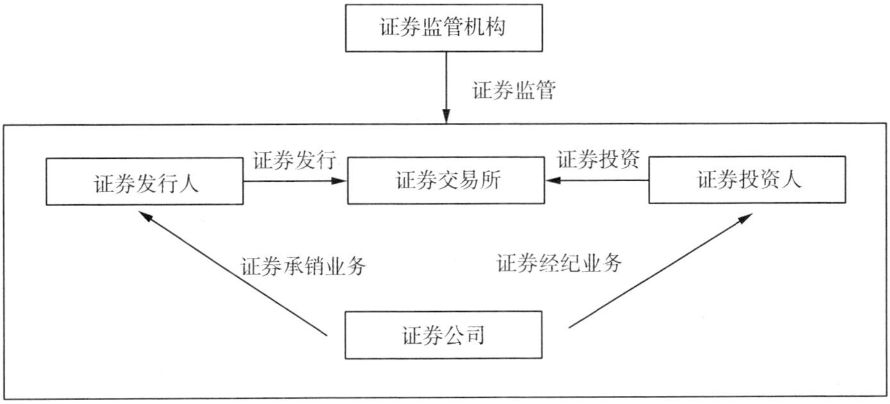

图 3.2 证券市场参与主体关系图

证券监管机构对整个证券市场进行监督和管理。证券交易所为证券发行人和证券投资人提供证券发行和证券投资的场所。证券中介机构则为证券发行人提供证券承销业务,为证券投资人提供证券经纪业务。这些不同的参与者共同维护着证券市场的正常运行。

一、证券发行人

证券发行人是证券市场上的资金需求者和证券的供给者。它们通过发行股票、债券等各类证券,在市场上募集资金。证券发行人包括企业、金融

---

① 闫怀艳. 证券投资学[M]. 广州:华南理工大学出版社,2016:557.

机构、政府部门和其他经济组织。

(一)企业

企业通过发行股票可以补充公司的资本金,改善公司的资本结构。与短期银行贷款相比,发行股票所募集的资金成为企业的资本,可以用来支持固定资产投资等规模较大的长期投资。所以,作为企业负债的银行贷款可以补充企业流动资金的不足,而补充企业长期资金的不足,则可以通过发行股票的方式来实现。

(二)金融机构

金融机构是证券市场上资金的中间需求者,而不是资金的最终需求者。它们筹资的目的主要是向其他的资金需求者提供资金,金融机构既发行债券,也发行股票,以此来募集资金,然后通过贷款、投资等形式,将这部分资金加以运用,并获取收益。

(三)政府部门

政府部门是主要的资金需求者和证券发行者。为弥补财政赤字,投资大型工程项目,实施宏观调控,政府会在证券市场上发行政府债券。政府债券分为中央政府债券和地方政府债券,中央政府所发行的债券通常称为国债。国债的发行是以国家的信誉和征税能力作为保证,通常不存在信用风险,投资的安全性较高,所以又称为“金边债券”。

二、证券投资者

证券投资者是证券市场上的资金供给者,也是金融工具的需求者和购买者。众多投资者的存在和参与,构成了证券发行和交易的市场基础,按照证券投资主体的性质,可以将投资者分为机构投资者和个人投资者。

(一)机构投资者

机构投资者是指从事证券买卖的法人单位,主要有企业、金融机构和政府部门等。机构投资者较个人投资者而言,其资金实力更加雄厚,收集和分析信息能力更强,能够分散投资于多种证券来建立投资组合以降低风险,市场影响能力较大。

1. 企业。企业不仅是证券发行者,也是证券投资者,企业可以自行买卖证券或委托证券经纪人代理买卖证券,以获得投资收益。企业也可以通过股票投资对其他公司进行参股、控股,参与这些公司的经营管理,从而建立起企业集团。

2. 金融机构。金融机构是证券市场上主要的证券需求者和机构投资者。参与证券投资的金融机构主要包括商业银行、保险公司、证券经营机构以及各类基金。

(1)商业银行

商业银行投资证券的主要目的是保持银行资产的流动性和分散风险。商业银行主要投资于期限短、风险低的证券。一般而言,不少国家对商业银行的投资活动进行监管和限制,规定它们只能投资于中央政府债券、地方政府债券以及其他信用等级较高的债券。

(2)保险公司

保险公司也是主要的机构投资者之一,除了投资大量政府债券和高质量公司债券外,保险公司也涉足基金和股票方面的投资。经批准后,保险公司可以设立专门的资产管理子公司,并由该子公司将保险资产投资于证券市场。保险公司的资产管理子公司的投资范围较为广泛,股票、债券、基金都可以进行投资。在投资过程中,保险公司优先考虑本金的安全,在此基础上获取一定的收益,并且不要求所投资的证券有很高的流动性,它们主要投资于低风险的有价证券。

(3)证券经营机构

证券经营机构主要是指证券公司。证券公司是证券市场上最为活跃的投资机构,其业务主要包括证券承销、证券经纪、资本管理等中介业务,也从事证券自营等业务,即证券公司为了盈利和保持一定的流动性,会将资金投资于股票和债券等各种投资标的。

(4)各类基金

基金类的机构投资者主要包括证券投资基金、社保基金和企业年金等。我国的证券投资基金可以投资股票、债券和证监会规定的其他证券品种。社保基金要求很高的流动性和安全性,所以对于资金的投资有非常严格的限制,主要投资于国债等高安全性高流动性资产。企业年金的运作周期长,对投资收益的要求较高,因而对于所投资证券的范围没有太大的限制。

3. 政府部门

中央银行可以在证券市场上买卖证券,进行公开市场操作,通过紧缩或宽松的货币政策调控宏观经济。各级政府机构也可以将闲置资金投资于证券市场,购买安全性和流动性较高的证券。

(二)个人投资者

以自然人身份进行证券买卖的投资者统称为个人投资者。个人投资者买卖证券是对其剩余、闲置的货币资金加以运用的一种方式。相比于机构投资者，个人投资者的资金数量相较少，所以也称为散户①。

三、证券公司

证券公司是在证券发行和交易活动中提供服务的金融机构。按其提供服务内容的角度区分，证券公司可以分为证券经营机构和证券服务机构。证券经营机构（如证券公司）可以在证券市场上进行证券交易。证券服务机构在证券市场上主要提供专业性的咨询、评估等服务，例如资产评估机构。

1. 证券经营机构。证券经营机构主要是经证券主管单位批准成立的证券公司。提供证券交易服务的专业机构，承担着投资者和筹资者之间的中介角色，帮助双方完成证券交易。证券公司的业务范围广泛，比如证券经纪、投资咨询、证券承销、证券保荐、证券自营、证券资产管理等。

2. 证券服务机构。证券服务机构专门从事证券相关的服务类业务，证券服务机构的种类繁多，如证券投资咨询机构、证券登记结算机构、资信评级机构、资产评估机构、会计师事务所、律师事务所等。这些机构为投资者提供专业服务，如证券登记、清算、审计、评估、法律咨询和信用评级等，以支持证券市场的正常运行。

四、证券行业监管机构和自律组织

证券行业监管机构和自律性组织的职责是依据法律法规，对证券发行和交易活动进行规范，对市场参与者行为的合法性进行监督和管理，以保护投资者的权益，推动证券市场和经济健康发展。

（一）证券行业监管机构

我国证券市场的监管机构主要是中国证券监督管理委员会及其派出机构。其主要职责是依法制定相关规章、规则对证券市场进行监管，监督市场参与者对于相关法律法规的执行情况，保障投资者的合法权益，对全国的证券发行和交易活动依法进行监管，维持公平有序的证券市场。

证券市场管理的范围十分广泛，从证券的发行到证券的交易，从场内交易到场外交易，只要是证券交易活动，都要纳入监管。

发行监管主要是指有关部门对证券发行进行审查、批准和监督。对于

① 林俊国，郑路. 证券投资学[M]. 4 版. 北京：经济科学出版社，2013：168.

发行进行监管，是整个监管流程首要并且最重要的一个步骤。通过对证券发行进行监督，一方面能够尽量减少由于没有充分反映市场机制的作用而导致的发行市场上的种种弊端，以及所导致的证券发行市场上的弱有效；另一方面，可以对由于证券产品在不同方面的特性而导致的市场机制失灵和发行定价的扭曲进行修正。这有助于推动资本市场从低效向高效发展，加快有效资本市场的形成，使证券发行市场可以真正发挥其资本配置的功能。

确保证券发行定价的公正，需要审查证券发行者、证券承销商、证券投资者的资格，审查不同发行方式下的发行条件，并对整个发行过程进行审查。要确保投资者可以得到充分且真实的发行股票相关信息，以帮助他们进行相关的投资决定，尽量防止由于信息不对称以及证券产品的投资价值不确定、发行价格与投资价值发生重大的偏离等原因导致的投资者权益损失。因此，证券发行审核制度和证券发行信息披露制度就成为证券发行监管的核心。根据证券发行时审核制度和信息披露制度的不同，可以将证券发行监管划分为核准制和注册制。

1. 核准制。核准制即“实质管理原则”，发行人在申请发行证券时，不仅要充分公开企业的真实情况，而且必须符合有关法律和证券监管机构的必要条件，证券监管机构有权否决不符合规定条件的证券发行申请。遵循的是强制性信息公开披露和合规性管理相结合的原则。这样可以把一些低质量、高风险的公司排除在证券市场外，从而在一定程度上保护投资者的利益，减少投资的风险性，有助于新兴证券市场的发展和稳定。从理论上讲，核准制比较适合证券市场在发展初期的国家和地区。

2. 注册制。注册制即“公开原则”，是指证券监管机构公布发行上市的必要条件，只要公司符合所公布的条件，即可发行上市。证券监管机构的职责是对申报文件的全面性、准确性、真实性和及时性做审查，不对发行人的资质进行实质性核查，而是将发行人证券的品质留给市场判断。一方面，注册制能够提供一个高度透明的市场；另一方面，它也为投资者创造了平等的投资环境，在竞争中达到资本的最优分配。但是，注册制也存在着明显的缺陷。注册制的有效运作需要较为完善的监管制度，以及投资者基于所获得的信息作出合理的投资决策。因此，注册制比较适合证券市场发展较为完善的国家和地区。

（二）自律组织

自律组织一般包括证券交易所、证券业协会等各种行业性组织，这些组织根据行业规定,实施自我监管,以确保市场公平,确保成员遵纪守法①。

1. 证券交易所

证券交易所是提供证券集中交易所需的场所和设施的不以营利为目的的法人,其主要职能包括组织并监管证券交易。证券交易所具有监管职能,需分别对证券交易活动、会员以及上市公司进行监管。

2. 证券业协会

《中华人民共和国证券法》(2019 年 12 月 28 日修订版)规定,中国证券业协会是证券行业性自律性组织,具有独立的法人地位,采取会员制的组织形式,全体会员组成的会员大会构成了证券业协会的权力机构。中国证券业协会的自律管理职责包括制定行业自律规定、监督会员行为、维护会员权益以促进行业共同发展方面。在我国,证券公司必须加入证券业协会。

五、证券登记结算机构

中国证券登记结算机构是不以营利为目的法人,主要是为证券交易提供集中登记、存管与结算服务。按照《证券登记结算管理办法(2018 年 8 月 15 日修订版)》,证券登记结算机构实行行业自律管理。我国的证券登记结算机构为中国证券登记结算有限责任公司,在证券市场中起着重要的桥梁和纽带作用,保障证券交易的顺利进行,维护市场的公平、公正和透明。

第三节　证券市场的运行

证券市场的运行主要包括证券的发行和承销以及证券的流通。证券的发行和承销阶段是指证券发行人进行证券募集,从筹划到推销、承销的全过程;证券的流通是证券投资者进行开户、委托、成交、清算与交割、过户的交易阶段。

一、证券的发行和承销概述

(一)证券的发行和承销的概念

证券发行是指政府组织、金融机构或者工商企业为筹集资金,依据我国的相关法律规定出售代表一定权利的有价证券的行为。

当证券发行人通过证券市场进行筹资活动时,需要聘请商业银行、投资

① 林俊国,郑路. 证券投资学[M]. 4 版. 北京:经济科学出版社,2013:170.

银行、证券公司等承销商帮助其在有效期内将证券销售出去，这一过程被称为证券的承销。

证券的承销商一方面协助证券发行者发行证券，获得所需要的资金；另一方面，它方便了投资者的投资，促使证券公众化。因此，它是证券发行者和投资者之间的桥梁。

二、首次公开发行证券的程序

（一）保荐制度

保荐制度是对证券发行上市建立市场约束机制的重要制度安排，自证券市场建立以来，我国证券发行先后经历了“审批制”“核准制”和“注册制”三个阶段，在现在的注册制下，我国实施的是“双重”保荐制度，即由保荐机构和保荐代表人共同完成企业的发行上市审核和持续督导工作，从而达到优化资源配置和保护投资者利益的目的。2022 年 6 月，新实施的《注册制下保荐协议（2022 年版）》要求保荐人尽职调查和推荐，督促甲方公司治理，发表意见及时告知，出具保荐和上市文件，配合监管机构审核，持续督导和出具保荐总结报告、内幕信息、知情人遵守法律等；2022 年 9 月发布的《证券公司保荐业务规则》，对保荐人的遴选、准入、违法责任和监管都提出了新的要求，对保荐业务的执行规范、保荐机构的责任体系和执业质量都做出了更明确、更详细的规定和说明。

（二）首次公开发行股票的申请文件

首次申请公开发行股票的公司应按《中华人民共和国证券法》（2019 年修订）的要求报送申请文件，申请文件包括：（1）募股申请；（2）公司营业执照；（3）公司章程；（4）股东大会决议；（5）招股说明书或者其他公开发行募集文件；（6）财务会计报告；（7）代收股款银行的名称及地址。

（三）首次公开发行股票的条件

1. 在主板上市的公司首次公开发行股票的条件

依据中国证券监督管理委员会于 2023 年 2 月发布实施的《首次公开发行股票注册管理办法》（证监会令第 205 号）的规定，首次公开发行股票的条件如下：

（1）发行人是依法设立且持续经营三年以上的股份有限公司，具备健全且运行良好的组织机构，相关机构和人员能够依法履行职责。有限责任公司按原账面净资产值折股整体变更为股份有限公司的，持续经营时间可以从有限责任公司成立之日起计算。

(2)发行人会计基础工作规范,财务报表的编制和披露符合企业会计准则和相关信息披露规则的规定,在所有重大事项方面公允地反映发行人的财务状况、经营成果和现金流量,最近三年财务会计报告由注册会计师出具无保留意见的审计报告。发行人内部控制制度健全且被有效执行,能够合理保证公司运行效率、合法合规和财务报告的可靠性,并由注册会计师出具无保留结论的内部控制鉴证报告。

(3)发行人业务完整,具有直接面向市场独立持续经营的能力:

①资产完整,业务及人员、财务、机构独立,与控股股东、实际控制人及其控制的其他企业间不存在对发行人构成重大不利影响的同业竞争,不存在严重影响独立性或者显失公平的关联交易;

②主营业务、控制权和管理团队稳定,最近二年内主营业务和董事、高级管理人员均没有发生重大不利变化;控股股东和受控股股东、实际控制人支配的股东所持发行人的股份权属清晰,最近二年实际控制人没有发生变更,不存在导致控制权可能变更的重大权属纠纷;

③不存在涉及主要资产、核心技术、商标等的重大权属纠纷,重大偿债风险,重大担保、诉讼、仲裁等或有事项,经营环境已经或者将要发生重大变化等对持续经营有重大不利影响的事项。

(4)发行人生产经营符合法律、行政法规的规定,符合国家产业政策。最近三年内,发行人及其控股股东、实际控制人不存在贪污、贿赂、侵占财产、挪用财产或者破坏社会主义市场经济秩序的刑事犯罪,不存在欺诈发行、重大信息披露违法或者其他涉及国家安全、公共安全、生态安全、生产安全、公众健康安全等领域的重大违法行为。董事、监事和高级管理人员不存在最近三年内受到中国证监会行政处罚,或者因涉嫌犯罪正在被司法机关立案侦查或者涉嫌违法违规正在被中国证监会立案调查且尚未有明确结论意见等情形①。

2. 在创业板上市公司首次公开发行股票的条件

根据 2023 年 8 月深圳证券交易所发布的《深圳证券交易所创业板股票上市规则》(2023 年 8 月修订),发行人申请在创业板上市应当符合下列条件:

(1)符合中国证券监督管理委员会规定的创业板发行条件;

(2)发行后股本总额不低于 3000 万元;

① 数据来源于中国证券监督管理委员会官网。

(3)公开发行的股份达到公司股份总数的 25%以上;公司股本总额超过 4 亿元的,公开发行股份的比例为 10%以上;

(4)红筹企业发行股票的,前款第二项调整为发行后的股份总数不低于 3000 万股,前款第三项调整为公开发行的股份达到公司股份总数的 25%以上;公司股份总数超过 4 亿股的,公开发行股份的比例为 10%以上。红筹企业发行存托凭证的,前款第二项调整为发行后的存托凭证总份数不低于 3000 万份,前款第三项调整为公开发行的存托凭证对应基础股份达到公司股份总数的 25%以上;发行后的存托凭证总份数超过 4 亿份的,公开发行存托凭证对应基础股份达到公司股份总数的 10%以上。

(5)发行人为境内企业且不存在表决权差异安排的,市值及财务指标应当至少符合下列标准中的一项:

①最近两年净利润均为正,且累计净利润不低于 5000 万元;

②预计市值不低于 10 亿元,最近一年净利润为正且营业收入不低于 1 亿元;

③预计市值不低于 50 亿元,且最近一年营业收入不低于 3 亿元。

(6)符合《国务院办公厅转发证监会关于开展创新企业境内发行股票或存托凭证试点若干意见的通知》(国办发〔2018〕21 号)等相关规定的红筹企业,可以申请其股票或存托凭证在创业板上市。营业收入快速增长,拥有自主研发、国际领先技术,同行业竞争中处于相对优势地位的尚未在境外上市的红筹企业,申请在创业板上市的,市值及财务指标应当至少符合下列标准中的一项:

①预计市值不低于 100 亿元;

②预计市值不低于 50 亿元,且最近一年营业收入不低于 5 亿元。

前款所称营业收入快速增长,指符合下列标准之一:

①最近一年营业收入不低于 5 亿元的,最近三年营业收入复合增长率 10%以上;

②最近一年营业收入低于 5 亿元的,最近三年营业收入复合增长率 20%以上;

③受行业周期性波动等因素影响,行业整体处于下行周期的,发行人最近三年营业收入复合增长率高于同行业可比公司同期平均增长水平。处于研发阶段的红筹企业和对国家创新驱动发展战略有重要意义的红筹企业,不适用“营业收入快速增长”的规定。

(7)发行人具有表决权差异安排的,市值及财务指标应当至少符合下列标准中的一项:

①预计市值不低于 100 亿元；

②预计市值不低于 50 亿元，且最近一年营业收入不低于 5 亿元[①]。

3. 在科创板上市公司首次公开发行股票的条件

根据 2023 年 8 月上海证券交易所发布的《上海证券交易所科创板股票上市规则》(2023 年 8 月修订)，发行人申请在科创版上市应当符合以下条件：

(1)符合中国证监会规定的发行条件；

(2)发行后股本总额不低于人民币 3000 万元；

(3)公开发行的股份达到公司股份总数的 25%以上；公司股本总额超过人民币 4 亿元的，公开发行股份的比例为 10%以上；

(4)红筹企业发行股票的，前款第二项调整为发行后的股份总数不低于 3000 万股，前款第三项调整为公开发行的股份达到公司股份总数的 25%以上；公司股份总数超过 4 亿股的，公开发行股份的比例为 10%以上。红筹企业发行存托凭证的，前款第二项调整为发行后的存托凭证总份数不低于 3000 万份，前款第三项调整为公开发行的存托凭证对应基础股份达到公司股份总数的 25%以上；发行后的存托凭证总份数超过 4 亿份的，公开发行存托凭证对应基础股份达到公司股份总数的 10%以上。

(5)发行人申请在上海证券交易所科创板上市，市值及财务指标应当至少符合下列标准中的一项：

①预计市值不低于人民币 10 亿元，最近两年净利润均为正且累计净利润不低于人民币 5000 万元，或者预计市值不低于人民币 10 亿元，最近一年净利润为正且营业收入不低于人民币 1 亿元；

②预计市值不低于人民币 15 亿元，最近一年营业收入不低于人民币 2 亿元，且最近三年累计研发投入占最近三年累计营业收入的比例不低于 15%；

③预计市值不低于人民币 20 亿元，最近一年营业收入不低于人民币 3 亿元，且最近三年经营活动产生的现金流量净额累计不低于人民币 1 亿元；

④预计市值不低于人民币 30 亿元，且最近一年营业收入不低于人民币 3 亿元；

⑤预计市值不低于人民币 40 亿元，主要业务或产品需经国家有关部门批准，市场空间大，目前已取得阶段性成果。医药行业企业需至少有一项核心产品获准开展二期临床试验，其他符合科创板定位的企业需具备明显的

---

① 数据来源于深圳证券交易所官网。

技术优势并满足相应条件。

(6)符合《国务院办公厅转发证监会关于开展创新企业境内发行股票或存托凭证试点若干意见的通知》(国办发〔2018〕21号)相关规定的红筹企业,可以申请发行股票或存托凭证并在科创板上市。

营业收入快速增长,拥有自主研发、国际领先技术,同行业竞争中处于相对优势地位的尚未在境外上市红筹企业,申请在科创板上市的,市值及财务指标应当至少符合下列标准之一:

①预计市值不低于人民币100亿元;

②预计市值不低于人民币50亿元,且最近一年营业收入不低于人民币5亿元。

前款所称营业收入快速增长,指符合下列标准之一:

①最近一年营业收入不低于人民币5亿元的,最近3年营业收入复合增长率10%以上;

②最近一年营业收入低于人民币5亿元的,最近3年营业收入复合增长率20%以上;

③受行业周期性波动等因素影响,行业整体处于下行周期的,发行人最近3年营业收入复合增长率高于同行业可比公司同期平均增长水平。处于研发阶段的红筹企业和对国家创新驱动发展战略有重要意义的红筹企业,不适用"营业收入快速增长"上述要求。

(7)发行人具有表决权差异安排的,市值及财务指标应当至少符合下列标准中的一项:

①预计市值不低于人民币100亿元;

②预计市值不低于人民币50亿元,且最近一年营业收入不低于人民币5亿元①。

三、证券的承销

证券发行人向不特定对象发行的证券,法律、行政法规规定应当由证券公司承销的,发行人应当同证券公司签订承销协议。证券承销业务采取代销或者包销方式。

证券代销是指证券公司代发行人发售证券,在承销期结束时,将未售出的证券全部退还给发行人的承销方式。证券包销是指证券公司将发行人的证券按照协议全部购入或者在承销期结束时将售后剩余证券全部自行购入

① 数据来源于上海证券交易所官网。

的承销方式。

根据《中华人民共和国证券法》的相关规定，公开发行证券的发行人有权依法自主选择承销的证券公司。证券公司承销证券，应当同发行人签订代销或者包销协议，载明下列事项：

（一）当事人的名称、住所及法定代表人姓名；

（二）代销、包销证券的种类、数量、金额及发行价格；

（三）代销、包销的期限及起止日期；

（四）代销、包销的付款方式及日期；

（五）代销、包销的费用和结算办法；

（六）违约责任；

（七）国务院证券监督管理机构规定的其他事项。

证券公司承销证券，应当对公开发行募集文件的真实性、准确性、完整性进行核查。发现有虚假记载、误导性陈述或者重大遗漏的，不得进行销售活动；已经销售的，必须立即停止销售活动，并采取纠正措施。

证券公司承销证券，不得有下列行为：

（一）进行虚假的或者误导投资者的广告宣传或者其他宣传推介活动；

（二）以不正当竞争手段招揽承销业务；

（三）其他违反证券承销业务规定的行为。

证券公司有上述所列行为，给其他证券承销机构或者投资者造成损失的，应当依法承担赔偿责任。

若证券发行人聘请承销团承销，承销团应当由主承销和参与承销的证券公司组成。证券的代销、包销期限最长不得超过九十日。

证券公司在代销、包销期内，对所代销、包销的证券应当保证先行出售给认购人，证券公司不得为本公司预留所代销的证券和预先购入并留存所包销的证券。

若股票发行采取溢价发行的，其发行价格由发行人与承销的证券公司协商确定。

股票发行采用代销方式，代销期限届满，向投资者出售的股票数量未达到拟公开发行股票数量百分之七十的，为发行失败。发行人应当按照发行价并加算银行同期存款利息返还股票认购人。

公开发行股票，代销、包销期限届满，发行人应当在规定的期限内将股票发行情况报国务院证券监督管理机构备案。

四、证券的流通

证券的流通或交易，是指在证券交易所买卖已发行的证券，证券的交易活动虽然不能增加社会投资总额,也不会增加新的金融资产,但可以实现证券的流动性和变现能力的要求,还可以为新的投资者提供投资机会。证券交易程序可以分为五个环节,即开户、委托、竞价与成交、清算与交割、过户,每个大的环节又包含了若干小环节。具体来说,证券交易的程序如下。

(一)开户

根据《中华人民共和国证券法》的相关规定,进入实行会员制的证券交易所参与集中交易的,必须是证券交易所的会员。证券交易所不得允许非会员直接参与股票的集中交易。因此,普通投资者要买卖证券,往往是与证券公司签订证券交易委托协议,并在证券公司实名开立账户,以书面、电话、自助终端、网络等方式,委托该证券公司代其买卖证券。

开立账户有两个,即开立证券账户和资金账户。证券账户用来记录投资者所持有的证券种类、数量和相应变动情况,根据投资者的类型可以将证券账户分为个人投资者账户和机构投资者账户;根据投资工具的品种可以分为A股账户和B股账户,买卖B股必须开立单独的B股账户,A股账户则可以买卖股票、基金和债券等证券。我国的上海、深圳、北京证券交易所,需要分别开立股票账户,但是资金账户可以使用同一个账户。

开立证券账户后还需要开立资金账户才能进行证券的买卖。资金账户用于记录和反映投资者买卖证券的货币收付和结存数额。资金账户主要可以分为现金账户和保证金账户,现金账户是投资者使用最为普遍的,在现金账户中一切活动都是通过现金交易,投资者可以迅速地进行证券买卖。保证金账户下,投资者可以用少量的资金买入大量的证券,其他的资金由经纪商为投资者垫付,所有的信用交易一般都在保证金账户中进行。

(二)委托

委托买卖是指投资者根据交易所的相关规定,凭借证券账户向自己开户的证券商提出自己的委托要求,证券商接受客户的委托,代理客户买卖证券,从中获取佣金的交易过程。委托内容包括了买卖证券的种类、价格、数量和时间等要求。

根据委托的价格划分,委托的出价方式有市价委托和限价委托两种。市价委托是指委托人要求证券商按照当时的市场价格买入或卖出证券。限价委托是指委托人要求证券商按照限定的价格买入或卖出证券。

委托的数量,包含整数委托和零数委托两种。整数委托是指委托买卖的数额是以一个交易单位为起点或交易单位的倍数的委托。零数委托是指委托买卖的数额不满一个交易单位的委托。我国的上海、深圳以及北京证券交易所规定买入的委托必须为整数委托，而卖出的委托可以为非整数委托。

对于委托的有效期限而言，我国的上海、深圳以及北京证券交易所都采用当日有效办法，即委托到当日交易收盘时自动失效，若当日没有成交，次日需要重新办理委托手续。

（三）竞价与成交

投资者的交易委托指令进入证券交易所的交易系统后，通过竞价方式决定成交，竞价成交的原则是“价格优先、时间优先”，成交的价格优先原则是指较高价格的买入申报优先于较低价格买入申报，较低卖出价格的申报优先于较高卖出价格的申报；成交的时间优先原则是指买卖的方向、价格都相同时，先申报者优先成交。

成交价格的确定是由买卖双方都充分参与，在一定的撮合原则下，由市场供需决定的公平、合理的价格，目前，证券交易一般采用两种竞价方式：集合竞价和连续竞价。

1. 集合竞价

集合竞价是指在规定的一段时间内，交易所接受投资者的买卖申报委托单后进行整体集中撮合价格的一种竞价方式。集合竞价确定成交价的原则是：(1)系统对所有的买入(卖出)的有效委托单按照委托限价由高到低(由低到高)的顺序排列，限价相同者按照时间先后进行排列；(2)系统按照顺序将排在前面的买入委托和卖出委托配对成交，直到不能成交为止，即所有的买入委托价均低于卖出委托价；(3)系统根据在某一价格能够得到最大的成交量来确定成交价格，所有成交的委托单均以此价格成交。目前，上海、深圳和北京证券交易所在每个交易日的 9:15—9:25 以及 14:57—15:00 为集合竞价时间。

2. 连续竞价

连续竞价是指对买卖申报逐笔进行撮合的竞价方式。在集合竞价结束后，未成交并且未撤单的委托单，自动进入连续竞价。连续竞价时，成交价格的确定原则为：(1)若委托买入价高于或等于卖出委托单中的最低卖出限价，则可以成交，成交价格为卖方叫价；(2)若委托卖出价低于或等于买入委托单中的最高买入限价，则与买入委托单队列顺序成交，成交价格为买方叫价。

（四）清算与交割

清算是指在证券交易中，买卖双方在投资银行之间相互抵消证券数额和价款差额的过程。清算一般是由交易所清算部或专门机构的清算公司，例如我国建立的全国统一的证券登记结算公司。

清算主要包括三个步骤:(1)验证交易信息,确认买卖成交单准确无误;(2)根据匹配的交易信息生产清算数据,数据包括买卖双方的账户信息、交易金额和交易时间;(3)根据清算数据,对买卖双方的资金进行结算,准备办理交割。

交割是指卖方向买方交付证券,买方向卖方支付价款的行为。在证券交割完成后,买卖双方应在规定的时间内对清算的余额办理交接和转账,交易所根据清算数据,将资金从买方的资金账户转移到卖方的资金账户,将证券从卖方的证券账户转移到买方的证券账户。

根据成交后至交割时间期限划分,可以将交割分为当日交割交易、次日交割交易、普通日交割交易、约定日交割交易等。当日交割是指成交的当日进行交割,即"T+0"交割,次日交割是指成交的次日进行交割,即"T+1"交割,在"T+0"交割制度中,当日买入证券,当日就可以卖出,在"T+1"交割制度中,当日买入证券,次日才能卖出。目前我国A股市场实施的是"T+1"交割制度,B股市场的股票实行"T+0"交割制度,资金实行"T+3"交割制度。

(五)过户

过户是指在证券交易结算后,由于证券所有人发生变更,进而办理更改证券持有者姓名的手续。证券分为记名和不记名两种,对于记名证券而言,必须办理过户手续,不记名证券可以自由转让,无须办理过户。债券通常采用的是不记名形式,而股票采用的是记名形式,只有股票过户后,股票的持有人才算是公司真正的股东,整个交易过程也才结束①。

本章小结

1. 金融市场主要包括货币市场、证券市场、外汇市场与黄金市场。证券市场的功能主要分为筹资投资功能、资本定价功能以及资本配置功能。

2. 证券市场按照功能区分可以分为一级市场与二级市场;按照上市条件区分可以分为一板市场、二板市场以及三板市场;按照交易对象可以分为股票市场、债券市场、基金市场以及金融衍生品市场;按照组织形式可以分

① 林俊国,郑路. 证券投资学[M]. 4版. 北京:经济科学出版社,2013:218.

为场内市场与场外市场。

3. 证券市场的参与主体主要包括证券发行人、证券投资者、证券中介机构、证券监管机构与证券行业自律组织，不同的参与主体对证券市场发挥着不同的作用，共同维持证券市场的健康运行。

基本概念

证券市场　一级市场　二级市场　证券发行人
证券投资者　证券市场中介机构　证券行业监管机构和自律性组织
证券承销　集合竞价　连续竞价

复习题

1. 证券市场与金融市场有何关系？
2. 将证券市场按照不同的标准如何进行分类？
3. 证券市场的参与主体有哪些，各自的职能是什么？

第四章　新中国证券市场的发展历程

证券市场历史悠久，世界上最早的证券市场可以追溯到1602年的荷兰。只有以史为鉴，我国的证券市场才能蓬勃发展。本章首先介绍了我国证券市场的发展历程，其次阐述了世界主要国家的证券交易所，最后介绍了股票价格指数的概念以及国内外主要的股票价格指数。

第一节　新中国证券市场发展历程

一、形成阶段

为弥补20世纪70年代末、80年代初出现的财政赤字，弥补国家建设资金的不足，我国从1981年开始发行国库券，当年发行了48.7亿元的10年期国库券，由此揭开了新中国证券市场发展的序幕。此后的10年间，我国证券市场也有了较大的进步。第一，国库券的发行规模逐步扩大，从1981—1986年国债年平均发行量为49.95亿元，到1990年的国库券发行量达200亿元，并在61个大中城市试点国库券交易市场。第二，金融工具的种类逐渐增加，我国在1985年开始发行金融债券，1986年开始发行企业债券，此后，保值国债、转换债、财政债券等品种也陆续推出，多元化的金融工具品种结构开始出现。第三，股份公司数量逐步增加，从1984年北京天桥股份公司、上海飞乐音响股份公司开始发行股票起，到1990年年底，已经有100多家企业进行了股份制试点。

二、起步阶段

在这一时期，中国证券市场开始从部分地区试点扩展到建立全国性市场。中国证券市场与美国证券市场不同，前者是在政府的主导下，借鉴他国经验，自上而下建立起来的，而不是交易主体基于自身需求自发形成的。中国证券市场的建立在一定程度上具有后发优势。1990年上半年深圳已经建立了三家证券公司和四个柜台交易市场，1990年12月1日深交所试营业，

1990 年 12 月 19 日上交所开业，当时只有“老八股”，飞乐音响是第一支向社会发行的股票。为了加强监管，深交所推出了股市上的第一个涨停板制度。1991 年发生了我国股市的第一次“股灾”，深圳成指由 988 点，一路下跌到 396 点，直到当年 9 月，市场才见底回升。1992 年邓小平同志在“南方谈话”和当年党的十四大报告中提出，要“积极培育包括债券、股票等有价证券的金融市场”，从思想上树立了社会主义经济可以发展证券市场的意识，确立了发展中国证券市场的新思路，中国经济也开始全面回升。1992 年的经济过热一直延续到 1993 年，政策开始全面收紧，上证指数在 2 月份突破 1500 点后，创下开市以来的新高 1558 点，随后开始震荡回落，7 月中下旬，跌出了全年最低点，近乎腰斩。1993 年还发生了一件大事，叫作宝延并购，中国保安宣布持有延中实业股票超过 5%，紧接着万科收购申华，中国资本市场掀开了收购上市公司的序幕。直至 1993 年年底，监管部门也开始救市，出台利好政策，降低交易佣金，但是市场情绪低迷，救市效果并不明显。

1993 年我国的经济情况可以用“四热，四高，四紧，一乱”来形容，“四热”是指开发区热、房产热、股票热、集资热；“四高”是指投资规模高、信贷投放高、货币发行高、物价上涨高；“四紧”是指交通运输紧、能源紧、原材料紧、资金紧；一乱是金融秩序全面混乱。这也导致了 1994 年中国股市的第一个全面熊市，市场不断恶化，监管部门不断救市，直到市场在 1994 年 7 月底发出 3 个利好——停发新股，对证券机构进行融资，吸引外资抄底。市场这才出现了久违的大涨，深证指数一天大涨 33.5%，由于炒作过于频繁，监管部门又宣布交易制度退回到 T＋1。1995 年，发生了著名的 327 国债事件，事件发生后，证监会叫停了国债期货交易，而这件事情却被股市理解为重大利好，想着炒国债期货的热钱，都会回流到股市当中，所以当时上证指数一天涨了 31%，史称“5·18 井喷”。但是好景不长，井喷之后就是连续一个多月的下跌。直到 1996 年，我国金融市场迎来了久违的款式和降息，股市涨了一整年，伴随着 1997 年的香港回归的预期，我国股市一路向上，开启了新一轮牛市。

在这一阶段中国证券市场虽然伴随着秩序的混乱，但是也为金融市场的发展奠定了基石，这主要是因为：第一，在少数地区进行区域性证券市场试点的基础上，建立全国性证券市场；第二，成立国务院证券委员会和中国证券监督管理委员会，由其对证券市场进行监管，并逐步建立了统一的证券监管体制；第三，上海、深圳证券交易所成立，采用集中撮合的竞价交易方式组织上市公司股票交易；第四，清理整顿全国各地非法股票期货交易，规范全国统一的证券市场。

三、基础制度建设阶段

这一阶段是中国证券市场制度建设的重要时期，主要以《中华人民共和国证券法》的颁布实施为标志，主要特点如下。

第一，证券市场法律法规制度体系逐步建立和完善。1999 年 7 月 1 日，《中华人民共和国证券法》正式颁布实施。《中华人民共和国证券法》首先从法律层面确认了中国证券市场的地位，同时也提出了未来中国证券市场发展应遵循的基本规范。2005 年，根据中国经济发展的实际情况以及证券市场的发展状况，对《公司法》和《证券法》进行了修订。2006 年，中国证监会发布了《首次公开发行股票并上市管理办法》和《上市公司证券发行管理办法》，建立了与经济环境相适应的公司上市标准。2008 年，上海证券交易所和深圳证券交易所分别修订了《上海证券交易所股票上市规则》和《深圳证券交易所股票上市规则》，中国证券市场逐步完善了相关法律体系。

第二，建立了相对完善的证券市场监管框架体系。这一时期逐步确立了证券经营机构与银行、财政以及信托业分离，分业经营和分业监管的体制框架，即中国证券监督管理委员会设立地方监管分支机构，并对其实行垂直领导，强化了证券交易所在规范市场交易监管中的重要作用。同时，中国证券业协会在加强行业自律方面也发挥了越来越重要的作用，逐步形成了中国证券监督管理委员会统一监管、证券交易所日常交易监管以及中国证券业协会自律监管的监管框架体系。

第三，股权分置改革解决了中国证券市场建立之初国有股权不能流通的问题，改变了中国证券市场长期以来存在较多非市场性因素的状态。2005—2006 年股权分置改革的成功推进是在这一阶段取得的重大的进展，标志着中国证券市场开始解决设立之初出于多种因素权衡遗留下来的历史问题，进行了较为彻底的证券市场改革。

四、改革和深化发展阶段

在经历了股权分置改革后的迅速发展和扩张期后，中国证券市场进入了运行机制调整期。在这一阶段，证券市场的法律法规体系进一步健全，并加强了法律法规的执行力度。但同时，股权分置改革后证券市场迅速扩张积累的深层次矛盾开始显现。证券监管部门开始着手解决深层次的制度矛盾，如新股发行机制、交易制度以及市场退出制度的问题，多层次证券市场的培育问题以及投资者利益保护问题等。

经过了十余年的不断改革和深化，证监会于 2023 年 2 月 17 日发布了实施全面注册制的一系列配套文件，宣告主板注册制时代的到来，这是中国资本市场改革发展又一个重要里程碑。但证券市场的深化改革、彻底解决新股发行机制的问题以及培育相对成熟的多层次证券市场，是一个长期的过程，还需要监管机构和相关市场参与各方不断探索。

目前我国证券交易所共有五个，分别为：北京证券交易所、上海证券交易所、深圳证券交易所、香港证券交易所、台湾证券交易所。

（一）上海证券交易所

1990 年 11 月 26 日，上海证券交易所成立于上海浦东新区。上海交易所受中国证监会监督和管理，是为证券集中交易提供场所和设施、组织和监督证券交易、实行自律管理的会员制法人。经过多年的持续发展，上海证券市场已成为中国内地首屈一指的市场，上市公司数、上市股票数、市价总值、流通市值、证券成交总额、股票成交金额和国债成交金额等各项指标均居首位。截至 2023 年 12 月，上海证券交易所拥有 2037 家上市公司，股票市价总值 45.5 万亿元，是世界三大证券交易所之一①。

（二）深圳证券交易所

深圳证券交易所创立于 1990 年 12 月 1 日，旨在提供证券集中化交易的场所和设备，规范和监管证券交易，履行国家法律法规和规章政策，并对证券的发行与流通实行管理。深交所的主要职责包括提供证券交易场所和设施，制定业务规则，审核证券上市申请并安排证券上市，组织和监督证券交易，对会员和上市公司进行监管，管理并发布市场信息以及中国证监会授权的其他权责。如今，深圳证券交易所已成为世界十大证券交易所之一。

（三）北京证券交易所

北京证券交易所于 2021 年 9 月 3 日注册成立。北交所与上交所、深交所的不同之处在于：北交所与深交所、上交所共同服务于实体经济发展，但深交所、上交所交易的公司称为上市公司，上市条件要求相对较为严格；而北交所交易的公司则称为挂牌公司，挂牌条件要求相对宽松，主要涵盖中小企业。合格的个人投资者可以通过北京交易所的全国性场外交易市场进入全国股转系统参与交易，但资金准入门槛较高。这主要是为了保护中小投资者，降低他们所承担的风险。

① 数据来源于上海交易所官网.

(四)香港证券交易所

香港证券交易所(HKEX)是世界四大证券交易所之一。它的全称是香港交易及结算所有限公司,在香港和伦敦均有其旗下营运的交易所,著名的伦敦金属交易所(简称 LME)也属于香港交易所旗下。香港证券交易所以成为世界级交易所为目标,推行了大量改革措施,朝着提供全面产品及全方位服务的交易所发展。2018 年 4 月 24 日,香港证券交易所发布 IPO 新规,允许双重股权结构公司上市,允许尚未盈利的生物科技公司赴港上市。这一重大改革被誉为香港证券交易所的一系列改革中意义最为重大的一次改革,直接促使当年香港市场新股融资额再次获得全球第一。

(五)台湾证券交易所

台湾证券交易所(TSEC),位于台北 101 大楼。1962 年 2 月 9 日正式成立,起初是在一个租来的场所进行办公,但随着上市公司的数量激增,又限于办公场所不足,台湾证券交易所开始在台北市各个地区进行分散办公,一直到 2005 年台湾证券交易所迁入台北 101 大楼之后,分散办公的情况才得以解决。台湾证券交易所采用股份有限公司制,由股东大会形成最高决策机构,下设 13 名董事组成的董事会,其中推选出 5 名常务董事和 1 名董事长。

第二节　世界主要国家的证券市场

一、美国证券市场

美国主要有三大交易所:纽约证券交易所、纳斯达克交易所和美国证券交易所。

(一)纽约证券交易所

纽约证券交易所(NYSE),是全球第一大证券交易所。1792 年 5 月 17 日,在纽约华尔街 68 号外的一棵梧桐树下,24 位证券经纪人签订了《梧桐树协议》;1817 年 3 月 8 日,该组织起草了一项章程,并更名为“纽约证券交易委员会”;1863 年,更名为“纽约证券交易所”,并沿用至今。纽约证券交易所长期为全球最大的交易所,直到 1996 年被纳斯达克超越,如今又再次成为世界最大证券交易所。

2006 年纽约证券交易所以新成立的纽约证券交易所集团的名义开始在市场上交易。2007 年,纽约证券交易所集团完成了与欧洲联合证券市场泛欧交易所合并,从而形成了全球第一个跨大西洋证券交易所——纽约-泛欧证券交易所。2008 年纽约-泛欧交易所正式收购美国证券交易所，更名为“纽交所美国”。2012 年，纽约-泛欧交易所被洲际交易所集团收购，出售了泛欧交易所的部分，保留了纽约证券交易所的所有权。至此，规模庞大的纽交所几经易手，终于尘埃落定。2017 年，纽约证券交易所正式收购了位于新泽西州的“国家证券交易所”，并一直保持营运至今。

(二)纳斯达克证券交易所

随着信息和服务业的兴起，完全采用电子交易、面向全球的纳斯达克(NASDAQ)股票市场于 1971 年应运而生，为新兴产业提供了竞争平台。纳斯达克在短时间内就赶上了纽约证交所和美国证交所成为美国第三大证券交易所，到了 1991 年，纳斯达克的份额已占了美国证券市场的 46%。1992 年，纳斯达克与伦敦证券交易所合并，成立了世界上第一个洲际资本市场联交所。2006 年，纳斯达克获得国家执照，将自己的地位从一个股票市场正式变为一个国家证券交易所。2007 年，纳斯达克与北欧交易所集团“OMX”合并，并更名为“纳斯达克 OMX 集团”。2012 年，在联合国可持续发展大会前夕，“纳斯达克 OMX”成为“联合国可持续证券交易所倡议”的创始成员。2015 年，纳斯达克在经过了漫长的调整后重新回到巅峰，并开启了新一轮的上升，纳斯达克指数也成为市场分析的重要工具。

(三)美国证券交易所

美国证券交易所(AMEX)位于华尔街附近，曾是美国第二大交易所。不同于其他证券交易所，美国证券交易所能同时交易股票、期权和衍生品，并且主要关注中小企业。美国证券交易帮助中小企业完善公司管理制度，提高公司管理效率，增加股东价值，为中小企业提供一系列服务，确保市场交易的有序进行。

美国证券交易所的起源，甚至比《梧桐树协议》的签署更早，可以追溯到 18 世纪晚期，那时候股票经纪人一般会在咖啡馆或者街上碰头，进行证券交易，由于这个原因，美国证券交易所的起源地就是街上的一片区域——被称为“纽约路缘市场”。在整个 19 世纪，这种路边的证券交易都是非正式的，无组织的，这种情况终于在 20 世纪迎来改变，1908 年，纽约路缘市场代理处成立，目的是将规则和规范引入交易实践，1921 年，纽约路缘市场结束了一百多年的摆摊生涯，搬进了格林威治街的交易大厅，有了正式的交易大厅和完整的规则制度，并于 1929 年正式更名为纽约路缘交易所。1953 年，纽约路缘交易所正式更名为我们所熟知的美国证券交易所。1998 年 3 月，美国证券交易所与全美证券交易商协会合并，成立了“纳斯达克-美交所市场集团”，但是没有持续多久，美交所在 2004 年重新独立。

2008 年 1 月 22 日，纽约-泛欧交易所集团以价值 2.6 亿美元的纽约证券交易所普通股票，收购了美国三大证交所之一的美国证券交易所。收购完成后，纽约-泛欧交易所获得了另外一份美国期权交易所经营许可，成为第三大美国期权交易市场，并更名为“纽交所美国”，美国证券交易所交易大厅业务也转移到了纽约交易所交易大厅完成。

至此，美交所的时间线就与世界最大的交易所集团——纽交所重合，并共同线存续至今。

二、英国证券市场

1773 年，伦敦柴思胡同的约那森咖啡馆见证了英国第一个证券交易所的正式组建。该交易所即今天的伦敦证券交易所的前身。1802 年 3 月，在英格兰银行附近，新大厦落成开业，伦敦证券交易所由此迎来了新的发展阶段。1827 年，利物浦证券交易所成立；1830 年，曼彻斯特证券交易所成立，从事各种证券交易活动，经营各种股票。1836 年，铁路股票风靡全国，地方证券公司的发展得到了快速提升。

伦敦证券交易所位于英国伦敦，是世界上历史最悠久的证券交易所。其运营的股票市场是全球最强的，且外国股票的交易量超过任何其他证券交易所。

三、日本证券市场

日本证券市场起步较晚，但发展迅速。二战初期，日本借鉴东京证券交易所的经验，创立了日本证券交易所，并实施了深刻的改革，对许多地方性证券交易所进行了整合。到第二次世界大战结束的时候，日本的证券交易所全部解体，一时日本没有一个有组织的证券市场，非官方的证券市场出现，实际上是一种场外交易市场。

1948 年 5 月，日本政府通过立法，开始对证券交易活动进行管控。颁布了该国历史上的首个证券交易法，规定只有证券公司才能从事证券业务。随后在 1949 年，日本政府相继批准了东京、大阪、名古屋等 9 个地区的证券交易所，这些交易所以会员制为组织形式，并规定东京、大阪、名古屋 3 个证券交易所可以进行全国性的证券买卖交易。这些政策措施极大地促进了证券市场的发展，振兴了日本的证券业。

1949 年 5 月，东京证券交易所重新开业。它虽然起步较晚，但在短短的四十几年间却为日本工业技术革命提供了巨额资金。如今，它已成为全球最大的证券交易中心之一,市场规模位列世界第五,也是日本最重要的经济中心。

第三节　股票价格指数

一、股票价格指数的作用

股票价格指数是反映二级市场股票价格变动水平的指标。在证券市场发展的阶段,上市股票品种和数量较少,证券交易所仅有反映每天股市行情的最高价、最低价、开盘价和收盘价等单项指标。随着证券市场的发展,上市股票的品种和数量日趋增多,投资者不仅需要了解每只股票每天的价格变动,也需要了解整个股票市场价格的变动情况以及一定时期的走势,股票价格指数便应运而生。股票价格指数既是投资者把握股票市场行情和进行投资决策的基本依据,也是证券管理部门对股市进行监管的重要参考指标,还可以作为套期保值工具。

二、股票平均数和股票指数

股票价格指数有许多种类,不仅不同证券交易所的股票价格指数不同,同一证券交易所也可能编有不同的股票价格指数。按指数形式的不同,股票价格指数分为股价平均数和股票指数。

(一)股价平均数

股价平均数是将样本股票某一时点的价格加以平均所得到的数值,一般以股市收盘价进行计算。

1. 简单算术平均

简单算术平均数是把采样股票的收盘价加以算术平均所得的数值。其计算公式为:

$$P_a = \frac{1}{n}\sum_{n}^{1} P_i \tag{4-1}$$

(4-1)式中,P_a 为股价平均数;P_i 为第 i 只股票价格;n 为样本数量。这种计算方法简便易懂,但未考虑种样本股票发行量及交易量的大小,也未考虑股票除权因素的影响,不能准确反映股市价格总体水平的变动情况。

2. 加权平均数。

加权平均数是将各采样股票的发行量或成交量当作权数计算的平均数。其计算公式为:

$$P_a=\frac{\sum_{i=1}^{n}W_iP_i}{\sum_{i=1}^{n}W_i} \tag{4-2}$$

(4-2)式中，P_a 为股价加权平均数；P_i 为第 i 只股票价格；W_i 为第 i 只股票成交量或发行量；n 为样本数量。这种计算方法较简单算术平均数法复杂，考虑了每种样本股票发行量或交易量大小对股价总体水平的影响，能较准确地反映股市价格总体水平的变动情况。

(二)股票指数

股票指数是反映各个时期股价水平变动情况的相对数。股价平均数只是某个时点股价的绝对值，只能反映这个时点上的股价水平，而不能反映一定时期内股价的变动情况，从严格意义上讲还不是指数。要反映一定时期股价的变动，必须将基期的股价与报告期的股价加以比较，计算严格意义上的股票指数。有如下几种计算方式。

1. 简单平均法

简单平均法，又称算术平均法，是先计算出采样股票价格的个别指数，再加总求其算术平均数的方法。其计算公式为：

$$g_i=\frac{1}{n}\sum_{i=1}^{n}\frac{P_{1i}}{P_{0i}}\times 100 \tag{4-3}$$

(4-3)式中，g_i 表示计算期股票指数；P_{0i} 表示基期第 i 种股票价格；P_{1i} 表示报告期第 i 种股票价格；n 为样本数目。采用简单平均法计算的股票指数和股价平均数相比，具有简单易行的优点，而且可以反映不同时期的股价变动，但同样没有考虑样本股票发行量或成交量对股价整体变动的影响。

2. 综合法

综合法是分别将基期和报告期股价加总，然后用报告期股价总额除以基期股价总额，以所得值作为股票指数的方法。其计算公式为：

$$g_i=\frac{\sum_{i=1}^{n}P_{1i}}{\sum_{i=1}^{n}P_{0i}}\times 100 \tag{4-4}$$

(4-4)式中，g_i 表示计算期股票指数；P_{0i} 表示基期第 i 种股票价格；P_{1i} 表示报告期第种股票价格；n 为样本数目。

3. 加权综合法

上述两种方法没有考虑到某种股票的成交量或发行量的大小对指数的影响，因而应加入权数。目前较常用的指数有两类，一类为拉式(Laspegres)

指数,一类为派式(Pasche)指数。计算公式分别为:

$$\text{拉式综合指数}=\frac{\sum P_1Q_0}{\sum P_0Q_0}\times 100 \tag{4-5}$$

$$\text{派式综合指数}=\frac{\sum P_1Q_1}{\sum P_0Q_1}\times 100 \tag{4-6}$$

如果用发行量作为权数,在发行量没有发生变化的情况下,即 $Q_0=Q_1$ 时,加权综合指数等于采样股票报告期的市值总和与基期市值总和之比。如遇到股票样本改变及增资发行的情况,则当天的市价总额会因市场状况以外的因素变化而变化。因此,为确保指数有效性,需要经常对基期市价总值或报告期市价总值进行修正。

三、国内外主要的股票价格指数

世界各地的证券交易市场都有自己的股票价格指数。其中影响较大的主要有以下几种。

(一)美国道·琼斯股票价格平均数

美国的道·琼斯股票价格平均数,是美国历史上最悠久且最具权威性的股票价格平均数,是美国目前最有代表性的股票价格平均数,创立于 1884 年,由美国道·琼斯公司编制。它以平均价格表示股票指数,运用修正平均数方法计算。道·琼斯股票价格平均数开始使用的股票样本为 11 只,几乎全是铁路公司的股票;随后多次增减股票样本,扩大了样本范围,1938 年以后维持在 65 种。道·琼斯股票价格平均数共有四组:工业股票价格平均数(股票样本为在纽约证券交易所上市的 30 家最具代表性的工商业公司);运输业股票价格平均数(股票样本为在纽约证券交易所上市的 20 家最具代表性的工商业公司);公用事业股票价格平均数(股票样本为在纽约证券交易所上市的 15 家最具代表性的工商业公司);综合股票价格平均数(综合前三组 65 种股票价格编制而成)。

(二)标准普尔股票价格平均数

标准普尔股票价格指数,由美国最大的证券研究机构——标准普尔公司编制,创始于 1923 年。股票价格指数以 1941—1943 年的平均市价总额为基期值,采用加权平均方法计算,基期值为 10。股票样本包括工业股票 400 种、交通运输业股票 20 种、金融业股票 40 种、公用事业股票 40 种,样本股票的市值占纽约证券交易所股票总市值的 80%以上,具有广泛的代表性。

(三)日经平均数股票价格指数

日经平均数股票价格指数(日经指数)由日本新闻社编制,采用修正平均数方法,以 1950 年 9 月 7 日为基期。日经指数根据计算对象和样本数目的不同,可分为两种:一是日经 225 种平均数,样本原则上固定不变,具有连续性和可比性;二是日经 500 种平均股价,样本是不固定的,具有较广泛的代表性。

(四)伦敦《金融时报》股票价格指数

伦敦《金融时报》股票价格指数,是由英国伦敦《金融时报》编制的指数。它以 1935 年 7 月 1 日为基期,基期值为 100,并分为三组:第一组为在伦敦证券交易所上市的有代表性的 30 种工商业股票;第二组和第三组分别由各个行业的 100 种股票和 500 种股票构成。使用最广、最有影响的是第一组指数。它选用的股票样本为英国上市公司中交易量最大的蓝筹股票。计算方法为不加权的几何平均数,即先分别求出 30 种股票的个别指数,然后将其相乘的积开 30 次方,其根即为股票指数。优点是避免了个别股价暴涨暴跌对整个股价指数的影响,不足之处是计算量较大。

(五)恒生指数

恒生指数是中国香港证券市场上最有代表性的一种股票价格指数。它由恒生银行于 1969 年 11 月 24 日开始编制,以 1964 年 7 月 31 日为基期,基期期值为 100,运用修正的加权综合法计算。恒生指数从上市公司股票中选出 33 种具有代表性的股票作为计算样本,这些股票称为“成分股”,分为四类:金融业 4 种;公用事业 6 种;房地产业 9 种;工商业(包括航运业、酒店业等)14 种。

(六)上证股票价格指数

上海证券交易所的股票价格指数包括综合类指数、样本类指数和分类指数三种。上证综合指数是上海证券交易所于 1991 年 7 月 15 日开始编制的反映上海证券交易所股票价格变化的指数。它以 1990 年 12 月 19 日为基期,以全部上市股票为样本,以股票发行量为权数,以收盘价格为计价标准,采用加权综合法计算,基期值为 100。遇到新股上市,上市公司增资扩股或退市时,上证指数会在第二天被进行修正调整。2007 年 1 月上海证券交易所宣布,新股于上市第 11 个交易日开始计入上证综合指数。2020 年上海证券交易所进一步完善了指数编制方法。

除上证综合指数外,上海证券交易所从 1992 年 2 月开始,分别公布 A 股指数和 B 股指数。从 1993 年 5 月 3 日开始,正式公布工业、商业、地产业、公用事业和综合五个分类股票价格指数。2003 年 6 月 10 日起，上海证券交易所将行业分类指数由 5 类改为 10 类，包括能源、原材料、工业、可选消费、主要消费、健康护理、金融、信息技术、电信、公用事业指数。2006 年推出了新上海综合指数，简称“新综合”。2007 年以后陆续推出了“上证 180 指数”“上证 50 指数”等样本指数。这些样本指数是通过从上市股票中选择出的若干富有代表性的样本股票编制而成的。

(七)深圳股票价格指数

深圳证券交易所的股票价格指数也包括综合类指数、样本类指数和分类指数三种。深圳综合类指数是深圳证券交易所于 1991 年 4 月 4 日开始编制的反映深圳证券交易所上市股票价格变动的指数。它以 1991 年 4 月 3 日为基期，以所有上市股票为样本，以基期发行量为权数，运用加权综合法计算，基期值为 100。新股上市后的第二天就会被纳入样本股计算，上市前日便是新基期。成分股指数以 1994 年 7 月 20 日为基准日，基期指数为 1000 点，1995 年 1 月 23 日起正式发布使用。它在深圳证券交易所上市的所有 A 股股票中抽取最具市场代表性的 40 种样本股票，以其流通市值计算而成。同年还发布了深圳 A 股指数和深圳 B 股指数。深圳交易所还于 2002 年发布深圳 100 指数，2005 年发中小企业板指数，2006 年发布深证新指数。

(八)中证指数

中证指数由中证指数公司编制发布，该公司由上海证券交易所和深圳证券交易所发起设立。中证指数包括中证规模指数、中证行业指数、中证风格指数和中证主题指数。中证规模指数包含沪深 300、中证 100 等反映沪深 A 股市场中不同规模特征股票的整体表现。中证行业指数包括中证金融、中证能源、中证信息、中证材料等反映沪深 A 股市场中不同行业公司股票的整体特征的指数。中证风格指数包括沪深 300 成长、沪深 300 价值、沪深 300 相对成长这些反映不同风格特征股票整体表现的指数。

本章小结

1. 证券市场最早出现在 1602 年的荷兰，当时整个证券行业缺乏相关的法律法规，频繁出现无序竞争以及欺诈投机行为，在 1929 年经济大萧条后，世界各国政府开始不断对市场结构进行深化改革，出台各种规章制度，逐步建立了较为完整的监管体系，到 21 世纪，随着经济金融化、金融证券化、证券市场多元化发展，证券市场对世界经济的影响越来越明显。

2. 中国证券市场在 1990 年建立，1992 年邓小平同志的“南方谈话”以及十四大之后，我国从思想上树立了社会主义经济可以发展证券市场的意识，确立了发展中国证券市场的新思路。中国通过不断完善相关法律法规与市场结构改革，证券市场进一步走向成熟。

3. 世界上主要的证券市场交易所包括美国的纽约证券交易所、纳斯达克股票交易所以及美国证券交易所；英国的伦敦证券交易所；日本的东京证券交易所；中国的深圳证券交易所、上海证券交易所、北京证券交易所、香港证券交易所、台湾证券交易所。

4. 股票价格指数反应二级市场股票价格变动一般水平的指标，包括股价平均数、股票指数。世界各国证券市场指数通过不同的方法对市场指数进行编制，其中影响较大的主要有美国的道・琼斯股票平均数、标准普尔股票价格平均数，日本的日经平均数股票价格指数，英国的伦敦《金融时报》股票价格指数，中国的香港恒生指数、上证股票价格指数、深证股票价格指数以及中证指数。

基本概念

核准制　注册制　股票价格指数

复习题

1. 简述我国证券市场的发展历程。
2. 简述我国上市公司股权分置改革的影响。

投资估值篇

第五章　货币时间价值

理解货币时间价值是学习投资估值、各类资产定价方法的基础。本章首先介绍现值、终值的含义和计算方法，并引入两种货币时间价值的计算方式：单利和复利；最后，在理解现值、终值的基础上，进一步学习年金计算。

第一节　终值、复利与贴现

现金流的终值是指将其折算到未来某一时点的价值。终值的计算有两种方式：单利和复利。

一、单利与复利的计算

（一）单利的计算

设有一笔资金为 P 元，存款 n 年，年利率为 r，则 n 年后的终值 FV_n 为：

$$FV_n = P + Prn \tag{5-1}$$

（二）复利的计算

同样一笔资金 P，n 年后的终值 FV_n 为：

第 1 年年末的本利和为：$P(1+r)$

第 2 年年末的本利和为：$P(1+r)(1+r)=P(1+r)^2$

第 3 年年末的本利和为：$P(1+r)^2(1+r)=P(1+r)^3$

……

第 n 年年末的本利和为：$P(1+r)^n$

终值为：

$$FV_n = P(1+r)^n \tag{5-2}$$

上式中，$(1+r)^n$ 被称为复利终值系数，缩写为 $FVIF(r,n)$，r 是利息率，n 是时间。

二、现值和贴现

在给定利率水平下，未来的现金流折现到现在的价值称为这笔现金流的现值。

[例 5.1]

假设你 2 年后需要 1000 元,在利率为 7%的情况下,今天需要投资多少? 换句话说,利率为 7%时,2 年后收到的 1000 元的现值是多少?

根据上述终值的定义及公式,我们得到:

$$1000 = PV \times 1.07 \times 1.07 = PV \times 1.07^2 = PV \times 1.1449$$

$$PV = \frac{1000}{1.1449} = 873.44$$

因此,在今天要投资 873.44 元,才能在 2 年后得到 1000 元(利率为 7%的情况下)。

现值的计算过程和终值很像。利率为 r,投资 n 年得到的 1 元的现值为:

$$PV = 1 \times \frac{1}{(1+r)^n} = \frac{1}{(1+r)^n} \tag{5-3}$$

其中,$\frac{1}{(1+r)^n}$ 可直接称为现值系数,缩写为 $PVIF(r,n)$。

三、现值和终值的进一步讲解

所谓的现值系数其实就是终值系数的倒数:

终值系数 $=(1+r)^n$;现值系数 $=\frac{1}{(1+r)^n}$。

令 FV_n 代表 n 年后的终值,则终值和现值的关系可以简单写为:

$$PV \times (1+r)^n = FV_n$$

$$PV = \frac{FV_n}{(1+r)^n} = FV_n \times \frac{1}{(1+r)^n} \tag{5-4}$$

公式(5-4)叫作基本现值公式。

第二节 年金的终值与现值

年金指在相同的间隔时间内陆续收到或付出相同金额的款项。年金按照收支时点在期初还是期末,可以分为普通年金和预付年金。

一、普通年金复利终值

在普通年金的情况下,每期期末获得等额现金流后,再将其进行投资,可以参照复利终值的计算方法推算出普通年金的复利终值。

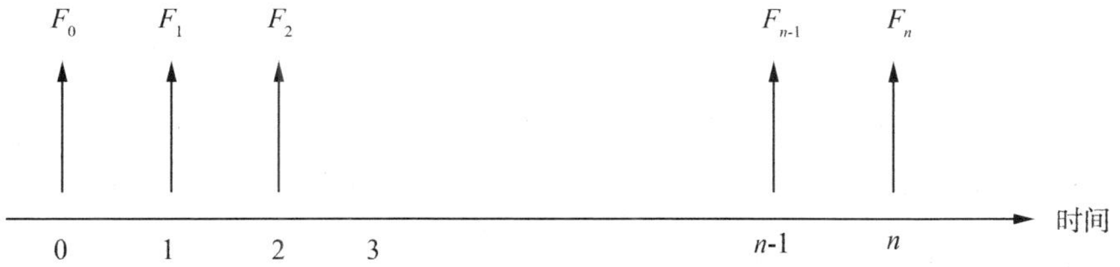

图 5.1　普通年金复利终值

$$FV = F_0 + F_1 + F_2 + \cdots + F_{n-1} + F_n = \frac{A}{r}[(1+r)^n - 1] \quad (5\text{-}5)$$

其中，FV 为各期等额现金流量终值之和；F_0、F_1、F_2、$F_3 \cdots F_n$ 分别为每一期等额现金流的终值；A 为等额的现金；r 为年利率；n 为复利期数。

二、预付年金复利终值

预付年金的各期收付款项在每期期初，要进行再投资，参照复利方法计算如下：

图 5.2　预付年金复利终值

$$FV = F_0 + F_1 + F_2 + \cdots + F_{n-1} + F_n = \frac{A}{r}(1+r)[(1+r)^n - 1] \quad (5\text{-}6)$$

其中，FV 为各期等额现金流量终值之和；F_0、F_1、F_2、$F_3 \cdots F_n$ 分别为每一期等额现金流的终值；A 为等额的现金；r 为年利率；n 为复利期数。

三、普通年金复利现值

普通年金每年期末获得等额款项，按照复利计算方法计算。

图 5.3　普通年金复利现值

$$PV = P_0 + P_1 + P_2 + \cdots + P_{n-1} + P_n = \frac{A}{r}[1-(1+r)^{-n}] \quad (5\text{-}7)$$

其中，PV 为各期等额现金流量现值之和；P_0、P_1、P_2…P_{n-1}、P_n 分别为每一期等额现金流的现值；A 为等额的现金；r 为年利率；n 为复利期数。

四、预付年金复利现值

预付年金每期期初获得等额款项，按照复利计算方法计算。

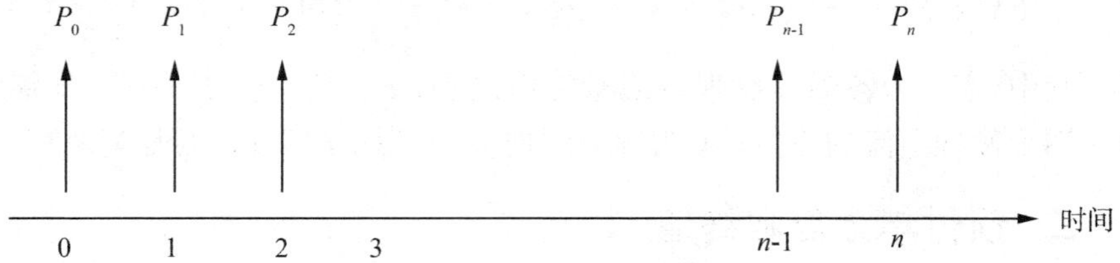

图 5.4　预付年金复利现值

$$PV = P_0 + P_1 + P_2 + \cdots + P_{n-1} + P_n = \frac{A}{r}\frac{[(1+r)^n - 1]}{(1+r)^{n-1}} \quad (5\text{-}8)$$

其中：PV 为各期等额现金流量现值之和；P_0、P_1、P_2…P_{n-1}、P_n 分别为每一期等额现金流的现值；A 为等额的现金；r 为年利率；n 为复利期数。

五、永续年金现值

永续年金是无限期定额支付的年金，属于普通年金，没有终止时间。

普通年金现值计算公式为：

$$PV = \frac{A}{r}[1-(1+r)^{-n}] \quad (5\text{-}9)$$

当 n 趋向于无穷大时，对上式进行求极限，可得出永续年金计算公式如下：

$$PV = \frac{A}{r} \quad (5\text{-}10)$$

本章小结

1. 现值是投资者站在当前时点来看所拥有的货币价值，终值是投资者站在未来时点来看所拥有的货币价值。

2. 终值的计算方式包括复利和单利。

3. 永续年金现值可以直接由定额利息除以贴现率算出。

基本概念

货币时间价值 贴现 复利终值 永续年金

复习题

1. 2023 年初，某公司购置一条生产线，有以下四种方案。

方案一：2025 年年初一次性支付 100 万元；

方案二：2023 年至 2025 年每年年初支付 30 万元；

方案三：2024 年到 2027 年每年年初支付 24 万元；

方案四：2023 年至 2027 年每年年初支付 21 万元。

已知公司要求的必要报酬率为 10%，请问选择哪种方案最有利于公司？

2. 某公司想给学校创立一个永久性的爱心基金，希望每年能够从该基金中拿出 10 万元用于经济困难学生的生活补助。考虑到基金资金的安全性，基金管理人计划将基金购买近乎无风险的国债，将其产生的利息收入用于学生的补助。假设一年期国债的平均利率为 3%，那么该企业要向学校捐赠多少款项才能创建该爱心基金呢？

第六章　债券价值分析

计算债券价格以及债券收益率的基本方法是现金流折现法。在本章中，首先，介绍各类债券的定价公式；其次，分析债券收益率的构成和影响因素，在此之中学习到期收益率的相关内容，了解即期利率和远期利率的含义和计算方法；最后分析影响债券价格对利率敏感性的因素。

第一节　债券定价

债券定价的基本思路是将债券未来的现金流折算成现值进行累加①。对于一张不附带任何选择权利的债券，其现金流主要由各期利息收入和到期日面值收入构成。根据不同的利息支付方式（如零息或附息等），来最终确定债券未来的现金流。

一、债券的一般定价公式

根据债券预期的现金流，确定到期收益率，即可计算债券的价格。债券的价格等于债券未来所有现金流的现值之和，如公式(6-1)所示。

$$P=\sum_{t=1}^{n}\frac{C_t}{(1+r_t)^t} \tag{6-1}$$

其中，P 为债券价格；t 表示第 t 期；C_t 为第 t 期的现金流；r_t 为第 t 期现金流所对应的折现率；n 为债券期数。

二、一次付息债券定价

一次付息债券包括贴现债券、零息债券和一次还本付息债券，它们的共同特征是未来只有一笔现金流。

(一)贴现债券定价

贴现债券票面不规定利率，发行价低于票面价，到期后按票面金额偿还

① 刘园. 固定收益证券[M]. 北京：首都经济贸易大学出版社，2017：27.

本金。贴现债券的期限往往低于1年,其定价公式见式(6-2)。

$$P=\frac{M}{(1+r)^n} \tag{6-2}$$

其中,P为债券价格;M为票面金额(债券面额);r为年折现率;n为债券距到期日的期限(计算时需以年为单位进行)。

(二)零息债券定价

零息债券在债券存续期内不支付利息,债券到期时按面值一次性偿付,期限通常大于1年,定价公式仍为式(6-2)。

(三)一次还本付息债券定价

一次还本付息债券的所有利息在债券到期偿还本金时一并交付,其利息计算按照单利方法。其现金流特征与零息债券相同,但是由于要计算利息,可按公式(6-3)进行计算。

$$P=\frac{M+Mni}{(1+r)^n} \tag{6-3}$$

其中,P为债券价格;M为票面金额(债券面额);i为票面利率;r为年折现率;n为债券距到期日的期限(以年为单位);r为债券票面利率。

三、分次付息债券定价

分次付息债券主要是附息债券,会每半年或一年支付给投资者一定的利息。同一次付息债券比较,分次付息债券未来现金流将有多次,因此分次付息债券的定价需在公式(6-2)的基础上考虑多股利息现金流,从而得到公式(6-4)。

$$P=\sum_{t=1}^{n}\frac{C}{(1+r)^t}+\frac{M}{(1+r)^n} \tag{6-4}$$

其中,P为债券价格;C为票面利息;M为票面金额(债券面额);r为年折现率;t表示第t期;n为债券距到期日的期限(以年为单位)。

(一)一年付息多次债券的定价

若债券一年付息次数为m,则可将定价公式(6-4)修正为公式(6-5)。

$$P=\sum_{t=1}^{mn}\frac{C/m}{(1+r/m)^t}+\frac{M}{(1+r/m)^{mn}} \tag{6-5}$$

(二)年折现率可变债券定价

若债券具有可变的年折现率,则可将定价公式(6-4)修正为公式(6-6)。

$$P=\sum_{t=1}^{n}\frac{C}{(1+r_t)^t}+\frac{M}{(1+r_n)^n} \tag{6-6}$$

其中，P 为债券价格；t 表示第 t 期；C 为票面利息；r_t 为每期票面利息流入时的折现率；n 为债券期数。

四、特殊形式债券定价

(一)等额摊还债券的定价

等额摊还债券的本息和在期限内是平均偿还的。假设一张等额摊还债券的剩余偿还次数为 n，每年偿还本息和的金额是 A，市场年折现率为 r，用 t 表示第 t 期，则定价公式见式(6-7)所示。

$$P=\sum_{t=1}^{n}\frac{A}{(1+r)^{t}} \tag{6-7}$$

(二)永久债券的定价

永久债券是一种不规定本金返还期限，可以无限地按期取得利息的债券。假设一张永久债券每年支付的利息额为 A，市场年折现率为 r，用 t 表示第 t 期，则其定价公式为(6-8)。

$$P=\sum_{t=1}^{\infty}\frac{A}{(1+r)^{t}}=\frac{A}{r} \tag{6-8}$$

第二节　债券收益分析

一、债券投资收益的构成及影响因素

(一)债券投资收益的组成

1. 债券利息

债券的利息是指债券发行人通过债券融资而向投资者定期支付的报酬。

2. 债券买卖价格差

债券买卖价格差是指投资者在债券市场上购入债券后再卖出债券所获得的差额收益。债券买卖价格差不同于债券利息，价格差是债券市场其他投资者交易所造成的，而并非债券发行人。同时，买卖价格差不一定为正值，债券市场存在相应的风险，有的投资者也可能出现高价买入、低价卖出的情况，其收益可能为负值，此时债券发行人无义务对该投资人负责①。

① 刘园. 固定收益证券[M]. 北京：首都经济贸易大学出版社，2017：30.

(二)债券投资收益的影响因素

由于债券投资收益主要由债券利息和债券买卖价格差两部分组成，影响债券利息的主要因素是票面利率，影响债券买卖价格差的因素则是市场价格。

1. 票面利息

债券票面利率越大，债券利息收入越高，在其他条件一定的情况下，债券收益也就会更高。影响债券票面利率的因素主要有债券发行时市场的利率、债券的期限、债券发行人的信用等级等。

2. 市场价格

债券市场价格的高低会影响投资者获利的多少。前面提到，债券买卖价格差的定义为：

债券买卖价格差＝债券卖出价－债券买入价

当两者差额为正且越大时，收益就越大。

3. 其他因素

实际经济中还存在许多因素影响债券投资收益，例如债券的投资成本、市场的供求关系、宏观的经济政策等，在考虑债券投资收益时应该将这些因素也纳入考虑范围内。

二、到期收益率的计算

投资者在债券投资时，从买入债券并一直持有到期所获得的收益率叫作到期收益率。债券的到期收益率会由于公司信用等级、债券期限的不同而存在差异。

计算公式如式(6-9)所示。

$$P=\sum_{i=1}^{N}\frac{C}{(1+YTM)^{i}}+\frac{F}{(1+YTM)^{N}} \tag{6-9}$$

其中，P 为债券买入的市场价格；C 为利息；F 为债券面值；N 为付息次数；i 表示第 i 期；YTM 为到期收益率。

(一)实际年收益率

实际年收益率是考虑各种复利的情况下债券 1 年期的收益率，常用来转换利息按非整年支付的债券的收益率，换算方法如公式(6-10)所示。

$$\text{实际年收益率}=(1+\text{期间利率})^{m}-1 \tag{6-10}$$

其中：m 为年付息频率。

(二)零息债券的到期收益率

零息债券是指以贴现方式发行，不附息，在到期日按票面价值一次性支付的债券，公式如式(6-11)所示。

$$P=\frac{F}{(1+YTM)^{N}}\Rightarrow YTM=\left(\frac{F}{P}\right)^{\frac{1}{N}}-1 \tag{6-11}$$

其中，P 为零息债券的市场价格；F 为票面价格；N 为剩余到期日；YTM 为到期收益率。

(三)一次性还本付息债券的到期收益率

一次性还本付息的债券是指发行者平时不支付利息，只在债券到期时一次性清偿本息。其到期收益率公式如式(6-12)所示。

$$YTM=\left(\frac{F}{P}\right)^{\frac{1}{N}}-1 \tag{6-12}$$

其中，P 为一次性还本付息债券的市场价格；F 为票面价格；N 为剩余到期日；YTM 为到期收益率。

三、即期利率及其计算

(一)即期利率的定义

即期利率是某一给定时间点上无息债券的到期收益率。

(二)即期利率的计算

即期利率的计算公式如式(6-13)所示。

$$P_t=\frac{F_t}{(1+S_t)^{t}} \tag{6-13}$$

其中，P_t 为债券的市场价格；F_t 为债券的票面价格；t 为时间(年)；S_t 为 t 年期的即期利率。

四、远期利率及其计算

(一)远期利率的定义

远期利率是从未来某一时间点到未来另一时间点的利率，根据利率的期限结构，可由即期利率推导出来。

(二)远期利率的计算

远期利率计算公式如式(6-14)所示。

$$f_{t-1,t}=\frac{(1+S_t)^{t}}{(1+S_{t-1})^{t-1}}-1 \tag{6-14}$$

其中，$f_{t-1,t}$ 代表第 $t-1$ 年至第 t 年的远期利率；S_t 代表 t 年期即期利率；S_{t-1} 代表 $t-1$ 年期即期利率。

第三节　债券价格波动特征

利率风险是投资债券过程中最主要的风险。市场利率上升，债券价格会下降；反之，当市场利率下降，债券价格会上升。然而在投资证券时，不仅需要知道债券价格是上升还是下降，还需要进一步了解债券价格对利率的敏感性，即债券价格对利率变化的反应程度。债券价格对利率的敏感性称为价格的波动性。

一、债券价格与利率的关系

根据债券的定价公式，固定收益债券的价格等于预期未来现金流的折现值之和，债券的价格与利率呈反向变化，可以通过例子来进一步说明。

[例 6.1]

一种固定收益证券的面值为 100 元，期限为 5 年，票面利率为 4%，每年付息一次，市场利率从 1%变化到 10%，计算出在不同市场利率情况下该债券的价格，如表 6.1 所示。

从数据可看出，债券价格与利率之间是反向变动的：利率上升，债券价格就下降；利率下降，债券价格就上升。比如，利率从 5%上升到 6%时，债券价格从 95.67 元下降到 91.58 元。而且还发现利率与价格并不是线性关系，而是一种非线性关系，一般称这种非线性关系为凸性。

表 6.1　不同市场利率下的债券价格

市场利率(%)	债券价格(元)	市场利率(%)	债券价格(元)
1	114.56	6	91.58
2	109.43	7	87.70
3	104.58	8	84.03
4	100.00	9	80.55
5	95.67	10	77.26

二者的关系可以表现为图 6.1 的一般形式，这里的债券指不含期权债券。

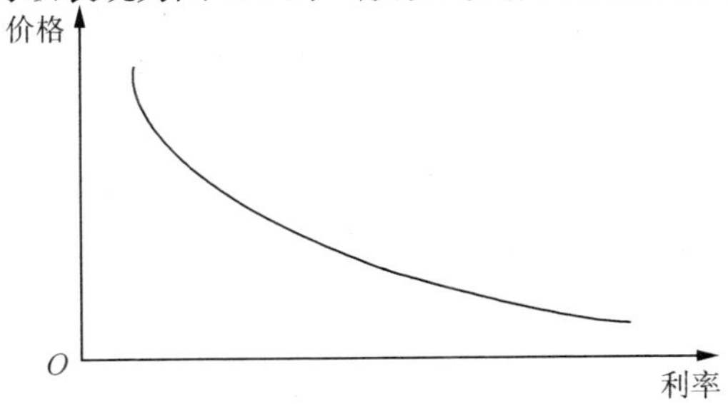

图 6.1　债券价格与市场利率关系

二、价格对利率敏感性的影响因素

影响价格对利率敏感性的因素很多，本部分重点介绍偿还期、票面利率和利率水平。

(一)偿还期

其他因素不变，偿还期越长，债券价格对利率的敏感性越大。但随着偿还期的继续延长，敏感性增大的幅度下降。

例如，15 年期、10 年期、5 年期三个债券相比，市场利率的相同变化，引起 15 年期债券价格的变化要高于 10 年期债券价格的变化，10 年期债券价格的波动要高于 5 年期债券价格的变化。但是 10 年期相对于 5 年期，15 年期相对于 10 年期而言，前者的价格波动之差要高于后者，其价格利率敏感性的增大速度在下降。

[例 6.2]

假设有三种债券，基本情况如表 6.2 所示。

表 6.2 债券价格与偿还期的关系

	债券 A	债券 B	债券 C
年利息(1 年 1 次)(元)	90	90	90
面额	1000 元	1000 元	1000 元
风险	无风险	无风险	无风险
偿还期	5 年	10 年	15 年
到期收益率	9%	10%	11%
价格	1000 元	938.55 元	856.18 元
新到期收益率	8.1%	9%	9.9%
新的价格	1035.84 元	1000 元	931.15 元
价格波动幅度	+3.58%	+6.55%	+8.76%

假定每种债券对应的到期收益率都下降 10%，分别达到 8.1%、9%、9.9%。债券的新价格变成 1035.84 元、1000 元、931.15 元，价格波动幅度分别为+3.58%、+6.55%、+8.76%。由此看出，偿还期越长，价格波动幅度越大。

另外，10 年期和 5 年期的债券价格波动率之差为 2.97%(6.55%－3.58%)，而 15 年期与 10 年期债券价格波动率之差则为 2.21%(8.76%－6.55%)。所以，随着偿还期增加，价格波动率下降。

(二)票面利率

其他因素不变，票面利率越低，债券价格与利率之间的敏感性越高。例如,票面利率5%的债券与票面利率10%的债券相比,市场利率的相同变化引起票面利率5%的债券价格的变化,要高于票面利率10%的债券价格的变化①。

为了更直观地反映这种关系,引入一个例题如下:

[例6.3]

有A、B两种债券,基本情况如表6.3所示。

表6.3　票面利率与债券价格波动

	A债券	B债券
年利息(1年1次)	60元	100元
面额	1000元	1000元
风险	无风险	无风险
偿还期	10年	10年
到期收益率	12%	12%
价格	660.98元	886.99元
票面利率上升1%		
新到期收益率	13%	13%
新的价格	620.16元	837.21元
价格波动幅度	−6.18%	−5.61%
票面利率下降1%		
新到期收益率	11%	11%
新的价格	705.52元	941.95元
价格波动幅度	+6.74%	+6.20%

假定两种债券的到期收益率都上升1个百分点,都从12%上升至13%,债券的新价格变为620.16元、837.21元,价格波动幅度分别为−6.18%和−5.61%。因此,票面利率低的债券,利率波动幅度要更大。

当到期收益率从12%下降至11%时,债券价格波动幅度为+6.74%和+6.20%。说明利率下降引起的债券价格上升的幅度,要高于同样幅度的利率上升引起债券价格下降的幅度。

(三)市场利率

其他因素不变,市场利率水平越低,债券价格与利率之间的敏感性越

① 刘园.固定收益证券[M].北京:首都经济贸易大学出版社,2017:36-37.

高。比如债券 A 的基本信息如表 6.4 所示。

表 6.4 债券信息

	A 债券
年利息(1 年 1 次)	60 元
面额	1000 元
风险	无风险
偿还期	10 年
到期收益率	6%
价格	1000 元

以表 6.4 中的债券为例,到期收益率分别在 6%、5%、4%、3%、2%的情况下,利率有 25 个基点的变化,债券价格的波动幅度不同。市场利率越低,同样幅度的利率变化引起的债券价格的波动幅度越大,如表 6.5 所示。

表 6.5 市场利率与债券价格敏感性

到期收益率	价格(元)	波动率
2.00%	1359.30	
2.25%	1332.48	−1.97%
3.00%	1255.91	
3.25%	1231.62	−1.93%
4.00%	1162.22	
4.25%	1140.19	1.90%
5.00%	1077.22	
5.25%	1057.22	1.86%
6.00%	1000.00	
6.25%	981.82	1.82%

本章小结

1. 计算债券价格以及债券收益率其实就是应用基本的现金流折现法;债券价格与利率反向运动,但并非呈线性关系。

2.债券收益由债券利息和买卖差价组成，债券利息由票面利率决定，而影响买卖价差的因素是市场价格。

3.即期利率与远期利率的主要区别在于计息日的起点不同，即期利率的起点在当前时刻，远期利率的起点在未来某一时刻。

4.债券价格对利率敏感性的影响因素除了偿还期限之外，还包括票面利率和市场利率。

基本概念

永久债券　到期收益率　实际年收益率　即期利率　远期利率

复习题

1.一张面值为1000美元的债券，发行利率为5%，剩余到期年限为5年。假设当前市场利率为6%，请计算该债券的价格。

2.假设当前1年期零息债券的到期收益率为5%，2年期零息债券的到期收益率为8%，请计算出市场预期明年的1年期零息债券的到期收益率。

3.L公司和H公司各自拥有发行在外的息票率为6.5%的债券。两只债券都按照半年付息，以面值计价。L公司的到期期限为3年，而H公司的到期期限为20年。如果利率突然升高两个百分点，那么这两只债券价格的变动百分比是多少？如果利率突然下降两个百分点这两点债券价的变动百分比又是多少？

第七章　股票估值

对股票进行估值主要有绝对估值法和相对估值法。在本章中,首先根据绝对估值法的思想,利用股利贴现模型得到股票价格的一般表达式,随后根据优先股的特征得到优先股定价公式,接着介绍戈登增长模型,在此基础上推广到多阶段的股利贴现模型;在相对估值法中,本章将先概述其估值的思想和模型,接着介绍一些基本估值乘数的含义、特征,最后讲述乘数估值法的步骤。

第一节　绝对估值法

绝对估值法是一种估计资产内在价值的方法。该方法基于对该资产预期未来现金流的分析和预测。绝对估值的核心思想是,任何资产的价值都等同于其未来现金流的现值。它包括现金流贴现模型和股利贴现模型。在进行股票估值时,一种很常用的方法就是股利贴现模型,它的思想是如果投资者永远持有这个股票,那么投资者逐年从公司获得的股利的贴现值就是这个股票的价值①。如果发行公司可以看作是一个持续经营企业,那么股票的内在价值就是未来期望股利的现值。假定存在恒定的必要收益率,那么用于计算股票内在价值的股利贴现模型表达式为:

$$V_0 = \sum_{t=1}^{\infty} \frac{D_t}{(1+r)^t} \tag{7-1}$$

式中,V_0 为股票现值;t 表示第 t 年,D_t 为第 t 年的期望股利,假定为年末支付;r 为股票的必要收益率。

对股东来说,在股票投资期间收到的现金流包括所收到的股利和股票出售时的价格。如果一个投资者想要买股票并持有一年,那么股票价格应该等于两部分现金流的现值之和,即期望股利加上一年后股票期望售价再

① 麦克米伦,平托,皮里,文特尔. 投资学[M]. 王晋忠,译. 北京:机械工业出版社,2015:67.

进行贴现：

$$V_0=\frac{D_1}{(1+r)^1}+\frac{P_1}{(1+r)^1}=\frac{D_1+P_1}{(1+r)^1} \tag{7-2}$$

式中，P_1 是 $t=1$ 时的期望每股价格。

为了估计期望售价 P_1，可以先估计 $t=2$ 时的期望每股价格 P_2 和 $t=1$ 到 $t=2$ 这段时间发放的股利 D_2。如果 V_0 以 D_1 和 P_1 为基础，那么 P_1 能够依据 D_2 和 P_2 估计出来：

$$P_1=\frac{D_2+P_2}{(1+r)} \tag{7-3}$$

用等式的右边代替式(7-2)中的 P_1，可得：

$$V_0=\frac{D_1}{1+r}+\frac{D_2+P_2}{(1+r)^2}=\frac{D_1}{(1+r)}+\frac{D_2}{(1+r)^2}+\frac{P_2}{(1+r)^2} \tag{7-4}$$

重复上述过程，持有期为 n 的股票价值为 n 个时期的期望股利加上第 n 个时期期望价格的现值之和：

$$V_0=\frac{D_1}{(1+r)}+\cdots+\frac{D_n}{(1+r)^n}+\frac{P_n}{(1+r)^n} \tag{7-5}$$

用总和的形式表示 n 个期望股利的现值，可以得到持有期或投资周期为 n 的股票价格一般表达式：

$$V_0=\sum_{t=1}^{n}\frac{D_t}{(1+r)^t}+\frac{P_n}{(1+r)^n} \tag{7-6}$$

其中，V_0 为股票现值；t 表示第 t 期，D_t 为第 t 期的期望股利，假定为年末支付；r 为股票的必要收益率；n 为持有期数；P_n 为第 n 期时股票的期望价格。

投资期限期末的股票期望值通常被定义为股价终值（terminal stock value）。

一、优先股股票估值

优先股是股票类型中的一种最简单的形式（一般无投票权），在获取股利和在公司清算时优先于普通股。它可能有指定的到期日，在这天会支付股票的面值。此外，也可能是可赎回的或可转换的股票①。

对于一个不可赎回、不可转换、永久支付股利 D 的优先股，假定存在恒

① 麦克米伦，平托，皮里，文特尔．投资学[M]．王晋忠，译．北京：机械工业出版社，2015:67.

定的必要收益率 r ,式(7-1)化简为永续现金流的现值。它的价值是：

$$V_0 = \frac{D_0}{r} \tag{7-7}$$

第 n 年到期的不可赎回不可转换的优先股的内在价值可以通过式(7-6)估计,但要用股票的面值 F 代替 P_n ：

$$V_0 = \sum_{t=1}^{n} \frac{D_t}{(1+r)^t} + \frac{F}{(1+r)^n} \tag{7-8}$$

发行的优先股可以被发行者在到期前提前赎回,通常以面值赎回或以高于面值的价格赎回,此价格在到期日临近后逐渐下降到面值。优先股发行也可附加回售权,这种权利是给予股票持有者在预先设定的到期日前把股票回售给发行者。本质上来说,股票持有者存在一个卖权。这种卖权会增加优先股股票的价值,因为当投资者有利可图时可以执行这种回售权利。

二、戈登增长模型

模型假设股利以固定的比率增长,适用于对经济周期不敏感和处于成熟期的公司。

在恒定增长率的假设下,式(7-1)可以写为式(7-9),其中 g 是恒定增长率：

$$V_0 = \sum_{t=1}^{\infty} \frac{D_0(1+g)^t}{(1+r)^t} = D_0 \left[\frac{(1+g)}{(1+r)} + \frac{(1+g)^2}{(1+r)^2} + \cdots + \frac{(1+g)^\infty}{(1+r)^\infty}\right] \tag{7-9}$$

如果必要收益率 r 严格大于增长率 g ,那么式(7-9)中的中括号里的就是无限期的等比数列,等于 $\frac{1+g}{r-g}$,戈登增长模型如式(7-10)所示：

$$V_0 = \frac{D_0(1+g)}{r-g} = \frac{D_1}{r-g} \tag{7-10}$$

例:假设现在每年股利支付为 5 欧元,预期以每年 4%的速率增长。股票的必要收益率为 8%。因此,通过戈登增长模型计算的内在价值为 $5 \times (1.04)/(0.08-0.04)=5.2/0.04=130$(欧元/股)。

戈登增长模型用永续增长年金的现值作为内在价值的估计。如果增长率 g 假定为 0,则式(7-9)可化简为式(7-7)。

三、多阶段股利贴现模型

多阶段股利增长模型经常用于对快速增长公司的建模。以式(7-11)作为起点,计算短期高增长率的股利价值和高增长期期末的终值。短期增长

率 g_s 持续n 年。V_n 代表了在持续增长阶段收到的股利在第n 年的终值。V_n 可以通过式(7-12)来估计,其中 g_L 是长期或稳定增长率。第 $n+1$ 年股利 D_{n+1} 可以通过式(7-13)来确定:

$$V_0=\sum_{t=1}^{n}\frac{D_0(1+g_s)^t}{(1+r)^t}+\frac{V_n}{(1+r)^n} \tag{7-11}$$

$$V_n=\frac{D_{n+1}}{r-g_L} \tag{7-12}$$

$$D_{n+1}=D_0(1+g_s)^n(1+g_L) \tag{7-13}$$

股利贴现模型被扩展到多个阶段是合理的。对于很多公开交易的公司来说,从业者假定增长率最终会有 3 个阶段:①成长期;②过渡期;③成熟期。这种假设支持了三阶段股利贴现模型的使用,此模型充分利用了 3 种增长率:起初阶段的高速增长率,第二段时期的较低增长率,之后第三阶段为更低更稳定的永续增长率。

三阶段股利贴现模型对于新公司来说是比较合适的,而两阶段股利贴现模型对于已经度过了成长期但还没到成熟期,也就是正处于过渡期的公司来说是比较合适的。

然而,两阶段股利贴现模型的选择不应该仅仅依赖于公司的年份。经营了很久的公司也存在高于平均增长率的增长率,比如,创新、扩张新市场或是发生了收购,或者公司的长期增长率被非正常的表现所打乱,如果在长期增长率中,增长率预计是温和的(第一阶段)或是上升的(第二阶段),那么两阶段股利贴现模型将是适用的①。

第二节　相对估值法

一、相对估值法概述

相对估值法也称乘数估值法,它是利用同行业公司的相似性,通过研究行业内相似公司的比例指标计算出的乘数,乘以某一公司的价值驱动因素,计算出其股权价值②。

股权价值=价值驱动因素×乘数

估值乘数是损益表或资产负债表上的变量,在运用乘数估值法时应该

① 麦克米伦,平托,皮里. 投资学[M]. 王晋忠,译. 北京:机械工业出版社,2015:68.

② 李凤云,崔博. 投资银行理论与案例[M]. 北京:清华大学出版社,2011:83.

注意价值驱动因素与乘数的相对应。如果选取的价值驱动因素为目标公司的净利润，则乘数必须是基于相似公司净利润的乘数。除了驱动因素和乘数需要对应之外，选择的价值驱动因素与乘数应该处于同一时间段。如果选取的价值驱动因素为目标公司2019年的净利润，则乘数也应该是基于可比公司2019年的净利润的乘数。

二、股权估值乘数的分类

这类估值乘数反映的是公司股权价值与公司某一变量之间的比率关系。主要包括以下估值乘数。

（一）市盈率＝每股价格/每股收益

市盈率是最为普遍运用的估值乘数，适用于经营业绩稳定、相对成熟的公司。

（二）市销率＝公司市值/主营业务收入

该指标适用于公司发展到一定阶段有较为稳定的经营收入时。通常用于对互联网、通信设备、公共及制药公司的估值。

（三）市净率＝每股价格/每股净资产

该指标主要用于强调规模效益的行业的估值，通常用市净率对银行进行估值。

（四）市现率＝公司市值/经营活动现金流量

该指标可用于评价股票的价格水平和风险水平。市现率越小，表明上市公司的每股现金增加额越多，经营压力越小。对于参与资本运作的投资机构，市现率还意味着其运作资本的增加效率。

（五）市盈率相对盈利增长比率（PEG）

该指标是在市盈率估值的基础上发展起来的，其定义为市盈率除以公司的盈利增长速度，它弥补了市盈率对企业动态成长性估计的不足。市场上有许多远高于股市平均市盈率水平，甚至高达上百倍市盈率的股票，此时就无法用市盈率来评估这类股票的价值。但如果将市盈率和公司业绩成长性相对比，那些超高市盈率的股票看上去就有合理性了，投资者就不会觉得风险太大了，这就是PEG估值法。

（六）企业价值/EBITDA乘数

企业价值EV包含负债，且EBITDA是利息抽除之前的盈利，相比较于市盈率考虑了企业资本结构的影响。EV减去了现金，很多企业会持有大量现金以备需要，但公司价值比率反映的是企业经营性资产的盈利能力，扣除了现金更能反映企业经营性资产真实的盈利能力。同一行业里不同公司杠杆率可能不同，公司价值既包含了权益也包含了负债。

(七)公司市值/用户数乘数

该指标适用于处于发展初期、还没有稳定的收入的公司，或者用户数对公司未来发展能力比收入、净利润等财务指标更能反映公司价值的行业。通常运用于对互联网公司和手机生产公司的估值。

(八)企业价值/产品生产数量乘数

该指标适用于估值饮料和消费品等生产公司的价值。

三、乘数估值法的步骤

(一)确定可比公司

寻找可比公司的第一步是确定可比公司的范围，然后分析在此范围内的各个公司与目标公司的相似程度，逐渐缩小可比公司的选择范围，最终确定与目标公司各个方面相似度最高的公司作为可比公司。

最常使用的寻找可比公司的步骤如下：

1. 目标范围定在同一行业的公司。同一行业公司拥有相似的业务结构、产品类型、毛利率水平、相同的市场发展空间及增长速度，因此它们会高度相似。

中华人民共和国国家统计局制定的行业分类标准将行业分为20个大行业，每个大行业内又分若干子行业。除了国家统计局公布的行业分类标准外，各个研究机构以及大型投资银行都对行业有类似的分类。在寻找可比公司时，应该首先确定目标公司所处的行业，再具体到某个子行业，并将此行业内的公司作为可比公司选择的基础。

2. 分析可能影响公司可比性的因素。这些影响因素包括前面所讲到的产品类型、产品结构、所处地理位置等；还包括财务方面的因素，主要包括公司的规模、盈利能力、成长性及资本结构等。

在实际操作中，可以首先将行业内的潜在可比公司的各种数据、指标先列出来，然后经过比较后确定最终的可比公司。如表7.1所示，可以将行业内的潜在可比公司的收入、EBRDA及利润等指标列示出来分析是否和目标公司具有相同的规模；比较潜在可比公司与目标公司的收入增长率、EBRTDA增长率及净利润增长率，来分析是否在增长性上具有相似性；比较它们的债务资本比，来确定它们与目标公司在资本结构上是否可比。当然也可以挑选其他变量来分析潜在可比公司与目标公司的可比性。

表 7.1　潜在可比公司运营指标

公司＼指标	销售收入	收入增长率/%	EBITDA	EBITDA率/%	净利润	净利润率/%	债务资产比/%
A	24093	−2.2	7007	0.2	2272	10.7	67.8
B	10441696	−1.3	3262626	−0.6	519771	5.6	45.8
C	13257	1.3	6688	1.8	3030	−2.4	98.0
D	8456	2.3	3419	1.5	977	5.1	27.7
E	25813	2.2	11746	6.0	4490	11.0	73.0
F	21051	0.9	5929	1.3	1859	0.2	47.3
G	53069	1.5	18964	−0.1	5812	4.6	21.4
H	62523	1.0	19518	1.8	3689	12.5	35.9
I	61676	4.6	23688	4.9	8662	13.4	76.6
J	14743	0.9	5210	2.6	1737	7.2	56.5
平均值		1.1		1.9		6.8	55.0
中间值		1.1		1.6		6.4	51.9

(二)确定估值乘数

估值乘数的选择主要受目标公司的成熟度和公司所在行业特点的影响①。

1. 估值乘数与目标公司成熟度的关系

公司在不同的发展阶段,其所适用的估值乘数不同。图 7.1 所示的是根据网络公司的特点,在不同的发展阶段所适合选取的估值指标。

在网络公司建立之初,公司进行了大量的投入,采用广告形式,以吸引用户来关注其网络,增加网络的知名度和点击率。在此阶段,公司没有产生收入,EBRTDA 及净利润等数据都为负数。此时衡量网络公司未来发展前景好坏的指标是公司所有的潜在客户数,以及网站的点击率。因此,根据网络公司的特点,可以将企业价值/客户数或企业价值/点击率作为乘数对公司进行估值。经过一段时间的发展,企业开始有了一定的收入后,可以考虑用企业价值/收入作为乘数对公司进行估值。随着公司发展,当公司有了稳定的收入及利润后,逐渐可以用企业价值/EBRTDA 或市盈率作为乘数对公

① 李凤云,崔博. 投资银行理论与案例[M]. 北京:清华大学出版社,2011:89.

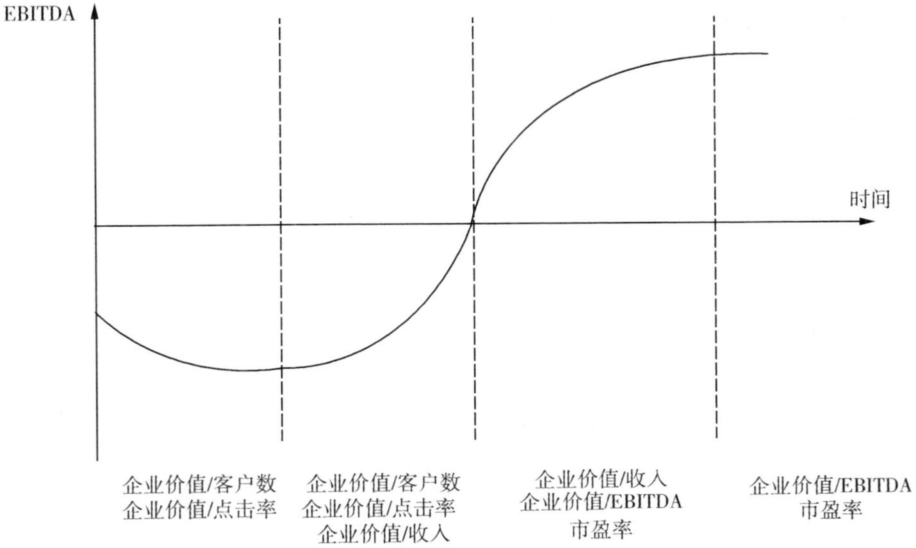

图 7.1　估值乘数与公司成熟度的关系

司的价值进行评估。

2. 公司所在行业的特点

由于所处的行业不同，公司的业务模式不同，因此虽然有众多估值乘数可供选择，但对某个特定公司而言并非每种估值乘数都适合，或者说某些估值乘数更加适合某些行业。因此，每个行业都有一些被投资者所认可的常用估值乘数。

表 7.2　常用估值乘数

行业	常用的估值乘数
汽车制造业	市值/收入
银行业	市净率
航空业	企业价值/EBITDA
公共事业	市值/收入

例如，银行业公司的价值体现在银行的规模，即银行的总资产、网点覆盖率以及客户数上。银行规模的大小比其目前的利润水平更能反映出银行未来业务发展前景的好坏，因此对银行进行估值时，一般采用市净率作为估值乘数比用市盈率更适当。

因此要根据不同公司所处行业的特点选择最能体现公司未来发展的指标作为公司估值的乘数，这样得到的估值结果才能更准确。

(三)对估值指标进行修正

由于没有两家公司完全相同,即使再相似的公司之间也可能在增长潜力、会计核算方法或资本结构等方面存在一定的差异,因此还需要研究这种差异产生的原因,从而进行修正。

1. 修正估值乘数

如果目标公司与可比公司在某些方面存在一定的差异,可以先将可比公司的估值乘数进行修正,再对目标公司进行估值。前面介绍过,公司的成长性是确定可比公司的影响因素之一。公司的成长性在很大程度上体现为公司净利润的增长。如果可比公司与目标公司的净利润的增长速度不同,直接用可比公司的市盈率作为目标公司的估值乘数就会产生一定的估值误差,因此就需要对可比公司的市盈率指标进行一定的调整。如果净利润增长率与市盈率之间的变动关系可以得到量化,那就可以根据目标公司与可比公司在净利润增长率上的差异,调整可比公司的市盈率,用调整后的市盈率对目标公司进行估值。

2. 重新定义估值乘数

如果可比公司与目标公司的差异会影响已经选定的估值乘数,可以通过重新定义已经选定的估值乘数,从而尽量减少这种差异对估值结果的影响。比如可比公司的资本结构与目标公司的资本结构不同,直接使用市盈率作为估值指标就会使估值结果产生偏误。此时,可以对市盈率进行一定的调整,使其建立在无杠杆的基础上,将其定义为股权价值与债权价值之和与扣除债务成本前的净利润的比率,这样就降低了资本结构对估值乘数的影响。

3. 修正价值驱动因素

由于目标公司与可比公司之间采用的会计核算方法不同等原因,目标公司与可比公司的价值驱动因素产生了一定的差异,因此就要修正价值驱动因素,使二者建立在同一基础上①。

在运用市盈率等基于公司净利润的指标作为估值乘数时,应该使用扣除非经常性损益的净利润作为计算基础,这样才能更加真实地反映公司的价值。

为了更好地掌握相对估值法,引入一个案例如下:

[例 7.1]

香港资源控股有限公司收购中国金银集团有限公司 40%股权

① 李凤云,崔博. 投资银行理论与案例[M]. 北京:清华大学出版社,2011:91.

一、选择中国金银的可比公司

选择可比公司时，首先应考虑从事相同或类似业务的可比公司。由于中国金银从事的是珠宝奢侈品，因此不仅选择了从事珠宝零售业务的可比公司，同时也选择了从事奢侈品零售业务的可比公司。另外考虑到中国金银所处的地理位置，所有可比公司均为主要业务在香港地区的公司。见表 7.3

表 7.3　中国金银潜在的可比公司

公司＼项目	股份代码	市值/百万港元	地区	描述
六福集团(国际)有限公司	590. HK	3368. 75	香港	金饰与黄金装饰品、宝石首饰与宝石零售及分销
周生生国际集团有限公司	116. HK	5405. 24	香港	制造及零售黄金及宝石首饰产品
景福集团有限公司	280. HK	361. 11	香港	制造、销售及推广珠宝首饰产品
谢瑞麟珠宝(国际)有限公司	417. HK	471. 15	香港	制造、销售及推广珠宝首饰产品
英皇钟表珠宝有限公司	887. HK	2821. 50	香港	零售名牌钟表及珠宝手饰产品设计及销售

另外，以上公司在可识别品牌名称、市场占有率和业务运营方面与中国金银具有可比性。同时，在业务、运营模式和品牌知名度上，英皇钟表珠宝有限公司与中国金银具有可比性。

二、确定中国金银的估值乘数

表 7.4　中国金银可比公司估值乘数

股份代码	市值/百万港元	EBITDA/百万港元	净利润/百万港元	P/EBITDA/倍	P/E/倍
590. HK	3368. 75	350. 96	275. 16	9. 6	12. 2
116. HK	5405. 24	650. 96	476. 47	8. 3	11. 3
280. HK	361. 11	94. 91	59. 18	3. 8	6. 1
417. HK	471. 15	209. 94	104. 80	2. 2	4. 5
887. HK	2821. 50	203. 50	151. 00	13. 9	18. 7
中位数				8. 3	11. 3

选择的估值乘数为:P/EBITDA=8.3倍、P/E=11.3倍。见表7.4。

三、非上市流通折让的考虑

中国金银是非上市公司。考虑到未来出售该公司业务通常会产生一定的成本,包括律师费用、会计费用及中介费用等,另外,中国金银没有上市,也没有活跃的市场可以交易,因此在对中国金银的估值中选取10%作为其非上市流通折让。

四、控制权溢价分析

由于本次收购中国金银40%股权后,资源控股将控制中国金银100%的股权,因此交易中存在控制权的转移。所以需要对已经选择的P/EBITDA和PE估值乘数进行调整。分析可比交易,如表7.5所示。

表7.5 中国金银的可比交易

收购方	目标公司	目标公司业务	地区	收购前持有目标公司股权比例/%	收购后持有目标公司股权比例/%	溢价/%
Altra Business	Verite	珠宝首饰连锁店	日本		70.3	19.9
Etelle	Azumi	分销珠宝首饰产品	日本	28.9	55.5	13.7
James Pascoe	Angus&Coote	零售珠宝产品	澳洲	14.9	100	38.8
Holtzman Opportunity Fund	Whitehall Jewellers	制造及销售珠宝首饰产品	美国		100	10.3
Vistula&Wolzzanka	W. Kruk	制造及销售金银首饰	波兰		66	11.1
中位数(取整)						14

通过分析可比交易得到控制权溢价为14.0%。

五、估值结论

表 7.6　中国金银的估值计算

项目＼乘数		P/EBITDA	P/E
选定估值乘数/倍		8.3	11.3
EBITDA 及净利润		184320153	114334714
初步估算股权价值/港元		1530495053	1297048633
加:控制权溢价/港元	14%	214269307	181586809
减:非上市流通折让/港元	10%	−174476436	−147863544
合计/港元		1579287924	1330771898
加权/%		50	50
加权股权价值/港元		1450529911	
股权价值(取整)/港元	40%	580200000	

经过计算,中国金银 40%的股权价值为 580200000 港元。见表 7.6。

本章小结

1. 股票价格可以通过折现公司股利计算而得,我们谈到了三种情形:

A. 优先股定价

B. 股利永续增长模型(戈登增长模型)

C. 多阶段股利贴现模型

2. 股权估值乘数除了市盈率、市销率、市净率、市现率之外还有 PEG、EBITDA 乘数,市值用户数乘数以及产品生产数量乘数。

3. 在采用乘数法对股票进行估值时,一定要注意比率乘数只能够用于相似的公司,使用该方法的第一步就是确定可比较的公司,然后再确定估值乘数,最后对估值指标进行修正。

基本概念

优先股　戈登增长模型　股权估值乘数　市盈率　市净率

复习题

1. A 公司有一部分发行在外的优先股股份,每年支付每股 4.5 元的股息直到永远,如果该优先股当前价格为 85.5 元/股,那么必要收益率为多少?

2. 假定某投资者希望能在两种股票 A 和 B 上都得到 12%的回报率。每种股票都将在来年被分派 2 元的红利。股票 A 和股票 B 的预期红利增长速度分别为 9%和 10%。那么股票 A 和股票 B 谁的价值更大?

3. 市盈率越高,说明投资者愿意为每单位净利润支付的价格越高,这意味着(　　)

A. 股票的投资价值越低

B. 股票的投资价值越高

C. 股票的风险越低

D. 股票的风险越高

4. 影响市盈率的因素有哪些?哪些企业可能会有高市盈率?

第八章　金融衍生工具定价

金融衍生工具是在一定的原有金融工具的基础上派生出来的金融工具，最初由于规避各种风险的需要，使其得以诞生。金融衍生工具已经成为一个新的金融产品“家庭”，包括远期、期货、期权互换等，其种类繁多，结构复杂。在本章节的学习中，首先分别介绍远期、期货、互换以及期权的含义和种类，其次将学习这一类衍生工具的定价，最后还会了解到这些衍生工具的应用。

第一节　远期与期货

一、远期和期货的基本概念

(一)远期和期货的定义

远期合约是指双方约定在未来的某一确定时间，按确定的价格买卖一定数量的某种金融资产的合约。期货合约是指在交易所交易的、协议双方约定在将来某个日期按事先确定的条件(交割价格、交割地点和交割方式等)买入或卖出一定数量的特定金融资产的标准化合约。

(二)主要的远期和期货合约种类

根据标的资产的不同，远期和期货合约主要分为以下几类(见表 8.1)。

表 8.1　主要的远期和期货合约种类

<table>
<tr><td rowspan="2">金融远期合约</td><td>远期利率协议</td><td>买卖双方同意从未来某一商定的时刻开始，在某一特定时期内按协议利率借贷一笔数额确定、以特定货币表示的名义本金的协议。合约中最重要的条款要素为远期利率，即现在时刻的将来一定期限的利率。例如，1×4 远期利率，即表示 1 个月之后开始的期限为 3 个月的远期利率。</td></tr>
<tr><td>远期外汇协议</td><td>指双方约定在将来某一时间按约定的汇率买卖一定金额的某种外汇的合约。交易双方在签订合同时，就确定将来交割时的汇率，到时不论汇价如何变化，都按此汇率交割。在交割时，名义本金通常并不交割，而只交割合同中规定的远期汇率与当时的即期汇率之间的差额。</td></tr>
</table>

续表

金融期货合约	股票指数期货	指以特定股票指数为标的资产的期货合约
	外汇期货	以货币作为标的资产的期货合约，如美元、英镑、日元等。
	利率期货	指标的资产价格依赖于利率水平的期货合约，如欧洲美元期货。

二、远期和期货的定价

(一)基本的假设与符号

本节关于资产定价基本假设和将要用到的符号主要有以下几种(见表 8.2)。

表 8.2　基本的假设与符号

假　设	
①没有交易费用和税收。	
②市场参与者能以相同的无风险利率借入和贷出资金。	
③没有违约风险。	
④允许现货卖空。	
⑤当套利机会出现时，市场参与者将参与套利活动，从而使套利机会消失。	
⑥期货合约的保证金账户支付同样的无风险利率。这意味着任何人均可不花成本地取得远期和期货的多头和空头地位。	
符号	
T	远期和期货合约的到期时刻。
t	远期和期货合约到期前的某一时刻。
$T-t$	代表远期和期货合约中以年为单位的距离到期的剩余时间。
S	远期(期货)标的资产在时间 t 时的价格。
S_T	远期(期货)标的资产在时间 T 时的价格(在 t 时刻此为未知变量)。
K	远期合约中的交割价格。
F	远期合约多头在 t 时刻的价值，即 t 时刻的远期价值。
F	t 时刻的远期合约和期货合约中的理论远期价格和理论期货价格。(在本书中如无特别注明，二者分别简称为远期价格和期货价格。)
R	T 时刻到期的以连续复利计算的 t 时刻的无风险利率(年利率)。在本书中，如无特别说明，利率均为连续复利的年利率。

(二)合约的定价

1. 无收益资产远期合约的定价

无收益资产的远期价值计算公式为:

$$f = S - Ke^{-r(T-t)} \tag{8-1}$$

该式表明,无收益资产远期合约多头的价值等于标的资产现货价格与交割价格现值的差额。

远期价格 F 就是使远期合约价值 f 为零的交割价格 K ,即当 $f=0$ 时,$K=F$ 。则无收益资产的远期价格计算公式为:

$$F = Se^{r(T-t)} \tag{8-2}$$

2. 支付已知现金收益资产远期合约的定价

其远期价值的计算公式为:

$$f = S - I - Ke^{-r(T-t)} \tag{8-3}$$

其中,T 为已知现金收益的现值。

该式表明:支付已知现金收益资产的远期合约多头价值,等于标的资产现货价格扣除现金收益现值后的余额与交割价格现值之差。

相似的,远期价格计算公式为:

$$F = (S - I)e^{r(T-t)} \tag{8-4}$$

3. 支付已知收益率资产远期合约的定价

远期价值计算公式为:

$$f = Se^{-q(T-t)} - Ke^{-r(T-t)} \tag{8-5}$$

其中,q 表示资产按连续复利计算的已知收益率。支付已知红利率资产的远期合约多头价值等于 $e^{-q(T-t)}$ 单位资产的现值与交割价现值之差[①]。

相似的,远期价格计算公式为:

$$F = Se^{(r-q)(T-t)} \tag{8-6}$$

三、远期和期货的应用

(一)运用远期与期货进行套期保值

运用远期(期货)套期保值主要有两种类型:多头套期保值与空头套期保值(见表 8.3)。

① 郑振龙,陈蓉.金融工程[M].北京:高等教育出版社,2016:51.

表 8.3 套期保值类型

多头套期保值	也称买入套期保值，是指交易者先在期货市场买进期货，以便在将来现货市场买进时不至于因价格上涨而给自己造成经济损失的一种期货交易方式。因此又称为"多头保值"或"买空保值"。
空头套期保值	也称卖出套期保值，是指交易者先在期货市场卖出期货，当现货价格下跌时以期货市场的盈利来弥补现货市场的损失，从而达到保值的一种期货交易方式。空头套期保值为了防止现货价格在交割时下跌的风险而先在期货市场卖出与现货数量相当的合约所进行的交易方式。持有空头头寸，来为交易者将要在现货市场上卖出的现货而进行保值。因此，卖出套期保值又称为"卖空保值"或"卖期保值"。

以下是买入套期保值的一个案例。

[例 8.1]

买入套期保值

某油脂厂 3 月份计划两个月后购进 100 吨大豆，当时的现货价为每吨 0.22 万元，5 月份期货价为每吨 0.23 万元。该厂担心价格上涨，于是买入 100 吨大豆期货。到了 5 月份，现货价果然上涨至每吨 0.24 万元，而期货价为每吨 0.25 万元。该厂于是买入现货，每吨亏损 0.02 万元；同时卖出期货，每吨盈利 0.02 万元。

两个市场的盈亏相抵，有效地锁定了成本。

(二)运用远期与期货进行套利与投机

1. 运用远期与期货进行套利

当金融远期(期货)价格偏离其与标的资产现货价格的均衡关系时，市场存在套利机会，投资者可以运用远期与期货进行套利①。

2. 运用远期与期货进行投机

投机就是远期和期货的交易者根据自己对未来价格变动的预期进行交易，通过承担风险获取收益。

远期(期货)的优势在于交易成本低，具有高杠杆效应，一个小幅的价格变化可能放大收益，也可能放大亏损。

[例 8.2]

沪深 300 指数期货交易杠杆效应

假设投资者 A 于 2022 年 9 月 5 日按开盘价 2792.8 点买入 1 手

① 郑振龙，陈蓉. 金融工程[M]. 北京：高等教育出版社，2016：67.

IF1109，保证金比例为 15%，需提交保证金 2792.8×300×15%＝125676 元，接下来的两个交易日内其损益状况如表 8.4 所示。

表 8.4　交易损益情况

日期	结算价格	保证金账户余额	追加保证金
20220905	2753.0	125676＋(2753.0－2792.8)×300＝113736	2753.0×300×15%－113736＝10149
20220906	2726.6	113736＋10149＋(2726.6－2753.0)×300＝115965	2726.6×300×15%－115965＝6735
20220907	2774.0	115965＋6735＋(2774.0－272.6)×300＝136920	0
日期	期指日收益率		投资者在期货头寸上的日收益率
20220905	(2753－2792.8)/2792.8＝－1.43%		[(2753－2792.8)×300]/(2792.8×300×15%)＝－9.50%
20220906	(2726.6－2753.0)/2753.0＝－0.96%		[115965－(113736＋10149)]/(2753.0×300×15%)＝－6.39%
20220907	(2774.0－2726.6)/2726.6＝1.74%		[(2774.0－2726.6)×300)]/(2726.6×300×15%)＝12.26%

表 8.4 表明，当标的资产价格按照投资者预期方向变动时，标的资产价格小幅度变化会放大期货投资收益。但当标的资产价格发生对投资者不利的变动时，标的资产价格小幅度变化会放大期货投资亏损。

第二节　金融互换

一、互换的基本概念

金融互换主要指交易双方（一般是两个或两个以上当事人）通过场外交易市场签订互换协议，在未来约定时期内交换不同内容或不同性质的现金流的合约。

互换可以分为两大类：利率互换和货币互换（见表 8.5）。

表 8.5　互换的种类

利率互换	指交易双方在一笔相同名义本金数额的基础上相互交换具有不同性质的利率支付,即同种货币不同利率的利息交换。通过这种互换行为,交易一方可将某种固定利率资产或负债换成浮动利率资产或负债,另一方则取得相反结果。利率互换的主要目的是降低双方的资金成本和利率风险。利率互换只交换利息差额,因此信用风险很小。双方进行利率互换的主要原因是双方在固定利率华人浮动利率市场上具有比较优势。
货币互换	指两笔金额相同、期限相同但货币不同的债务资金之间的调换,同时也进行不同利息额的货币调换。货币互换双方互换的是货币,它们之间各自的债权债务关系并没有改变。初次互换的汇率以协定的即期汇率计算。货币互换的目的在于降低筹资成本以及防范汇率风险。货币互换的条件与利率互换一样,包括存在品质加码差异与相反的筹资意愿,此外,还包括对汇率风险的防范。

二、互换的定价

(一)利率互换的定价

利率互换的定价有两种情形:第一,在协议签订后的互换定价,是根据协议内容与市场利率水平确定利率互换合约的价值;第二,在协议签订时,一个公平的利率互换协议应使得双方的互换价值相等①。

1. 协议签订后的利率互换定价(定价方式见表 8.6)

表 8.6　定价公式

定价公式	
固定利率债券的定价公式	$B_{fix}=\sum_{i=1}^{n}ke^{-r_it_i}+Ae^{-r_nt_n}$
浮动利率债券的定价公式	$B_{f1}=(A+k^*)e^{-r_1t_1}$
对于互换多头(固定利率的支付者),利率互换的价值	$V_{互换}=B_{f1}-B_{fix}$
对于互换空头(浮动利率的支付者),利率互换的价值	$V_{互换}=B_{fix}-B_{f1}$

① 郑振龙,陈蓉. 金融工程[M]. 北京:高等教育出版社,2016:120.

续表

指标含义	
B_{fix}	互换合约中分解出的固定利率债券的价值。
B_{f1}	互换合约中分解出的浮动利率债券的价值。
A	利率互换中的名义本金额。
K	现金流交换日交换的固定利息额。
N	交换次数。
t_i	距第 i 次现金流交换的时间长度($1\leqslant i\leqslant n$)。
r_i	到期日为 t_i 的 LIBOR 连续复利即期利率。显然，固定利率债券的价值就是未来现金流的贴现和。使用连续复利的贴现计算方式。
k^*	下一交换日应交换的浮动利息额(已知)，距下一次利息支付日则还有 t_1 的时间。

2. 协议签订时的利率互换定价

在协议签订时，一个公平的利率互换协议应使得双方的互换价值相等。也就是说，协议签订时的互换定价，就是选择一个使得互换的初始价值为零的固定利率。下面通过一个案例来说明如何确定协议签订时的固定利率。

［例 8.3］

确定利率互换协议中的固定利率

假设在一笔 2 年期的利率互换协议中，某一机构支付 3 个月期的 LIBOR，同时每 3 个月收取固定利率(3 个月计一次复利)，名义本金为 1 亿美元。目前 3、6、9、12、15、18、21 月与 2 年的贴现率(连续复利)分别为 4.8%、5%、5.1%、5.2%、5.15%、5.3%、5.3%与 5.4%。第一次支付的浮动利率即为当前 3 个月期利率 4.8%(连续复利)。试确定此笔利率互换中合理的固定利率。

合理固定利率的选择应使得利率互换的价值为零，即 $B_{fix}=B_{f1}$，在这里，$B_{f1}=10000$ 万美元。

$$B_{fix}=\frac{k}{4}e^{-0.048\times 0.25}+\frac{k}{4}e^{-0.05\times 0.5}+\frac{k}{4}e^{-0.051\times 0.75}+\frac{k}{4}e^{-0.052\times 1}+\frac{k}{4}e^{-0.0515\times 1.25}+\frac{k}{4}e^{-0.053\times 1.5}+\frac{k}{4}e^{-0.052\times 1.75}+(10000+\frac{k}{4})e^{-0.054\times 2}=10000\text{ 万美元}$$

可以求得 $k=543$ 美元，即固定利率水平应确定为 5.43%。

(二)货币互换定价

货币互换可以运用债券组合来定价,其定价思路是:在没有违约风险的条件下,货币互换可以分解成债券的组合,即一份外币债券和一份本币债券的组合。

假设 $V_{互换}$ 为货币互换的价值,那么对收入本币、付出外币的那一方:

$$V_{互换}=B_D-S_0B_F \tag{8-7}$$

其中 B_F 是用外币表示的从互换中分解出来的外币债券的价值;B_D 是从互换中分解出来的本币债券的价值;S_0 是即期汇率(直接标价法)。

对付出本币、收入外币的那一方:

$$V_{互换}=S_0B_F-B_D \tag{8-8}$$

[例 8.4]

假设在美国和日本 LIBOR 利率的期限结构是水平的,在日本是 4%,而在美国是 9%(都是连续复利),某一金融机构在一笔货币互换中每年收入日元,利率为 5%,同时付出美元,利率为 8%。两种货币的本金分别为 1000 万美元和 120000 万日元。这笔互换还有 3 年的期限,即期汇率为 1 美元=110 日元。试求该互换的价值。

如果以美元为本币,那么:

$B_D=0.8e^{-0.09\times1}+0.8e^{-0.09\times2}+10.8e^{-0.09\times3}=964.4$ 万美元

货币互换的价值为:

$B_F=60e^{-0.04\times1}+60e^{-0.04\times2}+1260e^{-0.04\times3}=123055$ 万日元

如果该金融机构是支付日元收入美元,则货币互换对它的价值为-154.3 万美元。

$\frac{123055}{110}-964.4=154.3$ 万美元

三、互换的应用

互换要满足双方对对方的资产或负债均有需求,双方在两种资产或负债上存在比较优势,交易者就可以利用互换进行套利,即可以运用利率互换或者货币互换进行套利。

(一)利率互换的应用

[例 8.5]

运用利率互换进行信用套利

假定 A、B 公司都想借入 5 年期的 1000 万美元的借款,A 想借入与 6 个月期相关的浮动利率借款,B 想借入固定利率借款。具体情形见表 8.7。

表 8.7　市场提供给 A、B 两公司的借款利率

<table>
<tr><td rowspan="3">利率</td><td>公司</td><td>固定利率</td><td>浮动利率</td></tr>
<tr><td>A 公司</td><td>10.00%</td><td>6 个月期 LRBOR+0.30%</td></tr>
<tr><td>B 公司</td><td>11.20%</td><td>6 个月期 LRBOR+1.00%</td></tr>
<tr><td>过程</td><td colspan="3">A 的借款利率均比 B 低，在两个市场都具有绝对优势。但在固定利率市场上，A 比 B 的绝对优势为 1.2%，而在浮动利率市场上，A 比 B 的绝对优势为 0.7%。A 在固定利率市场上有比较优势，B 在浮动利率市场上有比较优势。双方利用各自的比较优势为对方借款，然后互换，从而达到共同降低筹资成本的目的。即 A 以 10.00%的固定利率借入 1000 万美元，而 B 以 LRBOR+1.00%的浮动利率借入 1000 万美元。双方不必交换本金，只交换利息的现金流。
通过发挥各自的比较优势并互换，双方总的筹资成本降低了 0.5%(11.20%+6 个月期 LRBOR+0.30%−10.00%−6 个月期 LRBOR−1.00%)。互换利益分享比例由双方谈判决定。假定双方各分享一半，则双方都将使筹资成本降低 0.25%，即双方最终实际筹资成本分别为：A 支付 LRBOR+0.05%浮动利率，B 支付 10.95%的固定利率。</td></tr>
</table>

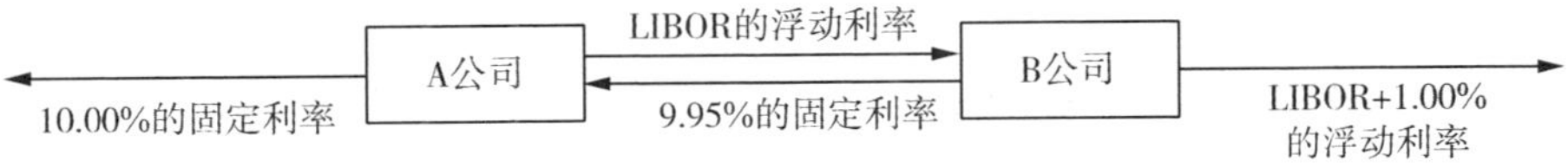

图 8.1　利率互换流程图

(二)货币互换的应用

[例 8.6]

运用货币互换进行债务保值

假定公司有一笔日元贷款，金额为 10 亿日元，期限 7 年，利率为固定利率 3.25%，付息日为每年 6 月 20 日和 12 月 20 日。2022 年 12 月 20 日提款，2029 年 12 月 20 日到期归还。公司提款后，将日元换成美元，用于采购生产设备。产品出口得到的收入是美元收入，而没有日元收入。

从以上的情况可以看出，公司的日元贷款存在着汇率风险。具体来看，公司借的是日元，用的是美元，到了 2029 年 12 月 20 日，公司需要将美元收入换成日元还款。那么到时如果日元升值，美元贬值(相对于期初汇率)，则公司要用更多的美元来买日元还款。这样，由于公司的日元贷款在借、用、还上存在着货币不统一，就存在着汇率风险。公司为控制汇率风险，决定与中行叙做一笔货币互换交易。双方约定，交易于 2022 年 12 月 20 日生效，2029 年 12 月 20 日到期，使用汇率为 USD1=JPY113。这一货币互换，表示为：

1. 在提款日(2022 年 12 月 20 日)公司与中行互换本金:

公司从贷款行提取贷款本金,同时文付给中国银行,中国银行按约定的汇率水平向公元司支付相应的美元。

2. 在付息日(每年 6 月 20 日和 12 月 20 日)公司与中行互换利息:

中国银行按日元利率水平向公司支付日元利息,公司将日元利息支付给贷款行,同时按约定的美元利率水平向中国银行支付美元利息。

3. 在到期日(2029 年 12 月 20 日)公司与中行再次互换本金:

中国银行向公司支付日元本金,公司将日元本金归还给贷款行,同时按约定的汇率水平向中国银行支付相应的美元。

从以上案例可以看出,由于在期初与期末,公司与中行均按预先规定的同一汇率(USD1=JPY113)互换本金,且在贷款期间公司只支付美元利息,而收入的日元利息正好用于归还原日元贷款利息,从而使公司完全避免了未来的汇率变动风险。

第三节 期 权

一、期权的基本概念

(一)期权的定义

指在约定的时间内,投资者能按照约定价格购买或者出售一定数量的某种标的资产的权利,标的资产包括股票、债券、货币、股指以及商品期货。期权持有者在买入该期权时需要付一定的费用,该费用即为期权的价格。

(二)期权的种类

期权的种类如表 8.8 所示。

表 8.8 期权的种类

根据期权买方的权利划分	看涨期权	又称买权或认购期权,是指期权的购买者拥有在期权合约有效期内按执行价格买进一定数量标的物的权利。看涨期权是这样一种合约:它给合约持有者(即买方)按照约定的价格从对手手中购买特定数量之特定交易标的物的权利。
	看跌期权	又称认沽期权或卖权,指期权的购买者拥有在期权合约有效期内按执行价格卖出一定数量标的物的权利。具体地说,就是在行权的日子,持有看跌期权的投资者可以按照约定的价格卖出相应的股票给上市公司。

续表

根据合约规定的行权时间的不同	美式期权	美式期权是指期权合约的买方，在期权合约的有效期内的任何一个交易日，均可决定是否执行权利的一种期权。
	欧式期权	欧式期权是指期权合约买方在合约到期日才能决定其是否执行权利的一种期权。美式期权比欧式期权更灵活，赋予买方更多的选择，而卖方则时刻面临履约的风险，因此，美式期权的期权费用相对较高。

二、期权的价格

期权价格（期权价值）等于期权的内在价值加上时间价值。

（一）期权的内在价值

期权的内在价值是 0 与多头方行使期权时所获回报最大值这两者中的较大值。期权内在价值的计算公式见表 8.9。

表 8.9　各种期权内在价值的计算公式

头寸		期权回报		内在价值
看涨期权	欧式	无收益	$\max(S_T-X,0)$	$\max(S-Xe^{-r(T-t)},0)$
		有收益	$\max(S_T-X,0)$	$\max(S-D-Xe^{-r(T-t)},0)$
	美式	无收益	$\max(S_T-X,0)$	$\max(S-Xe^{-r(T-t)},0)$
		有收益	$\max(S_T-X,0)$	$\max(S-Xe^{-r_f(\tau-t)},S-D-Xe^{-r(T-t)},0)$
看跌期权	欧式	无收益	$\max(X-S_T,0)$	$\max(Xe^{-r(T-t)}-S,0)$
		有收益	$\max(X-S_T,0)$	$\max(Xe^{-r(T-t)}-(S-D),0)$
	美式	无收益	$\max(X-S_T,0)$	$\max(X-S,0)$
		有收益	$\max(X-S_T,0)$	$\max(X-S,Xe^{-r_f(\tau-t)}-(S-D),0)$

注：无收益是指期权存续期内标的资产无收益，有收益指期权存续期内标的资产有已知的现金收益；D 代表期权存续期间标的资产所有现金收益的现值；τ 表示行权时刻。

（二）期权的时间价值

期权的时间价值是指在期权尚未到期时，标的资产价格的波动为期权持有者带来收益的可能性所隐含的价值。

其他条件相同时，一般来说，距离期权到期时间越长，期权时间价值越大；标的资产价格的变化越大，期权的时间价值就越大。

一个隐含的关系是期权内在价值与时间价值之间的相关性。图 8.2 描述了这样一个事实：期权的时间价值受内在价值的影响，在期权平值点时间价值达到最大，并随期权实值量和虚值量增加而递减①。

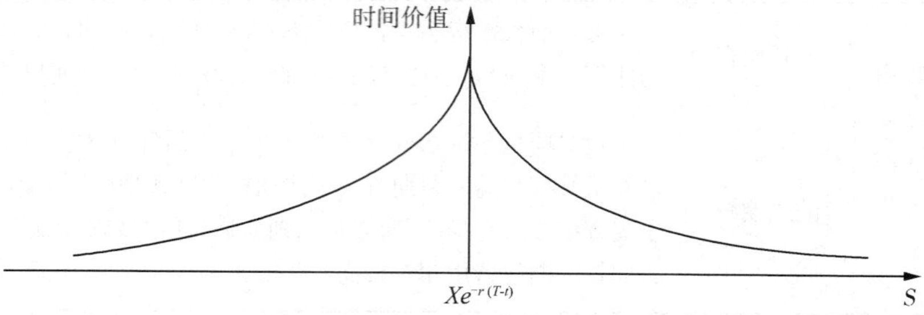

图 8.2　期权时间价值与在值程度的关系

三、期权的应用

(一)运用期权进行杠杆投资

对期权多头来说，如果市场价格走势与其预期方向相同，价格的微小变化可能会放大收益。但若市场价格走势与预期相反，价格的微小变化可能放大亏损。通过以下案例，可以更具体地理解期权的杠杆效应。

[例 8.7]

2015 年 9 月 29 日，上证 50ETF 价格为 2.127 元，2015 年 12 月到期行权价为 2.10 元的看涨期权价格为 0.1159 元。上证 50 有以下两种投资途径：

(1)按 2.127 元的价格买进 1 万股上证 50ETF，总成本为 21270 元。

(2)以 0.1159 元的价格买入 1 份上述期权，总成本为 1159 元。

到 2015 年 12 月 23 日，如果上证 50ETF 价格涨到 2.50 元，这两种投资方法的收益率分别为：

$$基金投资收益率=\frac{2.5-2.127}{2.127}\times 100\%=17.54\%$$

$$股权投资收益率=\frac{2.5-2.1-0.1159}{0.1159}\times 100\%=245.13\%$$

到 2015 年 12 月 23 日，如果上证 50ETF 价格跌到 1.8 元，这两种投资方法的收益率分别为：

$$基金投资收益率=\frac{1.8-2.127}{2.127}\times 100\%=-15.37\%$$

股权投资收益率 $=-100\%$

① 张亦春，郑振龙，林海. 金融市场学[M]. 北京：高等教育出版社，2013：211.

这就是期权的杠杆效应。

(二)卖空期权进行投机

由于期权价格除了取决于标的资产价格外,还主要受标的资产波动率的影响,期权既可以用来赌方向性的涨跌,也可以用来赌波动率的升降,如图 8.3 所示。

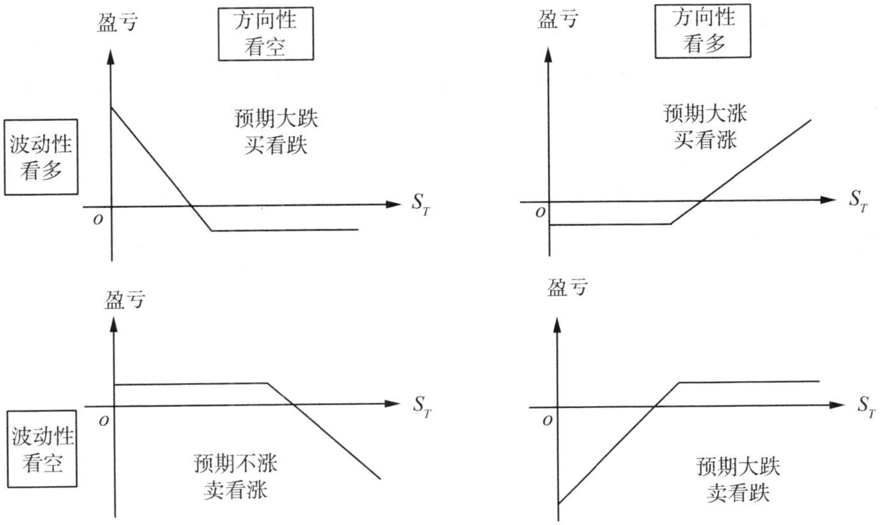

图 8.3　运用期权进行投机

本章小结

1. 期货合约是发生在场内的标准化合约,而远期合约是场外交易,标准化程度低;人们可以利用期货和远期合约进行套期保值,投机套利。

2. 互换合约实际上是一系列的远期合约,是时间上交换现金流的协议。

3. 利率互换可以用来将浮动利率贷款转化为固定利率贷款,反之亦然。同时,它也可以将浮动收益投资转化为固定收益投资,反之亦然;货币互换可以将在一种货币下的贷款转化为另一种货币下的贷款。

4. 期权按照执行日期不同可以分为美式期权和欧式期权,美式期权可以在到期日之前执行,而欧式期权只能在到期日当天执行;按照买方权力不同,可以将期权分为看涨期权和看跌期权。期权市场上有四种可能的交易头寸:看涨期权多头、看涨期权空头、看跌期权多头、看跌。

基本概念

远期合约　期货合约　金融互换　套期保值　美式期权　欧式期权

复习题

1. 期货与远期、期货与期权之间的不同之处有哪些?

2. 某投资者以3美元的价格买入一份欧式看涨期权,股票价格为42美元,执行价格为40美元,在什么情况下投资者会盈利?在什么情况下期权会被行使?

3. 简述互换合约中交易双方可能面临的风险。

4. 如果一个纺织品制造商要抵御棉花价格波动的不利因素,它可以购买棉花期货合约或者棉花期权合约。采用这两种方法的利弊分别是什么?

投资分析篇

第九章　证券投资的基本分析

第一节　宏观经济分析

宏观经济分析离不开国民生产总值、社会就业、通货膨胀、经济增长这些基本变量。本章首先介绍宏观经济指标，接着阐述货币供应量、利率、汇率等金融市场的主要指标及相关内容；然后分析宏观经济对证券市场的影响；最后介绍基本的宏观经济政策。

一、宏观经济指标

（一）国内生产总值（GDP）

GDP 是按市场价格计算的一个国家（或地区）所有常住单位在一定时期内生产活动的最终成果。

现实中，最常用的是用支出法来核算 GDP，公式如下：

$$GDP = C + I + G + (X - M) \tag{9-1}$$

其中，C 为消费；I 为投资；G 为政府支出；X 为出口；M 为进口；$X - M$ 为净出口。

GDP 的增长速度一般用来衡量经济增长率，反映一定时期内一国经济发展水平变化程度以及一个国家经济的活力。见图 9.1。

（二）失业率

失业率是指劳动人口中失业人数所占的百分比，旨在衡量闲置中的劳动产能，是反映一个国家或地区劳动力资源利用程度的核心指标，一般来讲，失业率上升意味着更多的劳动力资源不能得到有效的利用，失业者增加从而导致社会总需求下降，经济增长动力也将减弱。因此，各国政府历来都把失业率作为判断宏观经济运行状况和劳动力市场景气程度，进而出台或调整相关宏观经济政策和就业政策的重要依据。

充分就业一直是各个国家经济政策的一大目标，它意味着失业率处于自然失业率水平，由于摩擦性失业、结构性失业等情况存在，自然失业率永远不会为零。我国近二十多年来城镇登记失业率见图 9.2。

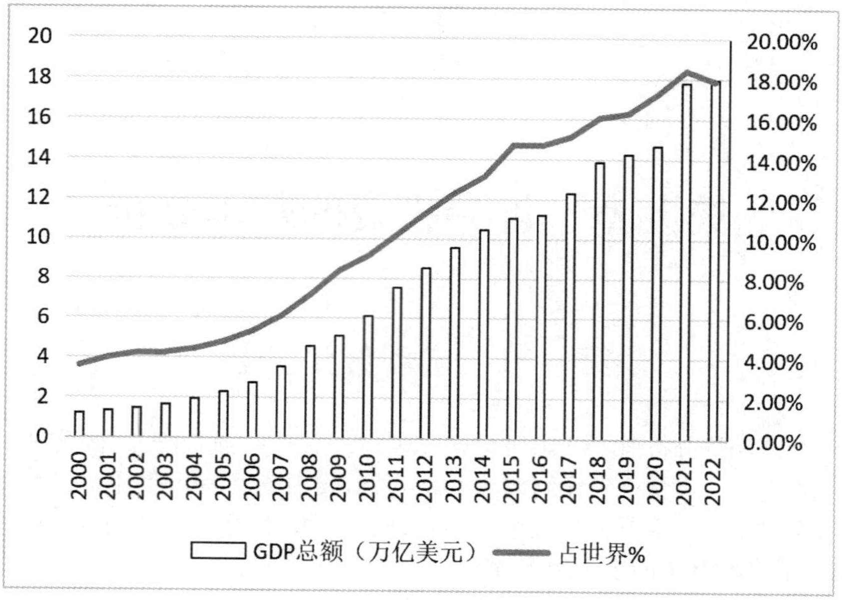

图 9.1　2000—2022 年中国 GDP 总额

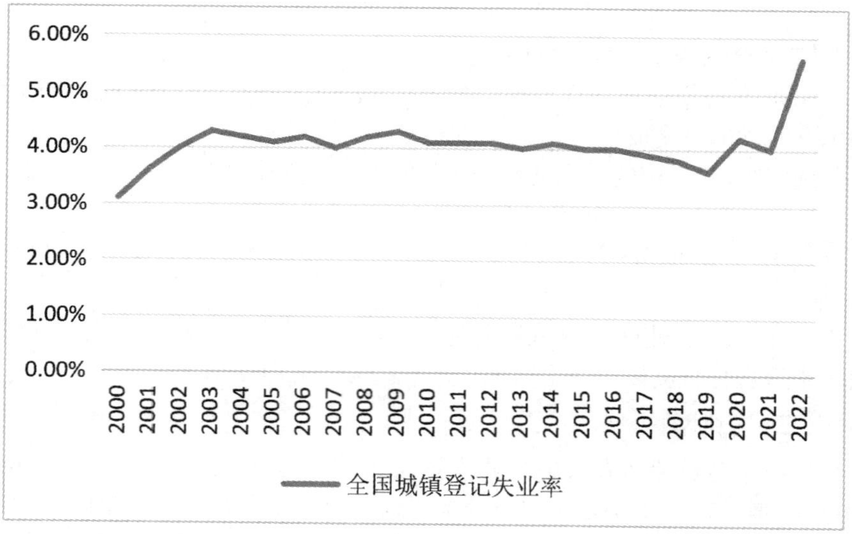

图 9.2　2000—2022 年中国城镇登记失业率

表 9.1　失业的不同类型

失业类型	解　　释
摩擦性失业	指人们在寻找工作或转换工作过程中的失业现象。它是由于经济运行中各种因素的变化和劳动力市场的功能缺陷所造成的临时性失业。

续表

失业类型	解　　释
结构性失业	指市场竞争的结果或者是生产技术改变而造成的失业。主要是由于经济结构(包括产业结构、产品结构、地区结构等)发生了变化,现有劳动力的知识、技能、观念、区域分布等不适应这种变化,与市场需求不匹配而引发的失业。结构性失业在性质上是长期的,而且通常起源于劳动力的需求方。
季节性失业	农业、营建业与旅游业特别容易受季节性因素影响。季节性失业是一种自然失业,它带来两个方面的不利影响:一是季节性雇员由于就业时间短,收入受到影响;二是季节性失业不利于劳动力资源的有效利用。
周期性失业	由于总需求不足而引起的短期失业,一般出现于经济周期的萧条阶段,出现的原因主要是整体经济水平的衰退。20世纪30年代经济大萧条时期的失业就属于周期性失业。在中国经济仍处于高速发展的阶段,中国此前及未来几十年出现严重经济衰退和周期性失业的概率很低。

(三)通货膨胀

通货膨胀是指在货币流通条件下,因货币实际需求小于货币供给,导致货币贬值而引起的一段时间内物价持续普遍上涨的现象①。

衡量通货膨胀率的价格指数一般有三种:消费价格指数、生产者价格指数、国民生产总值价格折算指数(见表9.2)。

表9.2　衡量通货膨胀率的三种价格指数

居民消费价格指数(CPI)	是一个反映居民家庭一般所购买的消费商品和服务价格水平变动情况的指标。该指数通过一组代表性消费品及服务项目随着时间的变动,反映在居民家庭购买消费品及服务价格水平变动情况的相对数(指数的基期数值定为一百)。按年度计算的居民消费价格指数变动率通常被用来作为反映通货膨胀或紧缩程度的指标。
生产价格指数(PPI)	衡量工业企业产品出厂价格变动趋势和变动程度的指数,是反映某一时期生产领域价格变动情况的重要经济指标,也是制定有关经济政策和国民经济核算的重要依据。生产者物价指数与CPI不同,主要的目的是衡量企业购买的一篮子物品和劳务的总费用。由于企业最终要把它们的费用以更高的消费价格的形式转移给消费者,所以,通常认为生产物价指数的变动对预测消费物价指数的变动是有用的。

① 吴晓求.证券投资学[M].北京:中国人民大学出版社,2013:140.

续表

GDP 折算指数	也被称作国内生产总值折算指数，是指名义 GDP 和实际 GDP 的比值。对于中国市场而言，GDP 折算指数是衡量物价指数的重要指标之一，能在一定程度上反映市场内的通货膨胀程度。

近十年来，中国的平均通货膨胀率在 2%左右，虽然在不同年份间存在一定波动，但整体呈现稳定的态势。通货膨胀率的相对稳定主要得益于以下几个方面：粮食丰收、能源价格稳定、货币政策调控以及发展清洁能源。然而，食品类价格上涨、服务价格上涨以及房地产泡沫等因素仍然对我国通货膨胀压力产生影响。

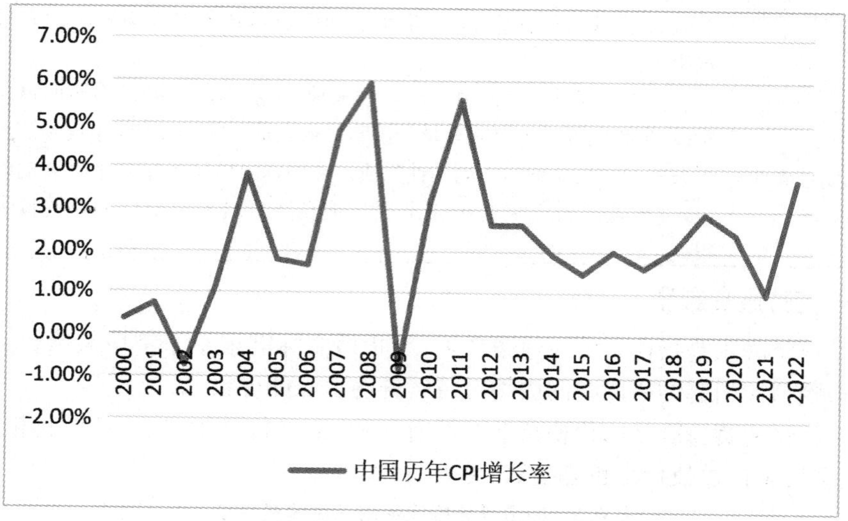

图 9.3　2000—2022 年中国 CPI 增长率

二、金融市场主要指标

(一)货币供应量

货币供应量指一个国家内工商企业和个人所拥有的可供支付之用的货币总额，是金融当局通过金融市场干预经济发展的一个重要指标(见表 9.3)。

表 9.3　货币供应量的四个层次

层次	内　　容
M0	流通中的现金。
M1	M0＋企业活期存款＋机关、团体、部队存款＋农村存款＋个人持有的信用卡类存款。
M2	M1＋城乡居民储蓄存款＋企业存款中有定期性质的存款＋外币存款＋信托类存款。

续表

层次	内　　容
M3	M2＋金融债券＋商业票据＋大额可转让存单等。

其中，M1 是通常所说的狭义货币量，流动性较强；M3 是广义货币量；M2 与 M1 的差额是准货币，流动性较弱。

（二）利率

利率是指一定时期内利息额与借贷资金额（本金）的比率。

当经济过热、通货膨胀上升时，会提高利率，收紧信贷；当过热的经济和通货膨胀得到控制时，会适当调低利率。

根据不同的标准，可对利率种类进行不同的划分（见表 9.4）。

表 9.4　利率的不同类型

划分标准	类型	含　　义
根据计算方法的不同	单利	单利是指在借贷期限内，只在原本的本金上计算利息，对本金所产生的利息不再另外计算利息。
	复利	复利是指在借贷期限内，除了在原来本金上计算利息外，还要把本金所产生的利息重新计入本金、重复计算利息，俗称“利滚利”。
根据与通货膨胀的关系	名义利率	名义利率是指没有剔除通货膨胀因素的利率，也就是借款合同或单据上标明的利率。
	实际利率	实际利率是指已经剔除通货膨胀因素后的利率。
根据银行业务要求不同	存款利率	存款利率是指在金融机构存款所获得的利息与本金的比率。
	贷款利率	贷款利率是指从金融机构贷款所支付的利息与本金的比率。
根据与市场利率供求关系	固定利率	固定利率是在借贷期内不作调整的利率；动利率是在借贷期内随市场利率变动而调整的利率。
	浮动利率	使用浮动利率可以规避利率变动造成的风险，但同时，不利于借贷双方预估收益和成本。
根据决定方式不同	市场利率	由市场因素所决定的利率，取决于市场上资金的供求关系以及买卖双方自由协定。
	官定利率	由央行决定的利率，一般用于货币政策调控的中间目标。
根据地位不同	基准利率	央行的指导利率，是调控整个金融市场，对金融市场上具有普遍参考作用的利率，其他利率都是在此基础上形成的，并随之变动而变动。
	一般利率	基准利率以外的利率。

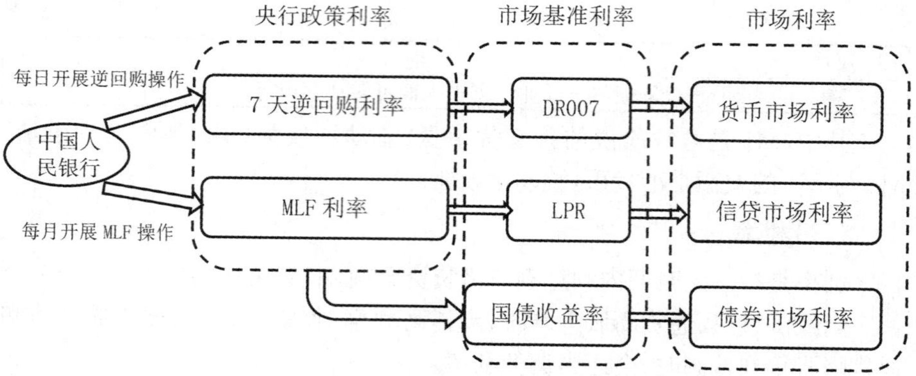

图9.4 中国利率体系和调控框架

1. 我国的利率体系

中国的利率类别大致可以分为政策利率、市场基准利率和市场利率三个类别。中国利率体系和调控框架如图9.4所示。

政策利率主要有两个，一是7天逆回购利率(短期政策利率)，二是MLF利率(中期政策利率)。市场基准利率主要有DR007和LPR，其中，DR007是市场实际交易利率，LPR是金融机构报价利率，没有实际交易。市场利率种类繁多，其中比较重要的包括货币市场利率、存贷款市场利率和债券市场利率。

利率沿着“政策利率—市场基准利率—市场利率”传导，可以分为短期和中长期两条链。

短期利率沿着“7天逆回购利率—DR007—货币市场利率”的渠道传导。这一渠道不只需要7天逆回购利率的调整，还需要基础货币配合进行收放。多数情况下，DR007均值与7天逆回购利率一致，但也有部分时期存在一定差异，这种差异能反映货币政策的取向。

中长期利率沿着“MLF利率—LPR—存贷款利率”传导，从2019年的LPR改革之后，MLF降息后LPR都会跟随下调。LPR是银行贷款参考利率，LPR降息后贷款利率也会随之下调。2022年4月存款利率定价方式进行了改革，之后存款利率参考1年期LPR和10年期国债利率进行调整。中长期债券利率(如10年期国债)定价比较复杂，一般来说与MLF利率、逆回购利率、DR007和存款利率正相关，但是和LPR、贷款利率负相关。

2. 美国的利率体系

美国的利率体系是指由美国中央银行—联邦储备系统(Federal Reserve，Fed)制定的，影响银行之间以及银行与顾客之间贷款利率的各种政策和利率水平。美国的利率体系涉及多种不同类型的利率，表9.5所示是一些最核心的组成部分。

表 9.5　美国利率体系的核心组成部分

联邦基金利率 (Federal Funds Rate)	这是美国银行之间借贷备付金(即保持在联邦储备银行账户中的资金)时所使用的利率。这是美国货币政策的主要工具之一,通常通过公开市场操作来调整。
贴现率 (Discount Rate)	指存款机构从联邦储备银行借款时支付的利率。通常比联邦基金利率略高,这个利率是联储用来对直接借款的金融机构施加影响的另一个工具。
主导利率 (Prime Rate)	指银行对其最信誉良好(风险最小)的商业客户收取的利率。该利率通常基于联邦基金目标利率,并在其之上加上某个百分比。
长期利率	包括政府债券利率,如 10 年期国债利率,它们受到多种因素的影响,包括联邦储备的货币政策、通货膨胀预期、经济增长预期和全球金融市场的变化等。
变动和固定利率	这些利率适用于个人或商业贷款和抵押贷款。固定利率在整个贷款期限内保持不变,而变动利率则会根据参照的基准利率变化而调整。

美国联邦储备会定期举行会议,投票决定是否调整联邦基金利率,从而影响整个利率体系。通过调整这个基准利率,联储旨在管理经济增长速度、控制通货膨胀,并尽量保持低失业率。联邦基金利率的调整可以通过改变居民和企业借款和消费的成本来实现上述目标。

(三)汇率

汇率,指的是两种货币之间兑换的比率。目前有两种不同的汇率标价方法:直接标价法和间接标价法。直接标价法指的是以一定单位的外国货币为标准来计算应付出多少单位本国货币,包括中国在内的世界上绝大多数国家目前都采用直接标价法。间接标价法指的是以一定单位的本国货币为标准,来计算若干单位的外汇货币,欧元、英镑、澳元等均为间接标价法。在引用某种货币的汇率和说明其汇率高低涨跌时,必须明确采用哪种标价方法,以免混淆①。

1. 根据不同的标准,可对汇率种类进行不同的划分(见表 9.6)。

① 吴晓求. 证券投资学[M]. 北京:中国人民大学出版社,2013:142.

表 9.6　汇率的分类

划分标准	类型	含义
根据形成方式	基本汇率	选择一种国际经济交易中最常使用、在外汇储备中所占的比重最大的可自由兑换的关键货币作为主要对象，与本国货币对比定出的汇率。
	套算汇率	本币对其他外国货币通过基本汇率加以套算得出的汇率。
根据银行买卖外汇	买入汇率	银行向客户(主要是出口商)买进外汇时使用的汇率，亦称出口汇率。
	卖出汇率	银行向客户(主要是进口商)卖出外汇时使用的汇率，亦称进口汇率。
根据汇率制度	固定汇率	两国货币的汇率基本稳定，汇率波动被限制在较小范围内，在该汇率下中央银行有义务维持本币币值的稳定。
	浮动汇率	不规定汇率的上下限，汇率水平由外汇市场决定，在该汇率下中央银行没有维持汇率稳定的义务。
根据外汇交割期限	远期汇率	买卖双方事先签订合约，在合约中约定在将来某个日期进行交割时所使用的汇率，可以用即期汇率的“升水”“贴水”“平价”来表示。
	即期汇率	买卖双方在当天或在两个营业日内进行交割所使用的汇率，亦称现汇汇率。
根据是否剔除通货膨胀	名义汇率	在社会经济生活中被直接公布、使用的表示两国货币之间比价关系的汇率，是两个国家货币的相对价格，不能反映两国货币的实际价值，随外汇市场上外汇供求变动而变动，亦称市场汇率。
	实际汇率	用两国价格水平对名义汇率进行调整后的汇率，反映了以同种货币表示的两国商品的相对价格水平，体现了本国商品的国际竞争力。

2. 汇率制度

汇率制度包括固定汇率制和浮动汇率制。固定汇率制指的是由政府规定该国货币同其他货币的比价，两国货币汇率被限制在一定的波动范围内；浮动汇率制则指的是一国货币对另一国货币的汇率由市场供求关系所决定，并随供求关系变化而波动。

固定汇率制度的类型见表9.7。

表9.7 固定汇率制的几种类型

类型	含义和特点
爬行盯住制	将汇率盯住某种平价，但根据一组选定的指标频繁小幅度的调整盯住平价，以扭转一国收支失衡的一种汇率安排。
货币局制度	政府以立法形式明确规定，承诺本币与某一强势货币之间可以按一固定比率无限制兑换，该货币称为锚货币，并要求货币当局确保这一兑换义务实现的汇率制度。货币发行机构按照法定汇率以百分百的外汇储备作为保证金发行货币，保证本国货币与锚货币之间的关系，当市场汇率高于法定汇率时，货币当局卖出外汇，回笼本币，保证汇率稳定在法定汇率之间。
汇率目标制	一种有管理的汇率制度安排，一国允许汇率在一个特定的区间内波动，一旦汇率的波动超出了这个范围，货币当局就要进行干预。
联系汇率制	比如我国香港，发钞银行每发行1港币，需要按1美元等于7.8港币的兑换比例将美元作为发行准备金。这与货币局制度的相同点是，必须按照法定汇率持有相应的外汇储备作为发行保证金。它们的不同点是，联系汇率制度中，港币只在发行时规定有港币和美元的刚性比率，市场交易中则使用浮动汇率制，按市场供求所决定的汇率交易。

浮动汇率制则包括管理浮动和自由浮动，自由浮动是指货币当局对汇率随供求关系变动而自由波动不加以任何干预；而管理浮动制中，货币当局会对汇率的波动以不同形式，不同程度对其进行干预，让汇率朝着有利于本国经济发展的方向变化，比如我国实行的就是以市场供求为基础、参考一揽子货币进行调节、有管理的浮动汇率制度。

三、宏观经济分析与证券市场

由于各种宏观因素的共同作用，证券市场价格的变动机制非常复杂。作为理性投资者，如果想要实现“低风险、高回报”的目标，就要对宏观经济因素进行全面深刻的分析和研究。

(一)宏观经济运行对证券市场的影响

证券市场素有“经济晴雨表”之称，其含义包括两方面：首先证券市场是宏观经济的先行指标，证券市场的走向也预示着宏观经济走向；其次宏观经济的走向决定了证券市场的长期趋势。其他因素可以暂时改变证券市场的中期和短期走势，但改变不了证券市场的长期走势。宏观经济运行对证券市场的影响主要表现在企业经济效益、居民收入水平、投资者对股价的预期、资金成本等方面。

当国家经济政策发生变化,如采取调整利率水平、实施消费信贷政策、征收利息税等政策,居民、单位的资金持有成本将随之变化。如利率水平降低和实行征收利息税的政策,将会促使部分资金由银行储蓄变为投资,从而影响证券市场走向。

(二)经济周期变动对证券市场的影响

经济周期是指经济活动沿着经济发展的总体趋势所经历的有规律的扩张和收缩,分为繁荣、衰退、萧条和复苏四个阶段,循环往复,周而复始。

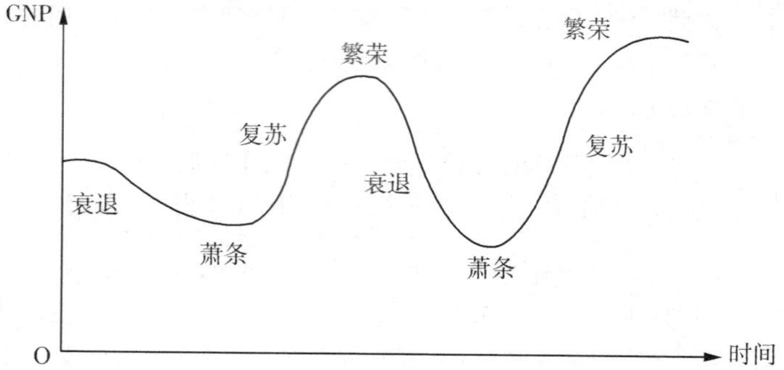

图 9.5　经济周期的四个阶段

经济周期对证券市场的影响同样会伴随着周期经历类似"复苏—发展—繁荣—衰退—再复苏"的循环过程。

1. 当经济持续衰退至尾声——萧条时期,百业不振,投资者已远离股票市场,每日成交量很少。此时,那些较为专业,而且在不停搜集信息和分析有关经济形势并作出合理判断的投资者,已在默默吸纳股票,股价已缓缓上升。

2. 当各种媒介开始传播萧条已去、经济日渐复苏的信息时,股价实际上已经升至一定水平。随着人们普遍认同以及投资者自身的境遇亦在不断改善,股市日渐活跃,需求不断扩大,股价不停地攀升,股价累创新高。

3. 那些专业投资者在综合分析经济形势的基础上,认为经济将不会再创热潮时,便悄然抛出股票。股价虽然还在上涨,但供需力量逐渐发生转变。

4. 当经济形势逐渐被更多的投资者所认识,供求趋于平衡直至供大于求时,股价便开始下跌;当人们预期经济形势走向衰退时,股价继续下跌。

经济总是处于这种周期变动之中,证券价格因经济周期变动所受到的影响也呈这种周期性变化,但由于证券市场较为敏感,往往提前于经济周期进行变动，因此证券市场走势对宏观经济运行具有预警作用①。

(三)GDP 变动对证券市场波动的影响

国内生产总值(GDP)是一国经济成就的根本反映，从长期看，在上市公司的行业结构与该国产业结构基本一致的情况下，股票平均价格的变动与 GDP 的变化趋势是吻合的。但不能简单地认为 GDP 增长，证券市场就必将伴之以上升的走势，实际上有时恰恰相反。可以分为四种情况进行分析：

1. 持续、稳定、高速的 GDP 增长，将促使证券价格上涨，这是因为：当经济增长时，公司利润提高，股息增长，使得股票价值提高，股票价格就会上涨；经济增长时，居民收入提高会增加人们对证券投资的需求，也会使得证券价格上涨；另外由于经济形势向好，人们形成了良好的预期，投资积极性提高，增加了对证券投资的需求，从而也会使得证券价格上涨。

2. 高通胀下的 GDP 增长，这将导致证券价格下跌。高通胀是经济恶化的先兆，高通胀导致企业经营困难，居民实际收入减少，从而导致证券行情下跌。

3. 宏观调控下的 GDP 减速增长，证券市场将会反映这种好的态势而呈现平稳渐升的态势。

4. 转折性的 GDP 变动，当 GDP 由负增长逐渐减缓并呈现向下增长转变的趋势时，证券市场走势将由下跌转为上升；当 GDP 由低速增长转向高速增长时，证券价格将伴之以快速上涨之势。

一般而言，证券市场的变动快于 GDP 的变动，证券市场只是反映预期的 GDP 变动，因而对 GDP 的分析必须着眼于未来。

(四)通货变动对证券市场波动的影响

通货变动包括通货膨胀和通货紧缩。其中，通货膨胀对证券市场的影响可以具体分为三种情况来说明。

1. 温和、稳定的通货膨胀对股价的影响较小。在这种通货膨胀下，投资者将会要求一个较高的收益率，从而引起股价下跌。

2. 如果通货膨胀在一定的可容忍范围内持续，而经济处于扩张阶段，产量和就业都持续增长，那么股价也将持续上升。

3. 严重的通货膨胀是很危险的，可能从两个方面影响证券价格：其一，资金流出证券市场，引起股价和债券价格下跌；其二，经济扭曲且失去效率，企业筹集不到必需的生产资金，同时，原材料、劳务成本等价格飞涨，使企业

① 吴晓求. 证券投资学[M]. 北京：中国人民大学出版社，2013：151.

经营严重受挫，盈利水平下降，甚至倒闭。

而通货紧缩带来的经济负增长，会使得股票、债券及房地产等资产价格大幅下降，银行资产状况严重恶化。经济危机与金融萧条的出现反过来又大大影响了投资者对证券市场走势的信心。

四、宏观经济政策

(一)货币政策

货币政策是政府通过运用各种工具来调节货币供应量，进而调节市场利率，影响民间的资本投资，最终影响总需求。表 9.8 介绍了不同经济状况下的货币政策调整。

表 9.8 不同经济状况下的货币政策调整

经济现状	政策调整
经济持续衰退时	中央银行为了刺激经济发展实行扩张性货币政策，通过降低法定存款准备金率、降低中央银行的再贴现率或在公开市场上买入国债的方式来增加货币供应量降低社会融资成本，扩大社会的有效需求。
经济持续高涨时	通货膨胀压力较大时，中央银行采用适当紧缩的货币政策，通过提高法定存款准备金率、提高中央银行的再贴现率或在公开市场上卖出国债以减少货币供应量，同时紧缩信用、提高社会融资成本，以实现社会总需求和总供给大体保持平衡①。

货币政策操作直接作用于货币市场，影响货币市场资金供求状况，由此使企业和居民持有的货币市场工具发生变化，从而改变企业和居民对证券市场的投资决策，货币政策工具的使用(比如公开市场操作和其他贷款便利)可直接增加金融机构的可贷资金，促使其降低贷款利率，放松贷款条件，增加对企业和居民的贷款发放。贷款利率一旦降低，也使一些原来处于边际开发的项目变得有利可图，使企业向银行贷款的需求相应增加。在传导渠道畅通的情况下，货币市场利率的下调，会促使资金向转移证券市场，致使证券市场的资金成本有所下降，资产价格趋于上升。

货币市场和银行体系资金增加时，通过金融中介，最终通过企业、居民相应增加证券市场资金；当证券市场收益上升或资金增加时，会反过来促使有关企业减少对银行信贷资金的需求，甚至增加企业存款或货币市场投资。

(二)财政政策

财政政策是通过财政收入和财政支出的变动来影响宏观经济活动水平

① 吴晓求. 证券投资学[M]. 北京：中国人民大学出版社，2013：155.

的经济政策。财政政策的主要手段有三个：改变政府购买水平、改变政府转移支付水平、改变税率[①]。财政政策的分类见表9.9。

表9.9　财政政策的分类

分类	含义	实施时期
扩张性财政政策	是指通过财政分配来增加社会的总需求。主要措施有：增加国债、降低税率、提高政府购买和转移支付。	当经济增长持续放缓、失业增加时，政府要实行扩张性财政政策，提高政府购买水平，增加总需求，解决衰退与失业问题。
紧缩性财政政策	是指通过财政分配来减少和抑制总需求。主要措施有：减少国债、提高税率、减少政府购买和转移支付。	当经济增长强劲、价格水平持续上涨时，政府要实行紧缩性财政政策，降低政府购买水平，减少总需求，抑制通货膨胀。
中性财政政策	是指财政的分配活动对社会总需求的影响保持中性。	

1. 国家预算是财政政策的主要手段。它可以对社会供求的总量平衡产生影响，财政的投资力度和投资方向直接影响和制约国民经济的部门结构。国家预算的重点支出项目的行业发展前景，较之一般行业更具有优势。在企业内部的表现就是企业的经济效益更好，在证券市场的表现就是该公司的股票一般会上涨并伴随着大成交量。另外，财政赤字还具有扩张社会总需求的功能，可以让证券市场的资金供给相对充裕，促进证券市场的繁荣发展。

2. 税收是筹集财政收入的主要工具。税收制度可以调节和制约企业间的负税水平，税收还可以根据消费需求和投资需求的不同对象设置税种或在同一税种中实行差别税率。税收主要通过两方面影响证券市场，企业和消费者。如果一国的税负增加，将会影响企业经营的积极性，影响居民的投资热情，进而影响证券市场的发展。如果一国的税负减少，直接引起证券市场价格上涨，增加投资需求和消费支出又会拉动社会总需求，而总需求增加又反过来刺激投资需求，从而使企业扩大生产规模，增加企业利润；利润增加，又将刺激企业扩大生产规模的积极性，进一步增加利润总额，从而促进股票价格上涨。

3. 国债是国家按照有偿信用原则筹集财政资金的一种形式，也是实行政府财政政策、进行宏观调控的重要工具。国债可以调节国民收入的使用

① 陈胜男. 我国财政政策与货币政策的组合效应研究[D]. 吉林：吉林大学，2010.

结构和产业结构，调整固定资产投资结构，促进经济结构的合理化。政府通过发行国债调节资金供求和货币流通量。另外，国债的发行对证券市场资金的流向格局也有较大的影响。国债是证券市场上重要的交易券种，国债发行规模的缩减使市场供给量减少，从而对证券市场原有的供求平衡发生影响，导致更多的资金转向股票，推动证券市场上扬。

4. 财政补贴对证券市场的影响，可以通过对发行债券、股票公司的影响来实现。财政补贴是公司实现扭亏的捷径，从而影响该公司的股票价格。此外，财政补贴可以在一定程度上扩大社会总需求和刺激供给的增加，使整个证券市场的总体水平趋于上涨。

财政政策主要通过以上手段对证券市场产生一定影响，随着我国市场经济的不断完善和宏观调控的日趋成熟，财政政策对证券市场的影响也日益明显。

(三)汇率政策

汇率政策是指一个国家（或地区）政府为达到一定的目的，通过金融法令的颁布、政策的规定，把汇率控制在适度的水平而采取的政策手段。汇率的变动对经济的影响见表 9.10。

表 9.10　汇率的变动对经济的影响

汇率变动（直接标价法）	对经济的影响	对应措施
汇率上升，本币贬值	本国产品的竞争力增强，出口型企业将受益，此类公司的证券价格就会上扬；进口型企业将因成本增加而受损，此类公司的证券价格下跌。	当汇率上升时，为保持汇率稳定，政府可能会抛出外汇，购进本币，减少本币的供应量，使证券价格下跌；也可能抛出外汇，回购国债，使国债市场价格上扬①。
	资本流出本国，本国的证券市场需求减少，价格下跌。	
汇率下降，本币升值	本国产品的竞争力减弱，出口型企业将受损，此类公司的证券价格就会下跌；进口型企业将因成本降低而受益，此类公司的证券价格将会上涨。	当汇率下降时，为保持汇率稳定，政府可能会购进外汇，抛出本币，增加本币的供应量，使证券价格上升。
	资本流入本国，本国的证券市场将因需求旺盛而价格上涨。	

① 吴晓求. 证券投资学[M]. 北京：中国人民大学出版社，2013：159.

汇率政策对证券市场的影响主要体现在以下方面。

1. 汇率政策通过影响证券市场决策行为从而影响资本流动，最终影响证券市场价格。外汇市场对本国货币形成升值预期，将在短期内吸引国际资本流入，以获得以本币计值资产升值的收益，导致证券资产价格上涨；并吸引更多国际资本流入，进一步加大升值压力，推动证券价格上涨。加上证券市场助涨助跌的特点，极易形成市场泡沫。反之，如果外汇市场产生本币贬值预期，则资本大量流出，造成证券价格剧烈波动，并加剧货币贬值。

2. 汇率政策影响上市公司进出口及收益水平。本币贬值短期内可刺激出口，限制进口。同时，为避免本币大幅贬值，政府会提高利率以支持本币汇率水平，公司经营成本就会上升，利润将会减少，证券价格也会下跌。反之，升值则可提高本币购买力，降低进口成本，可以较低价格收购国外企业，扩大对外投资；同时，会抑制出口，造成通胀。总之，相关企业业绩将因此受较大影响，上市公司资产价值变化，促使国际投资者调整投资策略。

3. 通过公开市场、外汇市场等领域操作影响证券市场。本币贬值时，为稳定汇率水平，政府可动用国际储备，抛售外汇，减少本币供应量，导致证券价格下跌。另外，也可利用债市与股市的联动关系进行操作，如抛售外汇，同时回购国债，使国债价格上涨；既抑制本币升势，又不减少本币供应量。

第二节　行业分析

一、行业的含义和分类

行业（*industry*）是指从事国民经济活动中同性质的生产、服务或其他经济社会的经营单位或者个体的组织结构体系，又称产业。因为行业内各个成员所提供的产品多种多样，存在差异和替代性，行业内的每个成员也与其他成员区别开来。从事相同性质经济活动的，就可以称为同一行业。在我国的国家标准中，共将社会上的各行各业划分成 20 个门类、97 个大类。各分类都有其编号代码，门类按字母顺序从 A 到 T 进行分类（见表 9.11），大类按数字顺序从 01 到 97 进行分类。

表 9.11　国民行业经济分类简表

门类代码	行业门类	门类代码	行业门类
A	农、林、牧、渔业	K	房地产业
B	采矿业	L	租赁和商务服务业
C	制造业	M	科学研究和技术服务业

续表

门类代码	行业门类	门类代码	行业门类
D	电力、热力、燃气及水生产和供应业	N	水利、环境和公共设施管理业
E	建筑业	O	居民服务修理和其他服务业
G	交通运输、仓储和邮政业	Q	卫生和社会工作
H	住宿和餐饮业	R	文化、体育和娱乐业
I	信息传输、软件和信息技术服务业	S	公共管理、社会保障和社会组织
J	金融业	T	国际组织
K	房地产业		

来源:2019年国家统计局发布的《国民经济行业分类》(GB/T4754-2017)(按第1号修改单修订)

行业分析是基本分析的重要组成部分,连接宏观经济分析和上市公司分析的桥梁。行业分析主要内容包括:阐明行业发展阶段及其在国家经济中的作用,分析影响行业发展的各种因素及其影响程度,预测和指导行业发展方向,评估行业投资价值,揭示行业投资风险,为政府部门、投资者和其他机构提供决策和投资依据。行业分析的方法包括定性和定量分析,通常两种方法相互结合①。在行业分析里,定性分析主要包括历史与现状资料研究方法、调查研究法、纳归演绎研究法三种方法。定量研究方法包括统计学和计量经济学等知识。

二、行业生命周期分析

通常来说,每个行业都要经历一个由成长到衰退的发展演变过程,通常称这个过程为行业生命周期。一般来说,行业生命周期包括了以下四个阶段:初创(幼稚)期、成长(扩展)期、成熟(稳定)期和衰退期②。见图9.6。

(一)初创期

在初创期,由于新兴行业处于起步阶段,投资者对其了解相对较少。此外,创业公司在投资、产品研究和开发等方面的费用较高,导致人们难以了解该公司的产品,市场需求也相对较窄。因此,这些初创公司有可能出现亏损情况,投资风险较高。随着行业的技术进步和各项费用的降低,以及市场不断扩大,越来越多的公司加入这个新兴产业中,该行业也就从一个高风

① 马君潞,李学峰.投资学[M].2版.北京:科学出版社,2011:280-281.

② 丁忠明.证券投资学[M].3版.北京:高等教育出版社,2020:359-361.

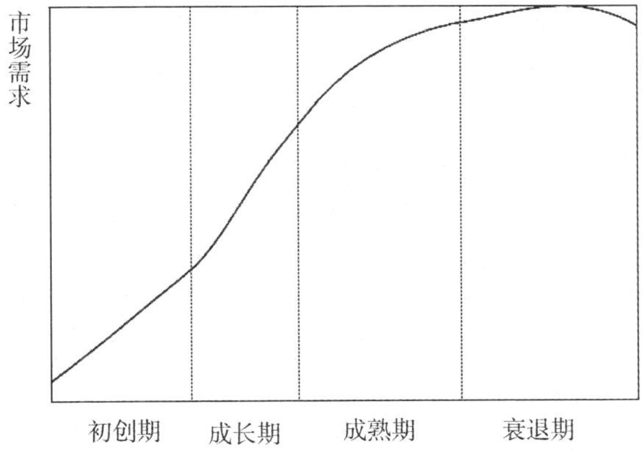

图 9.6　不同生命周期的市场需求变化

险、低回报的起步阶段过渡到了一个高风险、高回报的阶段。

(二)成长期

在行业进入成长期后，由于产品受到了广泛认可，市场需求不断扩大，行业表现不断增长。随着越来越多的投资者加入该行业，竞争日趋激烈，企业必须通过扩大产量、降低成本、开发新产品等方法参与竞争，维持生存。在市场需求饱和的情况下，企业必须依靠追加资本、提高生产技术和研制开发新产品等手段来推动增长。这样的过程中，一些具有财力、技术和经营管理实力的公司逐渐发展起来，而其他一些薄弱的公司则面临淘汰。经过激烈的竞争后，大部分企业被迫退出或合并，只有少数企业扩展并保留了下来。整个行业快速发展，但也存在巨大的市场竞争和高破产和高兼并率的风险。随着市场需求的基本饱和和企业数量的下降，产业进入成熟期，销售增长放缓，盈利增长趋于平稳，行业发展进入一个成熟的阶段。

(三)成熟期

从整个行业生命周期来考察，行业的成熟期是一个相对较长的时期。这个时期的特点是市场规模增速锐减，产品的价格、风险收益、公司经营业绩都很稳定。在这个时期，市场达到了一个相对均衡的状态，企业间竞争的力量相当，新企业也难以加入已经形成的市场格局里。当然，不同行业进入成熟期的速度以及表现也不尽相同。由于各种客观因素、产业政策、经济全球化等因素，某些行业也在成熟期迎来新天地，比如我国的家电、建材、汽车等行业均处于这个时期，相比其他行业，它们能够保持较好的增长。

(四)衰退期

行业经历了繁荣与稳定的时期后，终究会进入衰退，就像人的身体一样，总会因为各种各样的问题和发展规律而走向低谷。随着时间的流逝，市场上会不断出现新的想法和技术，进而产生大量的新产品作为过往产品的替代品，这使得原行业的产品不再具有竞争力，销售量降低、盈利减少并趋缓，进入了发展停滞甚至倒退的衰退期。

不同生命周期的市场特征参见图 9.7。当然，由于行业生命周期会受到行业本身的性质、产业政策、能源储备等多个因素的影响，不同行业也在生命周期的不同阶段呈现多样的特点。

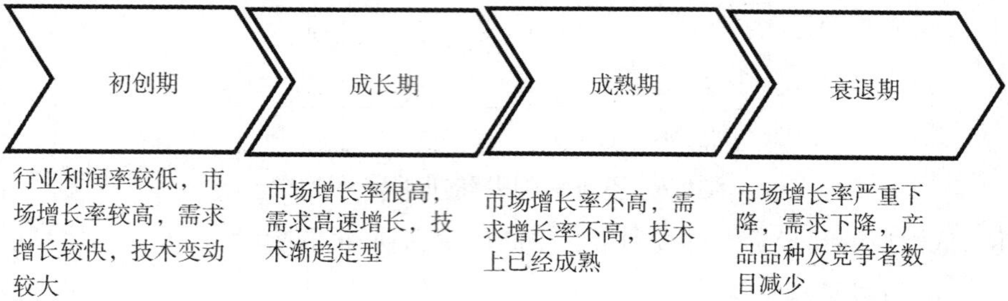

图 9.7　不同生命周期的市场特征

三、经济周期与行业分析

各行业变动时，往往呈现出一定的可预测的变化规律。这些变动与国民经济的总体周期变动是有关系的，各行业与经济周期的密切的程度并不一样。根据这一特征，可以将行业分为以下三种类别。

(一)增长型行业

增长型行业的发展态势与经济活动的周期并没有明显关系。这些行业收入增长的速率并不会总是随着经济周期的变动而出现同步变动，因为它们依靠自身的领先技术、更好的产品而脱颖而出，保持不断增长的状态。例如网络、计算机等高科技行业。

(二)周期型行业

周期型行业的发展态势与经济周期直接相关。当经济扩张时，该行业随之增长；经济衰退时，这些行业相应也会跌入低谷。例如，耐用品制造业、旅游业、房地产业等需求收入弹性较高的行业。

(三)防御型行业

除了以上两种行业，防御型行业是另外一种，这类行业的特征是其产品需求相对稳定，受经济周期的影响非常小，甚至经济衰退时期也能表现出自身的韧劲，保持一个良好的增长态。例如，公用事业和医药业就属于防守型行业。

四、行业轮动分析

行业轮动是一种主动交易策略，旨在利用市场趋势获取收益。行业轮动的基本操作思路是，根据不同行业之间的强弱差异性，选择表现优异的行业，避开表现不佳的行业，以达到投资收益最大化的目的。通常情况可以通过以下维度来进行轮动配置，实现投资收益的最大化①。

（一）周期性

当经济增长时，银行业、汽车、房地产、基础设施等行业均表现良好的业绩，均属于顺周期行业；而当经济增长放缓，经济周期发生变化，就需要进行行业轮动转向投资于防御性行业，其中包括通信、食品零售、医药和影视动漫等行业。类似的行业轮动分析还包括分析行业的利率敏感性，对行业进行分类并做出行业轮动策略；分析行业与通胀率、流动性、相关指数变动的关系，进行分类并做出行业轮动策略。例如，当通胀率上升时，一些行业可能会因为成本上涨而受到压制，而另一些行业，如能源、原材料等，可能会因为价格上涨而受益。在这种情况下，投资者可以根据行业的通胀敏感性进行投资调整。

（二）产业链

根据产业链分析行业轮动是一种基于行业之间的相互关联和影响来进行投资调整的策略。通过对产业链上下游行业的分析，可以发现不同行业之间的协同效应和依赖关系，当上游行业发展较好时下游行业也会因此受益。在行业轮动中，可以根据产业链的特点来选择投资方向。通常情况下，上游行业的表现受到下游行业需求的影响较大，而下游行业的表现则受到上游供应的影响较大。因此，当预测某个行业处于上升周期时，可以选择该行业的上游供应商作为投资标的，以期望从其需求的增长中获取收益；相反，当预测某个行业处于下降周期时，可以选择该行业的下游行业作为投资标的，以期望从其供应的减少中获取收益。

（三）医药行业案例

从医药行业的产业链图（图 9.8）中可以看出，医药行业与其他行业之间存在着紧密的关联和相互影响。作为医药行业的上游行业，原材料、化工等行业的发展情况将直接影响到医药制造业的成本和生产效率。例如，当原材料价格上涨或供应紧张时，医药制造业的生产成本将受到较大影响，而这

① 资料来源：https://zhuanlan.zhihu.com/p/34792792。

种影响也将传递到医药行业的下游销售和服务行业。同时,医药行业的下游消费者需求也将对整个产业链产生影响。随着医疗技术的不断发展和人口老龄化趋势的加剧,医药消费需求不断增长,这也将带动医药制造业和相关服务行业的发展。

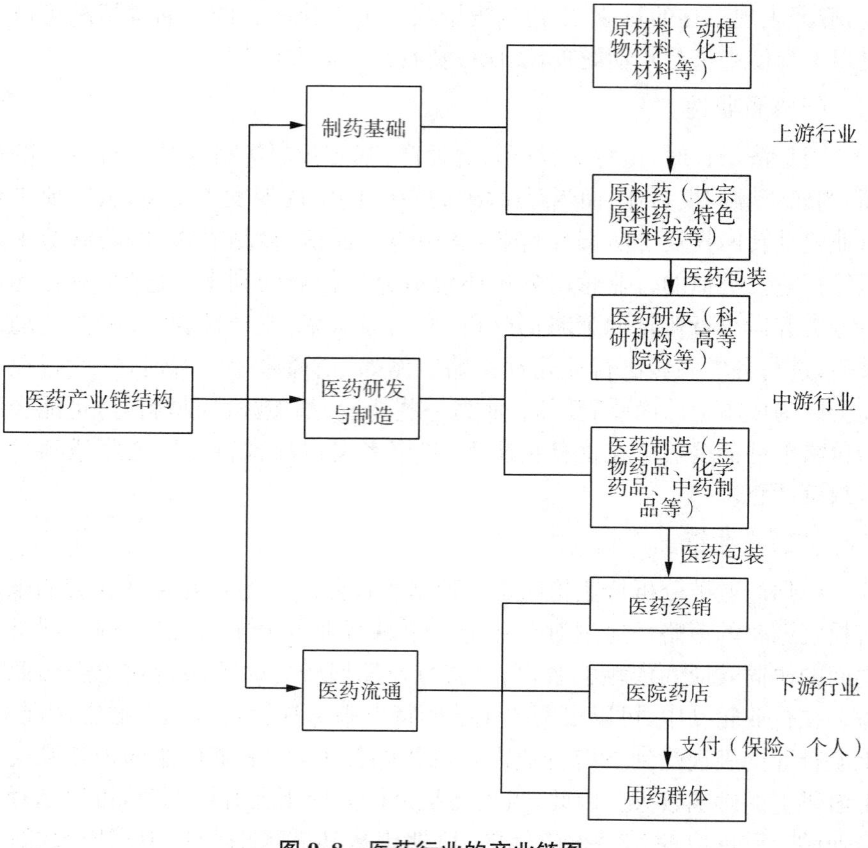

图 9.8　医药行业的产业链图

五、行业市场结构分析

各行业都有各自的特点,它们通过良好的内部生产、企业管理以及市场运作实现盈利,当然这些都与企业所处的市场结构息息相关。根据一个行业中企业数量、产品的性质及价格制定的方式等因素①来看,行业市场结构分类如下(参见表 9.12)。

① 丁忠明.证券投资学[M].3 版.北京:高等教育出版社,2020:362.

(一)完全竞争型

完全竞争型的市场结构指的是这样的一个市场,其中的企业大多生产的都是同质产品,且产商可以自由地进出市场。这使得完全竞争市场的竞争非常激烈,当然,其市场效率也很高,其基本特征就是商品的价格完全由市场来决定。

(二)垄断竞争型

垄断竞争型的市场结构是指市场上许多生产者提供同种但不同质的产品。在这种市场结构中,众多生产者生产有差异的产品,他们可以对各自的产品进行优化调整并保持稳健的经营,促使企业树立自身的品牌和产品信誉,从而实现对产品价格的控制力。

(三)寡头垄断型

寡头垄断型的市场结构指的是少量厂商占据了很大的市场份额,而剩余的市场份额则留给了大部分其他厂商的情形。在这样的市场结构下,少数厂商也被称为"寡头",他们是产品价格的决定者,"寡头"企业的经营方式和政策变化直接影响着其他企业,当然其他企业也有机会经过一些技术突破、政策因素等可以实现逆转,成为市场中的寡头。这种市场结构,主要存在于技术密集、资本密集型企业,如航天工业企业、石油化工企业等。

(四)完全垄断型

完全垄断型的市场结构是指垄断企业控制了整个市场的供给和产品价格,从而实现对市场有效控制的市场。这种市场一般可以分为私人垄断和政府垄断两种类型。政府垄断包括政府控制的铁路、公用事业等行业,私人垄断则是经过国家授权,可以在某些产品上进行专营、专门生产、获得专利技术。这类市场几乎不存在竞争者,就算出现竞争者也会因为实力弱小而难以经营下去,垄断者可以实现产品的价格控制以实现利润最大化,但在现实条件下需要受到各项反垄断法和政府管制的约束,是一种相对自由的市场控制。

表 9.12　行业竞争的市场结构

比较项目	完全竞争	垄断竞争	寡头垄断	完全垄断
厂商数目	很多	较多	很少	一个
产品特点	无差别	有差别	有或无差别	无替代品
价格控制	接受价格不能控制	有一定控制能力	对价格有垄断能力	垄断定价,但受法律制约

续表

比较项目	完全竞争	垄断竞争	寡头垄断	完全垄断
厂商进入的难易程度	完全自由	比较自由	难以进入	不能进入
典型行业	农业	服装业	汽车制造业	公用事业

对于行业市场结构分类的描述,可以使用一些度量指标来判断行业的市场结构①。

(一)市场集中度指标

1. 绝对集中度:通常用在市场上处于前 n 位的企业在市场中的份额总和来表示。

$$CR_n = \sum_{i=1}^{n} (X_i / X) \tag{9-2}$$

CR_n 越大,表明集中度越大,前 n 个企业在市场中占据的比重越大,企业集中度越大,那么企业垄断程度越高;相反,绝对集中度越小,表明市场的竞争程度越强。绝对集中度是衡量市场结构的一种重要指标,通过对其变化趋势进行分析,可帮助投资者判断行业发展趋势。

2. 相对集中度则是反映行业内所有企业规模分布的指标,常用洛伦茨曲线和基尼系数表达。洛伦茨曲线是将企业按规模大小排队后,考虑规模最小的任意百分比企业所占据的市场份额百分比,然后将企业数目累计百分比和企业所占市场份额累计百分比的对应关系描绘在图形上,用来反映市场集中度指标。

在洛伦兹曲线中,不均等面积与完全不均等面积之比,被称为基尼系数,是衡量市场集中度的标准(见图 9.9)。若设 G 为基尼系数,则基尼系数的计算公式为:

$$G = \frac{A}{A + B} \tag{9-3}$$

基尼系数的取值在 0—1 之间,当厂商分布完全均等时,基尼系数为 0,表示市场竞争程度最大;而当产商分布极度不均等,一家企业垄断整个市场时,基尼系数为 1,表示市场竞争程度最小。因此,基尼系数越大,厂商分布越不均等,市场竞争程度越小;而基尼系数越小,厂商分布越均等,市场竞争程度越大。

① 资料来源:https://max.book118.com/html/2016/1103/61132020.shtm。

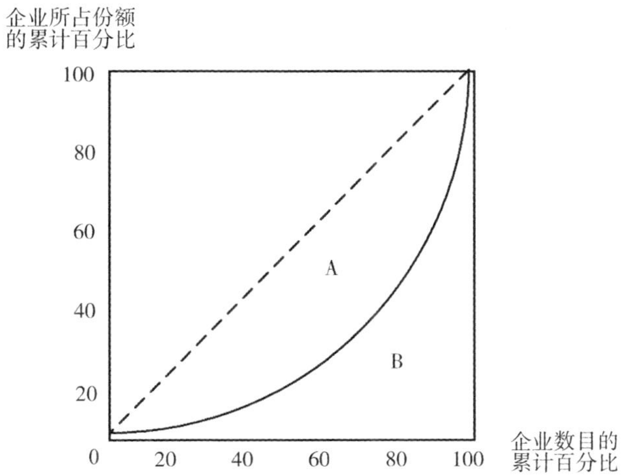

图 9.9　洛伦兹曲线

3. 赫芬达尔指数：简称 HHI 指数，是一个反映市场集中度的综合指数，通常用于衡量一个行业中竞争主体的市场份额变化情况。它是通过计算各个市场竞争主体在行业总收入或总资产中所占百分比的平方和来计算的，这样可以更好地计量市场中厂商规模的离散度，即市场的集中程度。

$$HHI=\sum^{n}(X_i/X)^2 \tag{9-4}$$

与绝对集中度指标类似，其中 X_i 指第 i 个企业的规模，X 指市场的总规模。显然，HHI 越大，表示市场集中程度越高，垄断程度越高。特别的当 HHI＝1 时，说明市场处于完全垄断状态。但它与绝对集中度指标并不完全相同，在原有公式的基础上进行平方运算，给予大规模企业更大的权重，这样可以凸显大规模企业的市场份额，更准确地反映大规模企业对市场的影响，其对众多小企业市场份额变动则不明显。

(二)产品差异化指标

产品差异化是指企业的产品在质量、品牌等方面与竞争对手的产品形成的差异。其中，需求交叉弹性和供给交叉弹性是衡量产品差异化的指标之一。

需求交叉弹性指的是当市场上某一产品的价格发生变化时，其他产品的需求量也会随之变化的程度。需求交叉弹性越大，说明产品之间的差异越小，可替代性越强，厂商之间的竞争也会越激烈；反之，需求交叉弹性越小，说明产品之间的差异越大，单个厂商更容易垄断市场。

六、行业的竞争结构分析

产业的竞争状况将会影响这个产业的整体获利水平。对产业竞争状况的分析一般采用哈佛大学教授迈克尔·波特(Michael E. Porter)的五种竞争力模型[①](一般简称五力模型)。见图 9.10。

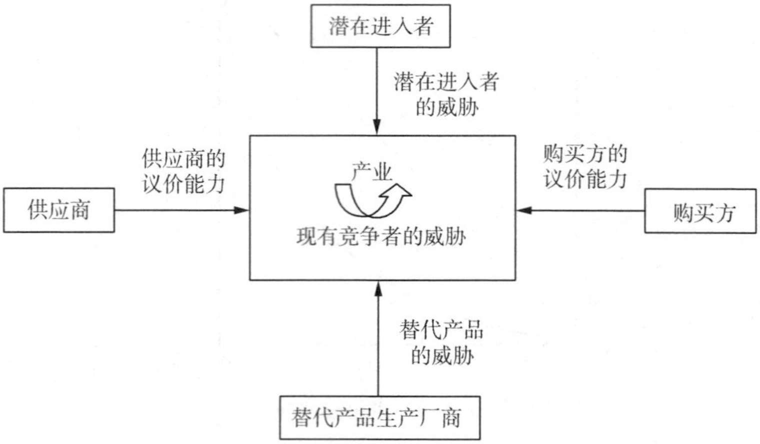

图 9.10　波特五力竞争模型

(一)潜在进入者的威胁

当一个新的潜在竞争者进入某个产业时,将会对该产业的竞争环境产生影响,导致原有公司的市场份额发生变化。如果某个产业的利润率或发展前景优于其他产业,那么这个产业必然会面临潜在竞争者的威胁。然而,这个产业的进入壁垒会在一定程度上阻止新公司的进入。进入障碍可以被视为潜在竞争者进入某个特定产业的门槛;进入障碍越低,就越能吸引更多的新竞争者加入,因此可以预期未来该产业的成长率和获利率将受到影响。

(二)购买方的议价能力

如果购买方的议价能力很高,公司在销售时就会处于不利地位,这将会对公司的获利能力产生负面影响。购买方的议价能力取决于多个因素,包括购买方的规模、该产业内公司的数量、购买方获取信息的难易程度以及产品的标准化程度等。

(三)供应商的议价能力

供应商若有较强议价能力,可能通过提高供应价格,降低产品或服务质量、配额供给等手段使生产企业无法有效降低原料成本,最终影响公司利润。

---

① 博迪,凯恩,马库斯.投资学[M].汪昌云,张永骥,译.10 版.北京:机械工业出版社,2017:437.

(四)替代产品的威胁

波特指出,产业中的企业所能获得的利润上限受到替代品状态的限制,这会限制产业的潜在收益。如果替代品提供的价格和性能选择更有吸引力,那么产业利润的上限将更为紧缩。因此,企业需要努力提高自身产品的性能和品质,以及寻找新的市场机会,从而实现在产业中获得更多的利润。

(五)现有竞争者的威胁

在一个产业中,当其他竞争者采取竞争动作时,不仅会影响自己的经营表现,也会影响同行业其他公司的经营表现。因此,当行业内存在竞争时,企业通常会尝试不断扩大自己的市场份额,以谋取更高的收益。在快速成长的产业中,企业可以通过拓展新的市场来实现高速发展,而不需要采用削价竞争的形式与其他企业争夺市场份额。如果一个产业中的产品主要生产能力集中于一个或少数几个企业手中,这些企业就有能力为自己的产品定价,从而削弱行业内的竞争性。此外,对于固定成本高的企业,通常会倾向于通过降低单位售价来实现规模效应。

七、行业兴衰的影响因素

一个行业在不断发展的过程中会受到诸多因素的影响,导致出现行业的兴衰交替,影响行业兴衰的因素可以分为以下方面。

(一)技术进步

技术进步在当前的经济形势下扮演着重要的角色。新技术的使用可以带来新的产业,同时也会加速淘汰旧的产业。但是,技术进步并不仅仅局限于新产业的发展,旧的产业同样可以通过技术创新来升级换代,从而获得新的增长机遇。因此,不仅需要选择新的产业进行投资,还需要仔细评估每个产业的生产线前景,分析其被优质产品或其他消费需求所替代的趋势。

(二)行业创新

行业创新主要分为技术创新和服务创新两方面。在计算机、生物制药、通信等行业中,新技术和新产品不断涌现,这些技术和产品的引入可以为行业带来超额的创新利润。因此,在关注相关行业和公司时,需要密切关注新产品的发布,以了解其对公司和整个行业的影响。

(三)政府干预

政府干预也是影响行业发展的重要因素。虽然市场经济越来越发达,但政府对大行业整体上还是有着宏观调控的影响作用,比如风光电、新基建行业。

(四)社会习惯

社会习惯的变化也对企业经营活动、生产成本和利润收益等方面产生一定的影响,导致一些不再适应社会需求的行业衰退,同时也会激发新兴行业的发展。例如,在收入较低时,人们对生活用品有较大的需求,提供生活消费品的公司会有很大的发展机会;而随着收入的提高,人们对服务性消费的需求将逐渐增加,从而推动金融、保险、教育、文化、医疗、体育、旅游等行业的快速增长。

(五)经济全球化

经济全球化也会对行业产生深远的影响。全球化使我国的进出口贸易行业、运输及港口行业、中成药行业、科技代加工等获得发展机遇,同时也会使化工、钢铁、汽车、农业等行业受到不同程度的冲击。特别是受到近年来贸易政策的影响,许多行业波动明显增加,也因此产生了许多投资机会。

第三节　公司价值分析

一、公司基本分析

公司的基本分析,是从公司内部的经营管理、公司的盈利能力、公司的经营战略、公司的外部关系以及公司的购并重组等方面[①]对公司的综合素质进行评价。它能为证券投资人提供信息,帮助其了解企业的现状、发展趋势以及未来可能的发展潜力。公司基本分析主要包括公司战略分析、公司盈利能力分析、公司经营管理分析、公司治理分析、公司风险分析等。

(一)公司战略分析

在现代商业竞争中,企业战略的制定和执行是保持市场竞争力和增加市场份额的重要因素。一个成功的企业需要有长远的战略规划,可以在竞争激烈的市场中脱颖而出。品牌建设是提高企业知名度和市场占有率的关键。产品创新和研发是企业发展的核心竞争力。多元化经营是企业发展的常见战略之一,可以扩大自己的业务范围,降低单一业务风险,增加企业的盈利能力。此外,企业也应该注重企业社会责任,开展慈善活动、保护环境等,为企业树立良好形象,增强品牌形象和消费者忠诚度。

---

① 丁忠明.证券投资学[M].3版.北京:高等教育出版社,2020:363-370.

企业应该根据自身的发展需求和市场变化，不断调整和优化战略。在制定战略时，需要进行市场调研和风险评估，结合公司内部管理体系和外部环境变化灵活调整战略，以确保企业持续发展和市场竞争力。

（二）公司盈利能力分析

公司的盈利能力是公司持续经营和蓬勃发展的重要因素，其中公司所处行业对于公司盈利产生了不同的影响。不同行业的平均利润率是有显著差别的。同时，公司间竞争程度以及为保持竞争优势地位而采取的竞争战略也同样对公司的盈利产生影响。这就需要对同行业内的企业数量多少与质量高低、企业的产品的市场需求状况、市场开发和占有情况、企业间竞争手段等进行分析。

例如，对企业间竞争手段进行分析，企业可以采取多样的适合于本企业的竞争手段，可以根据企业生产的产品的特征来选择。如果该企业的产品比较单一，没有明显区别于其他企业的地方，那么就可以采用成本主导的战略，即采用低成本来获得更多的利润空间，通过价格的降低，将竞争对手挤出市场，从而扩大自己的市场份额。相反，一家企业产品有着与其他企业不同的特点，并且可以得到消费者的青睐时，该企业就可以采用差异营销的战略，通过强调产品特点，寻找合适目标客户，所增加的创造差异化产品的成本需要低于消费者为其产品差异付出的增加值，也就是让消费者愿意支付更高的价格来弥补所增加的成本。

（三）公司经营管理分析

企业经营管理水平的高低是衡量一个企业现状与未来发展潜力的重要标准。在进行分析时，投资者应着重就企业的决策者素质、企业的组织结构、公司的重大经营政策、企业文化、企业环境变化等方面来展开。

决策者的素质对企业的经营发展起到极其重要的作用。决策者的素质，一般应具备一定的逻辑思维能力、比较系统的分析能力、正反效应估计的抽象能力以及独立思考和较丰富的想象能力等诸多过人之处。只有具备这些能力，才能够更好地带领企业不断正向发展。

企业的组织管理也同样重要。企业经营过程中，尽管有聪慧的决策者不断做出明智的决策，但是如果不能够将这些具体政策落实执行，也不能给企业带来益处。企业的组织管理左右着企业的成长，企业不仅需要规范管理流程，更要严格把控实施决策，进行不断的反馈与修正，将好的政策稳健推行下去并不断优化。

企业的经营政策是企业前进的基础和动力。企业所推行的经营政策是否合理、是否正确也是值得分析的问题，包括对企业经营绩效、利润分配等的管理和确定。

对企业文化进行研究非常必要。企业文化是企业的共同理想、共同目标，它体现在公司经营的每个环节，深深影响着每个员工的行为和思想。优秀的企业文化可以增加员工的积极性、增添员工的信任感和自豪感。选拔和培养优秀人才，评价和激励优秀员工也会促进企业文化的提升。

对公司外部环境进行分析必不可少。任何公司和企业都不可能脱离外界环境、外部关系，这些外部关系包括企业与供应商的关系、与消费者的关系、与政府社区的关系等，其中最重要的是企业与消费者的关系，这是企业生产销售、拓展市场的基础。比如，海尔集团针对四川农民爱用洗衣机洗红薯的特点，开发出可以洗红薯的洗衣机；针对上海消费者抱怨市场上买不到适合夏天用的洗衣机，开发出了适合于夏天用的"小小神童"洗衣机系列产品，投放市场后取得了巨大的成功。

(四)公司治理分析

公司治理分析是一种评估和研究企业管理结构和决策过程的方法，旨在评估公司是否建立了有效的监督机制，以确保管理者和董事会成员按照股东利益行事，并促进企业的可持续发展。

1. 董事会结构和运作

董事会是公司治理的核心机构，负责监督和指导公司的决策。分析董事会的组成、独立性、经验和专业背景等因素，可以评估其对公司的监督能力和战略指导能力。例如，可以评估董事会成员的数量和比例，是否存在大股东或关联方代表，以及董事会委员会的设置情况等。

2. 董事会的独立性

独立董事在董事会中起到关键作用，他们应该独立于公司管理层，能够提供中立的建议和监督。分析公司的独立董事比例和他们的参与程度，可以评估其对公司决策的影响力。例如，可以评估独立董事的选举程序和任期，以及他们在董事会决策中的发言权和投票权等。

3. 高管激励机制

高管薪酬和激励机制对于公司绩效和治理非常重要。分析公司的薪酬结构、股权激励计划和绩效评估方法，可以评估其是否能够激励管理层为股东创造长期价值。例如，可以评估高管的薪酬水平和构成，以及股票期权和股份限制的设定情况等。

4. 财务透明度和信息披露

公司应该及时、准确地向投资者披露重要信息，包括财务报表、业绩数据和风险因素等。分析公司的信息披露政策和实践，可以评估其透明度和可靠性。例如，可以评估公司的财务报告是否符合会计准则和法律法规要求，以及公司公开信息的频率和范围等。

5. 股东权益保护

公司治理应该确保股东权益得到充分保护。分析公司的股东权益结构、股东会议制度和投票权力等，可以评估其对股东参与和权益保护的程度。例如，可以评估公司的股权结构和股东会议的召开情况，以及投票权行使方式和程序等。

6. 决策过程和风险管理

分析公司的决策过程、风险管理体系和内部控制机制，可以评估其对风险管理和合规性的重视程度。这包括内部审计、风险评估和合规性监管等方面的分析。例如，可以评估公司是否建立了完善的内部控制体系，以及是否存在潜在的经营风险和合规风险等。

通过对公司治理分析，可以帮助投资者、监管机构和利益相关者评估公司的治理状况和风险水平，为他们做出决策提供依据。同时，也可以帮助公司自身识别存在的问题，进一步完善公司治理结构，提升企业价值和竞争力。

（五）公司风险分析

风险是指可能对公司产生负面影响的不确定因素。在商业运作中，各种风险随时可能出现，对公司的生存和发展构成威胁，主要有如下风险。

1. 市场风险

市场风险指的是由于市场供求关系、政策变化、竞争压力等因素引起的市场波动和经济不景气的风险。例如，在行业竞争加剧的情况下，公司可能无法满足客户需求，导致销售下降。此外，政策变化也可能导致市场风险的增加，例如环境保护政策的加强可能导致公司面临更大的环保压力。

2. 信用风险

信用风险指的是公司与其他企业或个人进行业务往来时存在的违约风险。例如，公司拖欠供应商货款或客户欠款等都会增加公司的信用风险。此外，如果公司的供应链管理不当，或者公司的客户信用评估不足，则也可能导致公司的信用风险增加。

3. 操作风险

操作风险指的是由于内部管理不善、人为疏忽或技术问题等因素引起的风险。例如，公司的内部控制机制不完善，可能会导致财务造假、资产损失等问题。另外，人为疏忽也可能引起操作风险，例如员工意外损坏公司重要设备，导致生产中断。

4. 法律风险

法律风险指的是由于公司违反法律法规、合同或其他约定而面临的风险。例如,公司的产品可能存在安全隐患,如果发生事故,则公司将面临巨大的法律诉讼风险。此外,公司还可能因为商业合同纠纷、知识产权侵权等问题面临法律风险。

在分析公司风险时,需要对公司内外部环境进行综合分析,并加以分类和评估。公司应该建立完善的风险管理体系,包括风险预警、风险评估、风险控制和风险应对等方面。公司应该定期进行风险评估和监测,及时调整风险管理策略,降低风险发生的可能性。

二、财务报表分析

财务报表分析就是从财务报表中获取信息,进而分析企业的各项基本活动进展如何,并做出今后的投资决策。现行的财务会计制度中规定,企业的财务报表一般至少包括资产负债表、利润表和现金流量表。

(一)资产负债表

资产负债表是一份企业在特定日期的财务报表。它展示了该企业的总资产、资产构成以及企业拥有或控制的资产分布情况。这份报表分为资金来源方和资金运用方两部分,分别列在表格的左右两侧,因此也被称为“T型账户”。资金来源方包括负债和所有者权益两部分,而资金运用方则包括流动资产和固定资产等部分。

我国的资产负债表采用账户式结构,遵循会计恒等式:资产=负债+所有者权益。该等式的左侧显示了公司拥有资产的类型和数量,右侧显示了这些资产的来源。

1. 资产

资产可以根据其流动性分为流动资产和非流动资产。流动资产是指那些可以在不引起大幅价值损失的情况下在一年或一个会计年度内变现的资产,如现金、应收账款和存货。反之,非流动资产是指变现时间超过一年的资产,如固定资产和无形资产。

2. 负债

负债是指公司在规定期限内承担偿付资产的责任。根据偿还时间,负债可以分为流动负债和长期负债。流动负债是指在一年或一个会计年度内需要偿还的负债,如短期借款和应付账款。长期负债是指在一年或一个会计年度之后需要偿还的负债,如长期借款和债券。负债的主要财务特征是到期还本付息,本金和利息均为事先约定,因此公司需要未来偿还确定金额和时间的负债。若公司不能偿还到期负债,则可能面临债权人的起诉,导致公司变卖资产来偿债,甚至可能使公司破产。

3. 所有者权益

所有者权益是指股东对公司剩余资产的索取权。所有者权益分为两部分:第一部分是股东按照公司章程或协议约定投入的资本,主要是普通股;第二部分是公司实现的利润中未分配给投资者的部分,也称为留存收益。公司实现的利润中分配给股东的部分称为股利或红利。

对于财务管理人员来说,必须在分析资产负债表时特别注意这三个问题:流动性、负债与权益以及价值与成本。这些问题将帮助他们更好地了解企业的资产和负债结构,以便更好地做出决策和规划。表 9.13 是美的集团 2021 年合并资产负债表简表。

表 9.13 美的集团合并资产负债表简表

合并资产负债表简表

2021 年 12 月 31 日

(除特别注明外,金额单位为人民币千元)

资产	附注	2021 年 12 月 31 日	2020 年 12 月 31 日
流动资产合计		248,864,505	241,655,325
非流动资产合计		139,081,599	118,727,278
资产总计		387,946,104	360,382,603
负债和股东权益	附注	2021 年 12 月 31 日	2020 年 12 月 31 日
流动负债合计		222,851,476	184,150,502
非流动负债			
非流动负债合计		30,269,552	51,995,001
负债合计		253,121,028	236,145,503
股本	四(40)	6,986,564	7,029,976
资本公积	四(42)	20,516,930	22,488,105
盈余公积	四(44)	9,449,901	7,966,362
未分配利润	四(45)	102,982,763	87,074,453
股东权益合计		134,825,076	124,237,100
负债和股东权益总计		387,946,104	360,382,603

后附财务报表附注为财务报表的组成部分。

法定代表人:　　主管会计工作负责人:　　会计机构负责人:

(二)损益表

资产负债表是用来展示公司在某个时间点的资产和负债状况的财务报表。相比之下,损益表则反映了两个时间点之间资产和负债所带来的收入和费用变化,是反映企业在一定会计期间经营成果的报表。

在分析损益表时,财务管理人员可以关注公认会计准则、非现金项目、时间和成本等问题。在公认会计准则中,配比原则要求收入和费用相匹配。在损益表中,与收入相匹配的费用有些是非现金项目,如折旧和递延税款等,这些项目不会对现金流量产生影响。此外,时间也是一个需要关注的因素。一般将未来时间分为“短期”和“长期”,而财务会计人员通常将费用划分为产品成本和期间费用,而不是区分变动费用和固定费用。通过对利润表的分析,可以帮助使用者判断净利润的质量及风险,并预测其持续性,从而做出正确的决策。表 9.14 是美的集团 2021 年的利润表简表。

表 9.14　美的集团合并利润表简表

合并利润表简表

2021 年 12 月 31 日

(除特别注明外,金额单位为人民币千元)

项目	附注	2021 年 12 月 31 日	2020 年 12 月 31 日
一、营业总收入		343,360,825	285,709,729
二、营业利润		33,281,195	31,493,457
三、利润总额		33,717,544	31,663,539
四、净利润		29,015,376	27,506,542
五、其他综合收益的税后净额		−237,306	−1,177,809
六、综合收益总额		28,778,070	26,328,733
七、每股收益			

后附财务报表附注为财务报表的组成部分。

法定代表人:　　　　主管会计工作负责人:　　　　会计机构负责人:

(三)现金流量表

现金流量表是一份反映企业在特定会计期间内现金和现金等价物的流

入和流出情况的报表。与资产负债表和利润表不同，现金流量表遵循收付实现制原则，将盈利信息转换为现金流量信息。现金流量表分为三部分，包括经营活动、投资活动和筹资活动，每个部分都详细反映了企业的现金流入和流出情况。

编制现金流量表时，需要考虑各种因素，包括企业的支付、偿债和周转能力。现金流量表可以帮助报表使用者了解企业现金流量的影响因素，评估企业的未来 现金流量，并为决策提供可靠的依据。

美的集团 2021 年度的合并现金流量表简表（表 9.15）显示了该公司在特定会计期间内的大致现金流入和流出情况。

表 9.15　美的集团现金流量表简表

合并现金流量表简表

2021 年 12 月 31 日

（除特别注明外，金额单位为人民币千元）

项目	附注	2021 年 12 月 31 日	2020 年 12 月 31 日
一、经营活动产生的现金流量			
经营活动现金流入小计		330,415,497	252,985,046
经营活动现金流出小计		−295,323,793	−223,427,929
经营活动产生的现金流量净额	四(61)(c)	35,091,704	29,557,117
二、投资活动产生/(使用)的现金流量			
投资活动现金流出小计		−114,201,515	−182,323,319
投资活动产生/(使用)的现金流量净额		13,599,586	−35,310,663
三、筹资活动使用的现金流量			
筹资活动现金流出小计		−52,349,760	−55,505,708
筹资活动使用的现金流量净额		−31,204,539	−756,295
四、汇率变动对现金及现金等价物的影响		−485,220	−383,411
五、现金及现金等价物净增加/(减少)额	四(61)(c)	17,001,531	−6,893,252
六、年末现金及现金等价物余额	四(61)(e)	40,550,039	23,548,508

后附财务报表附注为财务报表的组成部分。

法定代表人：　　主管会计工作负责人：　　会计机构负责人：

(四)财务报表分析方法

企业财务分析采用比较分析法、比率分析法和因素分析法。

1. 比较分析法

比较分析法是一种常用的财务报表分析方法,它包括对比分析期实际财务数据与计划数据、对比分析期实际数据与过去几年的财务数据,以及将公司的实际数据与同行业的平均或先进水平的数据进行比较。比较分析法适用于对不同时间点或不同实体的财务数据进行对比。

2. 比率分析法

比率分析法是一种在同一期财务报表中不同项目或类别之间的相互关系进行分析和评价的方法。该方法主要通过计算和比较财务报表中的各项指标,评估企业的盈利能力、偿债能力、运营能力和成长能力等方面的表现,并揭示企业的优点和不足之处,为企业的管理和决策提供参考依据。常用的财务比率包括流动比率、速动比率、资产负债率、营运资本周转率、净资产收益率、总资产收益率等,可以从不同角度反映企业的财务状况和经营绩效。

3. 因素分析法

因素分析法是在比较分析确定差异的基础上,利用各种因素的顺序替代来测定各个相关因素对有关财务指标差异的影响程度的方法。在因素分析法中,首先需要确定关键因素或变量,然后通过将这些因素逐个进行替代,测定这些因素对财务指标差异的影响程度。因素分析法适用于探究与财务指标相关的因素和变量,如通过替代不同的运营因素,如销售额、成本、市场份额等,来衡量它们对利润的影响程度。

三、财务比率分析

财务报表比率是一种常用的工具,可帮助评估企业的财务状况和偿债能力。通常,财务报表比率可以分为五类。

(一)短期偿债能力比率

短期偿债能力比率也称为流动性指标,该比率主要提供有关企业流动性的信息,这些信息取决于可以在近期转变为现金的流动资产的多少。

1. 流动比率

流动比率可以定义如下:

$$流动比率=流动资产/流动负债 \tag{9-5}$$

不同行业的流动比率通常存在显著差异,且一般不存在统一的、标准的流动比率。债权人通常更倾向于高流动比率,因为这说明企业承担债务的能力更强，而公司则更倾向于较低的流动比率，以提高现金和其他短期资产的运用效率。通常认为，流动比率应大于1，否则净营运资本（流动资产减去流动负债）为负，无法保证企业最低的短期偿债能力。

2. 速动比率

速动比率一般定义如下：

速动比率＝速动资产/流动负债＝（流动资产－存货）/流动负债　(9-6)

速动资产指的是可以在较短时间内变现的流动资产。不同行业的速动比率也存在显著差异。例如，采用大量现金销售的行业或企业（如零售业）几乎没有应收款项，速动比率小于1也很正常。

3. 现金比率

现金比率定义为现金类资产与流动负债的比率。

现金比率＝现金类资产/流动负债　(9-7)

现金比率表明每1元流动负债有多少现金资产作偿还保障，指标越高，偿债能力越强，因为现金本身可以直接偿债，不像其他速动资产需要等待不确定的时间才能转化为现金。

(二)长期偿债能力比率

长期偿债能力比率，也称为财务杠杆比率或杠杆比率，主要反映公司承担长期债务的能力，即反映其财务杠杆负担能力。该比率指的是债务与资产、净资产之间的关系，反映企业偿付到期长期债务的能力。分析企业的长期偿债能力，主要是为了确定企业偿还债务本金和支付债务利息的能力。

1. 负债比率

最常用的负债比率（资产负债率）有三种表达形式：

负债比率＝总负债÷总资产＝（总资产－总权益）÷总资产　(9-8)

资产负债率越低，说明企业偿债越有保证，负债越安全。

产权比率＝总负债/总权益　(9-9)

权益乘数＝总资产/总权益　(9-10)

式(9-9)和式(9-10)是两种常用的财务杠杆指标。产权比率（负债权益比）和权益乘数越高，说明对债权人的保障程度越低，偿债能力越差。这两个指标可以反映特定情况下资产利润率和权益净利率之间的倍数。财务杠杆表明债务的多少，与偿债能力有关，并且可以表明权益净利率的风险，也与盈利能力有关。这三个比率只要知道其中一个，就可以计算出其他比率。比率被分为三种形式是为了在不同情况下方便使用。

2. 利息倍数

利息保障倍数（利息保障率）＝息税前利润/利息　(9-11)

利息保障倍数(EBIT)是利润表中未扣除利息费用和所得税之前的利润。利息不仅包括财务费用中的利息费用,还包括计入固定资产成本的资本化利息。因此,EBIT可以看作是企业经营活动所产生的可供偿还利息和税金的利润。利息保障倍数是指每1元利息支出需要多少倍的EBIT作为偿付保障。如果利息保障倍数越大,说明公司具有更多的可支配资金来偿付债务利息,其偿债能力也越强,反之亦然。

(三)营运能力指标

营运能力指标是用来衡量公司在资产管理方面的效率,旨在说明公司在多大程度上有效地运用资产来获得收入。

1. 存货周转天数和存货周转率

$$存货周转率=销售成本/存货 \tag{9-12}$$

存货周转率代表一年内存货周转的次数。一般而言,存货周转率越高,表明存货管理效率越高。然而,在特定经营状况下,存在一个最优存货水平。存货必须满足基本流转需要,企业需要权衡拥有存货的收益和成本,以找到一个合适的存货水平。

$$存货周转天数=365天/存货周转率 \tag{9-13}$$

存货周转天数指平均存货周转时间,说明存货在被出售之前留在公司里的时间,或者当前的存货需要多久才能被出售。为了在保证生产经营需求的同时降低存货成本,企业应该在特定的生产经营条件下寻找一个最佳的存货水平,使存货周转天数达到最优化水平,实现存货管理的最佳效果。

2. 应收账款周转天数和应收账款周转率

$$应收账款周转率=销售收入/应收账款 \tag{9-14}$$

应收账款周转率是一个衡量公司经营效率的重要指标。它是指公司在一年中能够回收其应收账款的次数。然而,应收账款周转率并不是越高越好,因为它需要在考虑公司的销售政策的同时,考虑到资金的流动性和市场的需求。

应收账款是由赊销引起的,如果赊销对公司来说是一种有利的销售策略,那么周转天数并不会越少越好。这是因为,如果公司能够通过赊销的方式增加销售额并提高市场份额,那么这种销售策略对公司的盈利能力可能更有益。然而,如果公司应收账款周转率过低,可能会导致资金被占用太长时间,影响到公司的流动性和盈利能力。因此,公司应该根据市场的需求和资金的流动性,确定一个合理的应收账款周转率。

$$应收账款周转天数=365天/应收账款周转率 \tag{9-15}$$

应收账款周转天数是指公司平均在多少天之内可以将货款收回,这一比率又可以称为平均收账期。企业收账的长短与其信用政策有关。当企业提高信用标准、提供现金折扣时可以缩短收款期限。

3. 总资产周转率

总资产周转率＝销售收入/资产平均总额期＝销售收入/(初资产平均总额＋期末资产平均总额)/2　　(9-16)

该比率说明公司每1元的资产能带来多少收入。该指标反映企业利用资产获得销售收入的能力，周转速度越快，反映企业的销售能力越强。然而，周转率指标不适用于不同行业之间的比较。对于重型设备制造业、房地产业等行业，其周转次数较低；对于商业批发、食品饮料等行业，其周转次数较高。

总资产周转天数＝365天/总资产周转率　　(9-17)

总资产周转天数表示资产周转一次所需要的时间。时间越短，资产的使用效率越高，盈利性越好。

(四)盈利性指标

财务领域中使用最为广泛的盈利性指标主要有三种。

1. 销售利润率(PM)

销售利润率＝净利润/销售收入　　(9-18)

销售利润率表示公司从每1元销售收入中获得的利润。通常情况下，销售利润率越高越好，但并不是绝对的。在某些情况下，即使利润率较低，但是由于销量大，公司也能获得较高的总利润。

2. 资产收益率(ROA)

资产收益率＝净利润/总资产　　(9-19)

资产收益率衡量每1元资产带来的利润。由下式可知，影响资产利润率的驱动因素是销售利润率和资产周转率：

资产收益率＝净利润/销售收入×销售收入/总资产＝销售利润率×资产周转率　　(9-20)

3. 权益收益率(ROE)

权益报酬率＝净利润/总权益　　(9-21)

权益收益率衡量每1元股东权益产生的利润。提高权益收益率的基本动力是总资产周转率，因为财务杠杆的提高会增加公司风险。

权益报酬率＝净利润/总权益＝净利润/总资产×总资产/股东权益＝资产收益率×权益乘数　　(9-22)

权益收益率从股东的角度分析了企业的投入产出指标，并具有非常好的综合性。它能够概括企业的全部经营业绩和财务业绩。

(五)市场价值指标

市场价值指标是一组用于衡量上市公司股票市场价格的指标。市场价值指标主要包括市盈率和市净率,它们是衡量公司发展前景和投资价值的重要指标。

市盈率是每股股票价格与每股收益之比,它反映了投资者对公司未来发展前景的预期。市盈率可以用来衡量投资者愿意为每股当前利润支付多少钱,代表投资者对企业前景的预期。一般来说,股票市盈率较高的公司通常有较好的发展前景。

市净率是股票价格与每股净资产之比,它反映了普通股东愿意为每1元净资产支付的价格,从而反映了投资者对公司的经营效率和发展前景的看法。通常,市净率较高的企业通常具有高的资产利用率、强大的盈利能力和良好的发展前景。因此,市净率也是衡量公司投资价值的重要指标。

总的来说,投资者可以根据这些指标来评估公司的投资价值,从而做出明智的投资决策。

四、公司价值评估方法

在企业并购和外来投资中,对目标企业的价值进行合理评估是常见但至关重要的问题。准确的企业价值评估方法是进行这一步骤的前提。

(一)常用评估方法

目前国际上通行的评估方法主要分为三类:收益法、成本法和市场法。

1. 收益法

收益法主要是将被评估企业的预期收益资本化或折现至特定日期,以确定其价值。该方法的理论基础是贴现理论,即资产的价值是利用其未来收益的现值。常用的方法包括贴现现金流量法(DCF)、内部收益率法(IRR)、CAPM模型和EVA估价法等。

2. 成本法

成本法则是在目标企业资产负债表的基础上,通过评估企业各项资产价值和负债,从而确定其价值。其理论基础在于任何理性人对某项资产的支付价格都不会高于重置或购买相同用途替代品的价格。该方法的主要方法为重置成本(成本加和)法。

3. 市场法

市场法将评估对象与可参考企业或已有交易案例的企业、股东权益、证券等权益性资产进行对比,以确定其价值。该方法应用前提是相似的资产一定会有相似的价格。常用的市场法为参考企业比较法、并购案例比较法和市盈率法。

(二)企业价值评估新方法

1. 贴现现金流量法(DCF)

DCF 方法是一种以未来现金流为基础的财务分析方法,用于评估企业的价值。该方法的核心在于确定未来现金流和贴现率,采用适当的贴现率对未来现金流进行折现。这种方法适用于企业的持续经营和未来现金流的可预测性。然而,DCF 方法的局限性在于它只能估算已公开的投资机会和现有业务未来增长所能产生的现金流价值。它未考虑到不确定环境下的各种投资机会,这些投资机会往往在很大程度上决定并影响企业的价值。因此,在进行 DCF 评估时,需要充分地分析和研究市场趋势、经济形势、产业竞争、技术创新、政策环境等因素,以确保评估结果的准确性和可靠性。

[例 9.1]

假设某公司未来五年的自由现金流(FCF)预测如下:

第一年:1000 万元;第二年:1200 万元;第三年:1400 万元;第四年:1600 万元;第五年:1800 万元。其中,自由现金流是指企业在扣除运营成本、折旧和摊销、税收等费用后,剩余可用于投资和分配的现金流量。假设,五年后该公司的现金流量仍然能够持续增长,该公司的增长率为 2%,贴现率为 10%。如何计算该公司的总价值?

首先,需要计算该公司未来五年的贴现现金流(DCF)。

使用 DCF 法计算未来五年的贴现现金流的公式为:

贴现现金流 $=\text{FCF}\div(1+r)^n$

其中,r 表示贴现率,n 表示现金流发生的年数。

根据上述公式,可以得出该公司未来五年的贴现现金流(见表 9.16)。

表 9.16　自由现金流量与贴现现金流(单位:万元)

	第一年	第二年	第三年	第四年	第五年	合计
自由现金流量	1000	1200	1400	1600	1800	7000
贴现现金流	909.1	991.7	1076.3	1163	1252.1	5392.2

使用 DCF 法计算得出,未来五年贴现现金流之和为 5392.2 万元。

该公司的现金流量仍然能够持续增长,根据 DCF 法的公式,可以得到该公司的终值为 30460.8 万元[1252.1 万元×(1+2%)÷(10%−2%)]。最后,将该公司未来五年现金流的现值之和加上终值,得到该公司的总价值为 35853 万元。

2. 假定收益为零的内部收益率法(IRR)

内部收益率是一种衡量企业投资回报的指标,它反映了企业投资净现值为零的贴现率。与 DCF 法类似，内部收益率也可用于衡量企业投资的优劣，但它不受资本市场利率的影响，而是受到企业现金流量所固有的特性的影响。与 DCF 法不同的是，内部收益率法只能告诉投资者一个企业是否值得投资，无法确定企业的整体价值。但在单个项目的投资决策中，内部收益率法仍然是一种较为实用的指标。在实践中，内部收益率法经常被用来代替 DCF 法，尤其是当企业现金流量比较稳定、预测较为可靠时。总之，选择合适的投资评估方法需要考虑到企业的特点和投资目的，以便做出准确的投资决策。

[例 9.2]

假设某公司正在考虑进行一项新的投资计划，该计划需要一次性投资 500 万美元，并且预计在未来 5 年内将产生以下自由现金流量：第一年 100 万美元，第二年 200 万美元，第三年 300 万美元，第四年 400 万美元，第五年 500 万美元。请根据内部收益率值判断该投资计划是否值得投资。

该计划净现值 NPV＝－500 万美元＋100 万美元/$(1+r)$＋200 万美元/$(1+r)^2$＋300 万美元/$(1+r)^3$＋400 万美元/$(1+r)^4$＋500 万美元/$(1+r)^5$

使用试错法或 Excel 的 IRR 函数来确定 NPV 为零时的折现率（即内部收益率），可以计算出该投资计划的内部收益率为 16.1%。

确定内部收益率后，可以计算该投资计划的净现值 NPV＝－500 万美元＋100 万美元/(1＋16.1%)＋200 万美元/$(1+16.1\%)^2$＋300 万美元/$(1+16.1\%)^3$＋400 万美元/$(1+16.1\%)^4$＋500 万美元/$(1+16.1\%)^5$＝80.5 万美元。

因此，根据内部收益率法进行的估值，该投资计划价值为 580.5 万美元。如果公司可以以此价格进行投资，则它们将获得内部收益率为 16.1%的投资回报。如果公司不能以这个价格进行投资，则内部收益率将低于 16.1%，这说明该投资计划不是一个值得投资的计划。

（三）完全市场下风险资产价值评估的 CAPM 模型

CAPM 模型最初用于对风险资产进行估值，它将未来收益按照风险报酬率进行折现。除了适用于股票的估值，CAPM 模型还可以用于决定风险投资项目的贴现率。资产的期望收益率由无风险收益率、市场组合收益率和相关系数的大小共同决定。无风险收益率指最安全资产的收益率，市场组合收益率代表市场的平均收益水平。相关系数则表示投资者所购资产与市场整体水平之间的关联性大小。

［例 9.3］

假设投资者正在考虑购买一家公司的股票，这支股票的期望回报率就可以通过 CAPM 模型进行计算。已知该股票的 bet 系数为 1.5，无风险利率为 5%，市场平均回报率为 10%。使用 CAPM 模型，计算该股票的期望回报率。

期望回报率＝无风险利率＋beta 系数×（市场平均回报率－无风险利率）

期望回报率＝5%＋1.5×（10%－5%）

期望回报率＝12.5%

因此，使用 CAPM 模型的计算表明，该公司股票的期望回报率为 12.5%。如果这个回报率高于你的最低投资回报率，那么这个投资就可能是有价值的；如果回报率低于你的最低投资回报率，那么你可能需要重新考虑你的投资决策。

（四）加入资本机会成本的 EVA 评估法

EVA（Economic Value Added）是一种广泛应用于评估企业经营管理和管理绩效的指标。其核心思想可以用于企业价值评估，即企业价值等于投资资本加上未来年份 EVA 的现值，可以用公式“企业价值＝投资资本＋预期 EVA 的现值”来表示。EVA 代表企业资本收益与资本机会成本之间的差异，即 EVA＝税后营业净利润－资本总成本＝投资资本×（投资资本回报率－加权平均资本成本率）。EVA 评估法不仅考虑企业的资本盈利能力，还深入洞察企业资本应用的机会成本，以此来考察企业管理者从优选择项目的能力。但是，需要注意的是，EVA 评估法应用有一些限制，因为其应用需要建立在充分的数据和准确的预测基础之上，同时由于其过于理论化，实际应用难度较大，因此需要谨慎使用。

［例 9.4］

假设某公司的投资者希望使用 EVA 评估法来评估该公司的价值。该公司的销售额为 1000 万元，净利润率为 10%，所得税率为 30%，资产总额为 5000 万元，负债总额为 2000 万元，权益总额为 3000 万元。假设该公司的权益成本为 12%，债务成本为 8%。请使用 EVA 法判断该公司是否值得投资。

该公司的资本成本＝3000×12%＋2000×8%＝520 万元

净利润＝1000 万元×10%×（1－30%）＝700 万元

该公司的经济附加值 EVA＝净利润－资本成本＝700 万元－520 万元＝180 万元

公司的价值等于资本的总额加上经济附加值。

公司价值＝资本总额＋EVA＝3000 万元＋2000 万元＋180 万元＝5180 万元

在上述结果中，我们得到 EVA 为正，即企业创造价值，这说明企业经济效益良好，股东财富增加，因此该企业值得投资。

(五)重置成本法

重置成本法(Replacement Cost Approach)是企业估值的一种方法，其基本思想是估算重新建造一座与所估价的企业类似的新企业所需要的成本，并以此为基础来确定所估价的企业的价值。其基本原理是将企业的价值视为各个单项资产的简单加总，即简单相加所有资产的市场价值或替代成本。但是这种方法忽略了不同资产之间的协同效应和规模效应，这是其存在的一个重要缺陷。在企业经营的过程中，不同资产之间可以相互促进，产生“1＋1＞2”的协同效应，从而使企业的整体价值大于单项资产评估值的加总。因此，在进行企业估值时，需要同时考虑各项资产之间的协同效应和规模效应，采用更加综合的方法，如收益法或市场比较法，以更准确地评估企业的价值。

以下是一个使用重置成本法进行企业估值的例子。

[例 9.5]

假设要估算一家制造公司的价值，该公司的设备已经使用了几年，但仍处于良好状态。为了计算该公司的价值，需要估算重置公司的成本。该方法估值具体可以包括以下步骤。

首先，估算公司现有的设备的实际价值。假设该公司的设备价值为 1000 万元。

接下来，估算新设备的成本，该新设备与公司现有设备的规格相同。假设新设备的成本为 1200 万元。

然后，计算出重置公司的成本。重置公司的成本等于新设备成本减去现有设备的实际价值，再加上建设新设备所需的附加成本，如劳动力、税费、建筑费用等。假设建设新设备所需的附加成本为 200 万元。

此时可以得出重置公司的成本＝1200 万元－1000 万元＋200 万元＝400 万元。

最后，使用重置公司的成本作为该公司的价值。这是因为，如果某个投资者想要建立一家与该公司类似的新公司，那么就需要支付类似于重置公司的成本的费用。因此，重置公司的成本反映了该公司的价值。需要注意的是，重置成本法只适用于那些特定类型的企业，如制造业或房地产开发企业。同时，重置成本法并不考虑公司的收益能力、市场地位等因素，因此需要结合其他方法一起使用，才能更全面地评估公司的价值。

(六)参考企业比较法和并购案例比较法

参考企业比较法和并购案例比较法是常见的企业价值评估方法。这些方法使用同行业或同等地位的标杆企业的财务和经营数据，以及相应的价值比率或经济指标来估算被评估企业的价值。由于很难找到与被评估企业在风险和结构上完全匹配的标杆企业，因此这些方法通常综合考虑多个维度的不同方面，并确定权重以反映每个维度对总价值的贡献程度。被评估企业的价值可以通过以下公式计算：被评估企业价值＝(a×被评估企业维度1/标杆企业维度1＋b×被评估企业维度2/标杆企业维度2＋…)×标杆企业价值。

需要注意的是，参考企业比较法受市场情况、行业变化以及所选参考公司的影响。因此，在进行评估时还应该考虑被评估公司与参考公司之间的差异，例如盈利能力和增长潜力等因素，以更准确地评估被估值公司的价值。

以下是一个使用参考企业比较法进行企业估值的实例：

[例9.6]

假设要对一家制药公司进行估值。该公司主要从事研发、生产和销售药品，拥有多个专利技术和知名品牌，其销售额为1亿元。可以使用参考企业比较法来估值该公司。

首先，需要选择一些类似的公司，这些公司在业务模型、市场和规模等方面与该公司相似。假设有三家同样从事制药业务的上市公司，它们的业务规模、市场份额、盈利能力等方面与该公司相似，这三家公司是A公司、B公司和C公司。

接下来，可以计算这些公司的市销率，即每一元的销售额所对应的市值。假设通过研究这三家公司的财务数据，得到以下结果：

A公司的市值为2亿元，销售额为1亿元，市销率为2

B公司的市值为1.5亿元，销售额为1亿元，市销率为1.5

C公司的市值为1.2亿元，销售额为1亿元，市销率为1.2

接下来，可以将这些市销率应用到该公司的销售额上，从而计算出该公司的估值。

例如，如果你选择A公司的市销率，那么该公司的估值将为2亿元，即销售额1亿元乘以市销率2。如果你选择B公司的市销率，那么该公司的估值将为1.5亿元，即销售额1亿元乘以市销率1.5。同理，如果你选择C公司的市销率，那么该公司的估值将为1.2亿元，即销售额1亿元乘以市销率1.2。

（七）上市公司市值评估的市盈率乘数法

市盈率乘数法是一种用于评估上市公司价值的方法，它的计算方法是将被评估企业的股票价格与同类型公司的平均市盈率相乘，从而预估出公司未来的总市值。为了获得准确的市盈率乘数，需要选择一组可比公司。除了要考虑行业相似性，还要考虑公司的主营业务、企业规模、资本构成、市场环境等多个方面。只有在多个方面都选择了与被评估企业相近的公司，才能获得比较准确的公司市值评估结果。

［例9.7］

假设某公司的税后利润为1000万元，股本为5000万股，市场价格为每股10元，假设同行业公司的平均市盈率为30倍，使用市盈率乘数法计算该公司的市盈率：

该公司每股收益EPS＝税后利润/股票数额＝0.2元

使用市盈率法进行企业估值的公式为：企业市值＝每股收益×行业平均市盈率×股票总数＝30000万元（0.2元×30×5000万股）。

五、企业价值评估体系的利弊

在企业价值评估领域，成本法因历史原因成为我国企业价值评估实践中首选的方法，也是广泛使用的主要方法。然而，成本法在企业价值评估中存在一些利弊。尽管成本法简便易行，主要优点是将企业的各项资产逐一进行评估，然后加和得出企业价值，但成本法也存在不利之处。

成本法可能模糊了单项资产和整体资产之间的区别，成本法不能充分体现企业价值评估的评价功能。企业价值可以通过对未来经营情况和收益能力的预测来进行评价，而成本法只是从资产购建的角度来评估企业的价值，没有考虑企业的运行效率和经营业绩。

成本法、市场法和收益法是公认的三大价值评估方法。就方法本身而言，不存在哪种方法有绝对的优势。具体评估项目需要根据评估目的、评估对象和资料收集情况等相关条件来选择适当的评估方法。由于企业价值评估的目的是为市场交易或管理决策提供标准或参考，因此评估价值的公允性和客观性都非常重要。

本章小结

1. 经济增长和经济周期的主要指标包括GDP、失业率、通货膨胀。通货膨胀的衡量指标包括CPI、PPI和GDP折算指数。

2. 货币供应量和利率不仅能反映金融市场的状况,同时也是央行调控经济的重要手段。

3. 行业是指从事国民经济中同性质的生产、服务或其他经济社会的经营单位或者个体的组织结构体系,也称产业。行业分析包括定性分析和定量分析,通常两种方法相互结合。

4. 公司基本分析主要涵盖公司战略分析、盈利能力分析、经营管理分析、治理分析和公司风险分析等方面,以评估公司的整体经营状况和未来发展潜力。

5. 财务报表包括资产负债表、损益表和现金流量表。财务报表分析方法包括比较分析法、比率分析法、因素分析法。财务报表比率可以分为五类:短期偿债能力指标、长期偿债能力指标、营运能力指标、盈利性指标和市场价值指标。

6. 企业价值评估方法的三大体系为收益法、成本法和市场法。企业价值评估的新方法包括:贴现现金流量法(DCF)、内部收益率法(IRR)、CAPM模型、EVA评估法、重置成本法、参考企业比较法和并购案例比较法和市盈率乘数法。

基本概念

国民生产总值　自然失业率　货币政策　汇率政策　行业生命周期　行业市场结构　信用风险

复习题

一、单选题

1. 行业分析的主要目的是什么?( )

A. 预测行业发展方向

B. 评估行业投资价值

C. 揭示行业投资风险

D. 找到行业的特征

2. 行业生命周期包括下列哪些阶段?( )

A. 初创期、成长期、成熟期、衰退期

B. 增长期、繁荣期、萧条期、复苏期

C. 发展期、黄金期、衰退期、转型期

D. 引领期、主导期、挑战期、变革期

3. 以下哪项指标可以评估公司的营运能力？（　　）

A. 资产负债率

B. 流动比率

C. 速动比率

D. 应收账款周转率

4. 具有预期高成长机会的公司其销售的股票（　　）。

A. 具有高市盈率

B. 具有低市盈率

C. 价格与市盈率无关

D. 价格取决于股利支付率

5. 某公司在一年内的销售收入为 8000 万元，销售成本为 5000 万元，净利润为 2000 万元，总资产为 30000 万元，请问该公司的 ROE 是多少？（　　）

A. 6.97%

B. 6.67%

C. 7.62%

D. 7.77%

6. 甲公司现有流动资产 500 万元（其中速动资产 200 万元）流动负债 200 万元。现决定用现金 100 万元偿还应付账款，业务完成后，该公司的流动比率和速动比率将分别是（　　）。

A. 不变；不变

B. 增加；不变

C. 不变；减少

D. 不变；增加

7. A 公司 2010 年的销售额为 720 万元，所有的销售均为赊销。同时，应收账款为 90 万元。如果 1 年以 365 天计算，该公司的平均收账期为多少天？（　　）

A. 4.56 天

B. 30.42 天

C. 40.97 天

D. 45.63 天

二、简答题

1. 政府如何通过金融市场调节经济？

2.政府调节货币供应量的方式有哪些?

3.请简要解释行业生命周期并列举其各个阶段。

4.什么是行业轮动?请说明其主要作用和操作策略。

5.请简要介绍企业价值评估方法的三大体系。

6.为什么需要对公司治理结构进行分析?应该关注哪些方面?

7.M公司最近年度的净利润是9620元,税率为34%,公司支付的总利息费用为2380美元,折旧费用3170元。该公司现金对利息的保障比率是多少?

三、案例分析题

1.某公司B的资产负债表显示其总资产为2,000,000元,总负债为800,000元。该公司的财务比率分析结果显示其流动比率为1.5,长期偿债能力指标为1.2,营运能力指标为1.8,盈利性指标为15%,市场价值指标为25倍。请分析该公司的财务状况和市场表现,并给出你对该公司的评估意见。

2.某大学生正在准备开办一个小型咖啡馆。请根据行业分析的理论知识,分析该咖啡馆所处的行业特征、市场结构和竞争环境,并提出相应的经营建议。

投资理论与管理篇

第十章 现代证券投资组合理论

如何在风险一定的情况下实现收益最大化，或者在收益一定的情况下实现风险最小化，是现代证券投资组合理论要解决的核心问题。本章重点介绍了均值—方差理论、资本资产定价理论、套利定价理论以及风险度量方法。

第一节 投资组合理论

投资者在选择证券投资时，需要同时考虑风险和回报。但是，投资者往往难以确定自己能够承担的风险水平和期望的收益水平。虽然投资者通过分散化投资可以减少风险，但也会牺牲一部分收益。美国经济学家 Markowitz 在 1952 年首次提出投资组合理论。Markowitz 的理论包括均值—方差分析法和投资组合有效边界模型重要内容，成为现代证券投资组合理论的开端。

一、基本理论假设

投资组合理论的假设，主要包括以下六点：

(一)证券市场是有效的，这意味着投资者能够知道或获取证券市场上每种证券的风险、收益变动以及其他因素等信息。

(二)投资者是风险厌恶型的，即投资者会更倾向于规避风险。两个投资组合中如果其他条件完全相同，投资者通常会选择风险较低的那一个。

(三)投资者通常偏好较高的收益率，他们更倾向于选择预期收益率较高的证券组合，而不是预期收益率较低的证券组合。

(四)投资者的投资决策是基于收益和风险来进行的，具体表现在投资者会通过判断资产的预期收益率和标准差来构建投资组合。

(五)证券投资是能够无限分割的。具有风险的证券可以在任意数量上添加或从证券组合中剔除。

(六)税收和交易费用均忽略不计。

这些假定虽然与现实世界存在很大差距，但是通过这些假设，可以得出证券市场均衡关系的基本性质。在这些假设前提下，投资者作为理性经济人的存在，在进行证券组合时，总是试图收益最大化，风险最小化。因此，在特定的风险水平下，投资者希望实现最大的收益；在给定的收益水平下，投资者则希望最小化投资风险。

二、预期收益率

（一）对于单个证券预期收益率

预期收益率等于所有可能的收益与其对应概率的乘积之和，公式表示如下：

$$E(R)=\sum_{i=1}^{n}P_iR_i \tag{10-1}$$

式中，$E(R)$代表证券的预期收益率；i 表示证券可能取得的收益情况，可取 1，2，3，…，n。

（二）证券组合的预期收益

证券组合的预期收益率可以用所包含的各种证券的预期收益率的加权平均数来表示。用公式表示为：

$$E(R_p)=\sum_{i=1}^{n}X_iE(R_i) \tag{10-2}$$

式中，$E(R_p)$ 表示证券组合 p 的预期收益率；$i=1,2,3,\cdots,n$，表示证券组合 p 是由 n 种不同的证券构成；X_i 表示在证券组合 p 中证券 i 所占的比重；$E(R_i)$ 仍表示证券 i 的预期收益率。

（三）最大收益率与最大期望收益率原则

根据最大收益率原则，投资者一定会选择预期收益率最高的资产。但是当收益率存在着不确定性时，最大收益率原则显然不再可行。

表 10.1　最大收益率原则下的证券投资比较

证券	未来可能收益率(%)	概率
A	6	1
B	5	1
C	−10,0,20	0.25,0.25,0.5
D	−20,−10,40	0.25,0.5,0.25

在表 10.1 中，证券 A 和 B 未来收益率是确定的，而证券 C 和 D 的未来收益率则存在不确定性。当采用最大收益率原则比较证券 A 和 B 时，由于

A 的收益率高于 B,投资者会选择 A 进行投资。而当比较证券 A 与 C 或者 B 与 D 时,使用最大收益率原则显然不适用,因为证券 C 和 D 在不同的概率下收益率是不同的。

当证券未来收益率不确定时,一种较好的选择最佳投资对象的方法是:从这些证券中挑选拥有最高期望收益率的证券进行投资,即最高期望收益率原则;然后再根据期望收益率的大小,选择期望收益率最大的证券作为投资对象。

期望收益率的计算公式为:

$$E(R)=\sum_{i=1}^{n}P_iR_i \tag{10-3}$$

运用期望收益率公式计算表 10.1 中的数据,可以得到表 10.2。

表 10.2　最大期望收益率原则下的证券投资比较

证券	未来可能收益率(%)	概率	期望收益率(%)
A	6	1	$E(RA)=1\times6=6$
B	5	1	$E(RB)=1\times6=6$
C	−10,0,20	0.25,0.25,0.5	$E(RC)=-10\times0.25+0\times0.25+20\times0.5=7.5$
D	−20,−10,40	0.25,0.5,0.25	$E(RD)=-20\times0.25+10\times0.5+40\times0.25=0$

根据最大期望收益率原则,可以看出,证券 C 是最好的投资选择,因为它的期望收益率最大。

当各种可能的收益率发生的概率相等,即当 $P_i=\frac{1}{n}$ 时,期望收益率公式也可表示为:

$$E(R)=\sum_{i=1}^{n}\frac{1}{n}R_i=\frac{1}{n}\sum_{i=1}^{n}R_i \tag{10-4}$$

三、证券风险度量

(一)风险厌恶与风险溢价

在证券投资中,通常假设投资者是风险厌恶(Risk Aversion)型的。当两种证券投资的期望收益率相等而风险不同时,投资者会倾向于投资风险较小的证券。

无风险投资被定义为投资者对预期回报的数量和时间有把握的投资,即不存在风险的投资。但是现实中,大多数投资收益不符合这种模式。投资者认为，由于预期收益率存在不确定性，因此会要求更高的投资收益率。这种超过无风险投资的要求收益率的增加就是风险溢价。

(二)证券风险度量

如果用 σ_i^2 表示证券 i 的收益的方差，用 σ_i 表示标准差，则风险的计算方法如下：

$$\sigma_i^2 = \sum_{j=1}^{m} P_{ij}[R_{ij} - E(R_i)]^2 \tag{10-5}$$

$$\sigma_i = \sqrt{\sum_{j=1}^{m} P_{ij}[R_{ij} - E(R_i)]^2} \tag{10-6}$$

证券的收益均方差或标准差越大，表明该证券实际收益围绕预期收益率的波动程度大，投资风险也越大。

如果用 $R_{1j} - E(R_1)$ 表示证券 1 的收益离差，$R_{2j} - E(R_2)$ 表示证券 2 的收益离差，证券 1 和证券 2 收益的协方差(用 $\sigma_{1,2}$ 表示)就可定义为两种证券收益离差乘积的期望值①。用公式表示即为：

$$\sigma_{1,2} = E[(R_{1j} - E(R_1))(R_{2j} - E(R_2))] \tag{10-7}$$

协方差可取正值或负值，也可为 0。当协方差为正值时，表明两种证券的收益方向一致，取负值则相反；当为 0 时，表明两种证券收益结果的变化方向无任何关系。

如果用 σ_i 和 σ_j 分别表示证券 i 和证券 j 的标准差，σ_{ij} 表示这两种证券之间的协方差，用 ρ_{ij} 表示两种证券之间的相关系数，则相关系数用公式可表示为：

$$\rho_{ij} = \frac{\sigma_{ij}}{\sigma_i \sigma_j} \tag{10-8}$$

相关系数被用来比较两种证券之间的关系，其取值范围为 −1 与 +1 之间。证券组合的风险也是用证券组合的预期收益率的均方差来测量的。如果用 σ_p^2 表示证券组合 P 的方差，则：

$$\sigma_p^2 = E[R_p - E(R_p)]^2 \tag{10-9}$$

在存在两种证券组合的情形下，设 R_{1j} 和 R_{2j} 分别表示证券 1 和证券 2 的第 j 个收益结果，$E(R_1)$ 和 $E(R_2)$ 表示预期收益率，X_1 和 X_2 分别表示投向证券 1 和证券 2 的资金比例，那么，由这两种证券构成的证券组合的风险计算就是：

$$\sigma_p^2 = E[X_1(R_{1j} - E(R_1)) + X_2(R_{2j} - E(R_2))]^2$$

① 杨兆廷，刘颖，郭翠荣. 证券投资学[M]. 北京：人民邮电出版社，2014：293.

展开整理，简化可得：

$$\sigma_p^2 = X_1^2\sigma_1^2 + X_2^2\sigma_2^2 + 2X_1X_2\sigma_{1,2} \tag{10-10}$$

推而广之，如果在一般情形下，假设证券组合 P 由 n 种证券构成，其中每一种证券的风险是 σ_i^2（i=1,2,…），证券 i 和证券 j 之间的协方差为 σ_{ij} ，每一种证券的投资比例为 X_i（i=1,2,…），那么，由这 n 种证券构成的证券组合 P 的风险 σ_p^2 可以用计算证券组合风险大小的一般公式求得：

$$\sigma_p^2 = \sum_{i=1}^{n} X_i^2\sigma_i^2 + \sum_{i=1}^{n}\sum_{\substack{j=1 \\ j\neq i}}^{n} X_iX_j\sigma_{ij} \tag{10-11}$$

在期望收益率为 $E(R)$ ，P_i 表示出现第 i 种可能收益率发生的概率，$\sum P_i = 1$；R_i 表示第 i 种情况下的收益率时，方差 σ^2（或标准差 σ ）的计算公式为：

$$\sigma^2 = \sum P_i[R_i - E(R)]^2 \tag{10-12}$$

在上文的例子中，仅考虑最大期望收益率原则时，显然应当选择投资证券 C，但是，如果同时考虑到证券投资风险时，要从证券 A、B、C 和 D 中选择一个最佳投资对象又变得十分困难。因为，证券 A、B、C 和 D 不仅期望收益率不同，而且风险（方差或标准差）也不相同。

证券 A 的方差：$1\times(6\%-6\%)^2=0$

证券 B 的方差：$1\times(5\%-5\%)^2=0$

证券 C 的方差：$0.25\times(-10\%-7.5\%)^2+0.25\times(0-7.5\%)^2+0.5\times(20\%-7.5\%)^2=1.69\%$

证券 D 的方差：$0.25\times(-20\%-0)^2+0.5\times(-10\%-0)^2+0.25\times(40\%-0)^2=5.5\%$

尽管证券 C 的期望收益率最大，但风险也最大，很难说选择 C 是最优的。

对于任何证券组合，不仅要关注预期收益，还要考虑所含的风险。证券投资组合理论解决了如何在给定风险水平下，实现证券的最高可能预期收益率，或者如何在给定预期收益率下，实现风险的最小化的问题。然而，利用该理论来进行证券选择，需要进行多次且复杂的计算工作。投资者需要知道每种证券的期望收益和方差，且计算出证券之间的相关系数。另外，证券市场尤其是股票市场的价格变动非常频繁，为了使组合的风险—收益关系保持不变，一旦价格发生变动，就需要重新进行整个计算过程。

四、有效边界

投资者可以从各种风险水平上能够带来最大收益率的有效证券组合和

在各种预期收益率水平上风险最小的有效证券组合的集合中选择最佳证券组合，这条定理称为有效集定理①。满足这一要求的证券组合集合被称为有效集（Efficient Set）或有效边界（Efficient Froniter）。

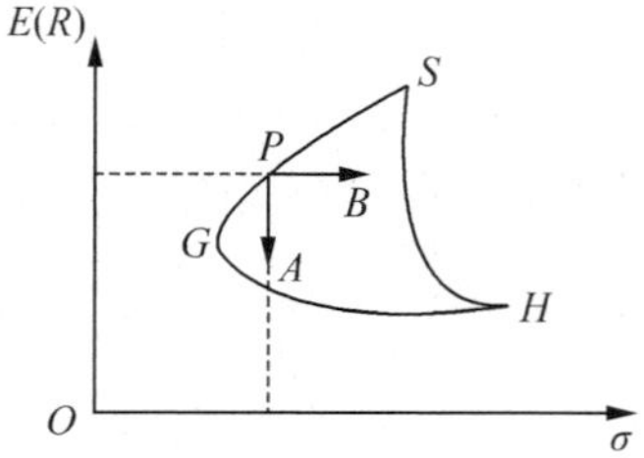

图 10.1　证券组合的有效边界

图 10.1 中，G 为最小方差组合，GS 即为有效集（最小方差组合可以通过计算投资组合的均值和方差，在给定的约束条件下，即权重之和为 1 的条件。求使其方差最小的资产组合，可利用拉格朗日极值法）。

第二节　资本资产定价理论

美国经济学家 William F. Sharpe 于 1963 年发表了《证券组合分析的简化模型》一文，拓展了 Markowitz 理论，提出了一种简便的证券组合分析方法。Sharpe 认为，只要投资者知道每种证券的收益如何随着整个市场收益的变化而变化，就无须计算证券之间的相关性，就能得到与 Markowitz 计算机复杂模型相似的结果。这种方法极大地降低了进行证券组合分析所需的数据和计算程序的复杂度。Sharpe 与他的同事 John Lintner 和 Jan Mossin 建立了资本资产定价模型（CAPM），这是对证券组合理论的另一个重要贡献。Sharpe 因为在这方面的贡献，于 1990 年与 Markowitz 一起获得了诺贝尔经济学奖。

一、基本理论假设

资本资产定价理论以证券组合理论为基础，假设条件也同样适用于证券组合理论②。该理论的基本假设包括以下三点。

第一，所有投资者都根据证券组合理论的建议，考虑证券市场的预期收

① 博迪，凯恩，马库斯. 投资学[M]. 汪昌云，张永骥，译. 北京：机械工业出版社，2017：163.

② 黄贞贞，臧真博，苏娟. 证券投资学[M]. 重庆：重庆大学出版社，2017：240.

益率、风险以及各收益率之间的关系，并做出相应的投资决策。

第二，所有投资者对市场前景的预测都是一致的。

第三，投资者在同一时间面临相同的市场条件。每个投资者都可以以相同的无风险利率任意贷款或借款，而且对于每个投资者而言，利率都是相同的。

二、资本市场线

从无风险资产 R_f 处作与风险资产组合有效边界相切与 M 点的射线，该线称为资本市场线（CML）。

CML 的方程为：

$$\bar{r}_p = r_f + \left\{ \frac{\bar{r}_M - r_f}{\sigma_M} \right\} \sigma_p \qquad (10\text{-}13)$$

公式中，$\bar{r}_p$ 和 σ_p 分别表示有效资产组合的期望收益率和标准差。

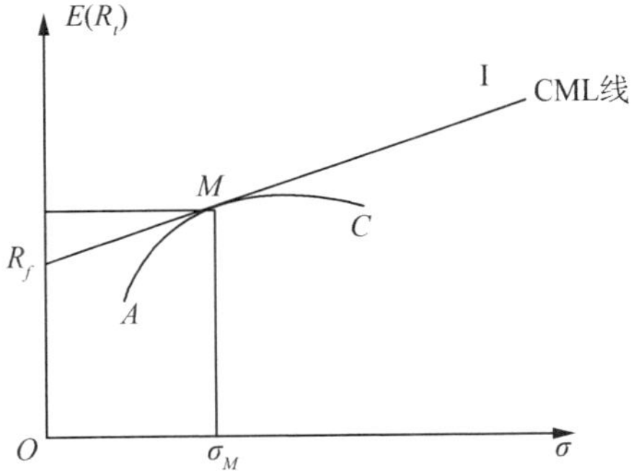

图 10.2 资本市场线

根据资本市场理论，假设投资者能够以相同利率自由借贷，所有投资选择都会落在一条直线上。图 10.2 展示了这条直线，其中 R_f 表示无风险利率，从 R_f 出发的射线Ⅰ与 AMC 相切于 M 点，点 M 表示由一些证券构成的投资组合。直线Ⅰ表示由无风险资产和风险资产组合 M 共同构成的组合，超过 M 的那些点都是通过以无风险利率借入资金，更多投资于风险资产 M 来实现的。事实上，因为直线与风险资产有效集相切，因此它给投资者提供了最优的投资机会。换句话说，直线可以看作所有资产（包括风险资产和无风险资产）组合的有效集。一个具有相当风险规避能力的投资者会选择 R_f 和 M 之间的某一点，对风险规避程度比较小的投资者会选择离 M 比较近的点，甚至 M 以外的点。直线Ⅰ被称为资本市场线（CML）。它代表证券市场上所有的有效投资机会，其他所有的证券组合都不是有效的证券组合，因为这些组合都位于资本市场线以下。

三、证券市场线

资本市场线揭示了有效组合的收益风险关系，只适用于投资组合，而且必须是适用于有效组合。证券市场线为描述所有证券和证券组合的收益与风险关系提供了一种方法①。该方法不仅适用于有效证券组合，还适用于非有效证券组合；不仅适用于证券组合，也适用于单个证券。

资本资产定价模型（CAPM）的图示形式称为证券市场线（SML），它揭示了市场上所有风险性资产的均衡期望收益率与风险之间的关系。设 i 为某一特定证券，M 为市场证券组合，则证券市场线（SML）可用以下公式表示：

$$E(R_i)=R_f+(E(R_m)-R_f)\beta_i \tag{10-14}$$

其中，$\beta_i=\dfrac{\sigma_{im}}{\sigma_m^2}$

由该公式可知，风险资产的收益由两部分构成：一是无风险资产的收益 R_f；二是市场风险溢价收益 $E(R_m)-R_f$。它表明：第一、风险资产的收益高于无风险资产的收益率；第二、只有系统风险需要补偿，非系统风险可以通过投资多样化减少甚至消除，因而不需要补偿；第三、风险资产实际获得的市场风险溢价收益取决于 β_i 的大小，β_i 值越大，则风险贴水 $E(R_m)-R_f$ 就越大，反之，β_i 越小，风险贴水就越小。

当 $\beta_i=1$，$E(R_i)=E(R_m)$，即为 M 点，由此，可以将证券市场线绘制成以 β_i 测度风险的图形，如图 10.3 所示。

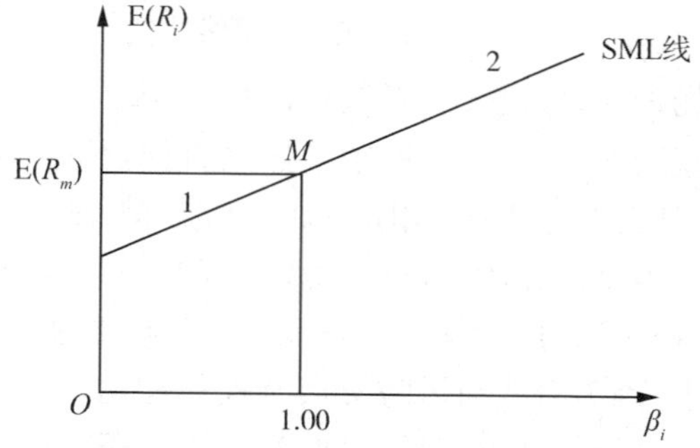

图 10.3 证券市场线

依据 β_i 大于或小于 1，可将证券或证券组合分为防御性（Defensive Securities）和进取性证券两类（Aggressive Securities），以 β_i 刻画证券市场线，可以更直观地说明不同的投资策略：

① 唐凌，林文玲. 证券投资学[M]. 南京：南京大学出版社，2019：275.

(1)当 $\beta_i=1$ 时,说明证券 i(或证券组合)的风险与市场风险相同,此时为最佳证券组合;

(2)当 $\beta_i<1$ 时,说明证券 i(或证券组合)的风险小于市场风险,这种证券组合被称为防御性组合,位于图 10.3 的 1 部分;

(3)当 $\beta_i>1$ 时,说明证券 i(或证券组合)的风险大于市场风险,这种证券组合被称为进取性组合,位于图 10.3 的 2 部分。

第三节　套利定价理论

利用证券之间的错误定价来赚取无风险利润的行为称为套利(arbitrage)。它需要同时买入和卖出等量的证券来赚取其中的价格差。在均衡市场价格的情况下没有套利机会是资本市场理论最基本的原理。如果实际证券价格中存在套利机会,则会有一个很强的压力使价格恢复到均衡状态。因此,证券市场必须满足"无套利条件"。

套利定价理论导出了与资本资产定价模型相似的一种市场关系。套利定价理论以收益率形成过程的多因子模型为基础,认为证券收益率与一组因子线性相关,这组因子代表证券收益率的一些基本因素。事实上,当收益率通过单一因子(市场组合)形成时,将会发现套利定价理论形成了一种与资本资产定价模型相同的关系。因此,套利定价理论被认为是一种广义的资本资产定价模型,为投资者提供了一种替代性的方法,来理解市场中的风险与收益率间的均衡关系。套利定价理论与资产组合理论、资本资产定价模型、期权定价模型等一起构成了现代金融学的理论基础。

一、套利

当投资者不需要进行净投资就可以赚取无风险利润时,就存在套利机会。一个典型的例子就是当同一只股票在两个不同的交易中以不同的价格交易。例如,假设 *IBM* 公司股票在纽约证券交易所卖 195 美元,而在纳斯达克只卖 193 美元。然后你可以在买进纳斯达克股票的同时在纽约证券交易所卖出,在不动用任何资本的情况下每只股票可以赚取 2 美元的无风险利润。一价定律(Law of One Price)指出如果两项资产在所有的经济性方面均相同,那它们应该具有相同的市场价格。一价定律被套利者所利用:一旦发现违背了这一定律,他们将进行套利活动,在价格低的地方买进资产并同时在价格高的地方售出资产。在这一过程中,他们将促使低价市场价格上扬,而高价市场价格被压低,直到套利机会消失。

市场价格变动直到套利机会消除，这是资本市场理论中最基本的观点。违背这一原则是市场非理性的明显表现。

一个无风险套利投资组合最重要的性质是：不管其风险厌恶程度和财富水平如何，投资者都愿意持有一个无限的头寸。由于大量的头寸使价格上涨或下跌至套利机会完全消除，证券价格将满足"无套利条件"，也就是停留在一个不存在套利机会的价格水平上。

二、假设条件

相较于资本资产定价模型，套利定价理论也是一种资产定价模型，它描述了一种均衡状态。然而，两者之间存在差异：前者利用均值—方差分析，而后者则基于证券的收益率生成过程，假设证券收益率是由一个要素模型生成的。

套利定价理论有如下假设：

(一)无摩擦的市场。

(二)无操纵市场。

(三)无制度限制。

这些关于理想化资本市场的三个假定与资本资产定价模型中的要求是一致的。

(四) 资产收益由因素模型决定。

(五) 同质预期。

(六) 市场上存在无风险资产。

(七) 满足无套利原理。

三、理论模型

单因素模型可以用如下式子来表示：

$$R_i = E(R_i) + \beta_i F + e_i \tag{10-15}$$

其中，$E(R_i)$ 为股票 i 的期望收益。如果在任何时期宏观经济因素都为 0(比如宏观经济没有很大波动)，证券收益等于它先前的期望收益值 $E(R_i)$ 加上公司特有事件引起的随机变量。假定非系统因素 e_i 均不相关，且与因素 F 不相关。

假设一个单因子市场，充分分散化的组合代表式子(10-15)中的市场因子 F。任意证券的超额收益由 $R_i = \alpha_i + \beta_i R_M + e_i$ 决定，则一个充分分散化的组合 P(残差为 0)的超额收益满足：

$$R_P = \alpha_P + \beta_P R_M \tag{10-16}$$

$$E(R_P)=\alpha_P+\beta_P E(R_M) \tag{10-17}$$

假设证券分析发现组合 P 有一个正 α，同时可以从宏观分析中得到指数组合 M 的风险溢价。

由于组合 M 和组合 P 都没有残差风险，两个组合的唯一风险来源是系统的，可以从共同因子的 β 推导出来，所以，可以消除 P 的风险：使用 P 和 M 构建一个零 β 组合 Z，其中 P 和 M 所占权重分别为 ω_P 和 $\omega_M=1-\omega_P$：

$$\beta_i=\omega_P\beta_P+(1-\omega_P)\beta_M=0$$

$$\beta_M=1 \tag{10-18}$$

$$\omega_P=\frac{1}{1-\beta_P};\omega_M=1-\omega_P=\frac{-\beta_P}{1-\beta_P}$$

所以组合 Z 是无风险的，它的 α 是：

$$\alpha_Z=\omega_P\alpha_P+(1-\omega_P)\alpha_M=\omega_P\alpha_P \tag{10-19}$$

Z 的风险溢价一定为 0，因为 Z 的风险为 0，如果风险溢价不为 0，则可以获得套利利润，下面说明如何套利：

因为 Z 的 β 为 0，式(10-17)显示 Z 的风险溢价就是 α，运用式(10-19)知道 α_Z 为 $\omega_P\alpha_P$，所以：

$$E(R_Z)=\omega_P\alpha_P=\frac{1}{1-\beta_P}\alpha_P \tag{10-20}$$

如果 $\beta_P<1$ 且 Z 的风险溢价是正的(说明 Z 的收益比无风险利率大)，则应借款并投资 Z。对于每个借美元投资在 Z 的人，将得到一个净收益(即交付了借款利息之后的收益)为 $\frac{1}{1-\beta_P}\alpha_P$。相似地，如果 $\beta_P>1$，式(10-20)表明风险溢价是负的，所以，卖空 Z 并以无风险利率投资。然而，没有一种情况是可持续的。随着套利者通过大量的交易来追逐这些策略，会推动股价变动直至套利机会消失。

[例 10.1]

考虑以下单因素经济中的数据(见表 10.3)。所有的投资组合都是充分分散的。

表 10.3 投资组合数据表

投资组合	$E(R)$	β
A	12%	1.2
F	6%	0

假设存在另一个充分分散的投资组合 E，β 为 0.6，期望收益为 8%。套利机会是否存在？如果存在，那么套利策略是什么？

因为投资组合 F 的 β 等于 0，其预期收益率等于无风险利率，投资组合 A 的风险溢价——β 比率为(12%－6%)/1.2＝5%，而投资组合 E 的比率只有(8%－6%)/0.6＝3.33%，这意味着存在套利机会。例如，可以通过持有相等的投资组合A和投资组合F构建一个资产组合G，其β等于0.6(与E相同)，投资组合G的预期收益率和β分别为：

$$E(R_G)=(0.5\%\times 12\%)+(0.5\times 6\%)=9\%$$

$$\beta_G=(0.5\times 1.2)+(0.5\times 0\%)=0.6$$

比较G和E，G有相同的β，但收益率却更高。因此，通过买入投资组合G和卖出等量的投资组合E可以获得套利机会。这一套利行为的收益为：

$$R_G-R_E=[9\%+(0.6\times F)]-[8\%+(0.6\times F)]=1\%$$

即在每个组合中投资1%的资金(多头或空头)。

四、APT模型与CAPM模型的比较

套利定价模型和资本资产定价模型都是资产定价理论，所讨论的都是期望收益率与风险的关系。但二者既有联系，又有区别。

(一)联系

第一，二者要解决的问题相同，都是要解决期望收益与风险之间的关系，使期望收益与风险相匹配。

第二，二者对风险的看法相同，都是将风险分为系统风险和非系统风险，期望收益只与系统风险相关，非系统风险可以通过多样化而分散掉。

第三，与资本资产定价模型一样，套利定价理论假设：(1)投资者有相同的投资理念；(2)投资者是回避风险的，并且要效用最大化；(3)市场是完全的。

(二)区别

第一，CAPM是典型的收益－风险权衡所主导的市场均衡，APT特别强调的是无套利均衡原则。无风险套利机会建立市场均衡价格和收益－风险权衡关系有着本质区别：收益风险权衡关系所主导的市场价格均衡，一旦价格失衡，就会有许多投资者调整自己的投资组合来重建市场均衡，但每个投资者只对自己的头寸作有限范围的调整。套利则不然，一旦出现套利机会，每一个套利者都会尽可能大地构筑头寸，因此从理论上来讲，只需少数几位(甚至只需一位)套利者就可以重建市场均衡。CAPM是典型的收益—风险权衡所主导的市场均衡，每一位投资者都按照自己的收益—风险偏好选择有效组合边界上的投资组合。如果市场组合中的某一项证券价格失衡，资本市场线就会发生移动，所有投资者都会吸纳价值被低估的证券而抛出价值被高估的证券。所以重建市场均衡的力量来自许多投资者的共同行为。

第二，在 APT 中，证券的风险由多个因素来解释；而在 CAPM 中，证券的风险只用证券相对于市场组合的 β 系数来解释。

第三，APT 并没有对投资者的证券选择行为做出规定，因此 APT 的适用性增强了；而 CAPM 假定投资者按照期望收益率和标准差并利用无差异曲线选择投资组合。

第四，APT 模型并不特别强调市场组合的作用，而 CAPM 强调市场组合是一个有效的组合。

第五，在 APT 中，资产均衡的得出是一个动态的过程，它是建立在一价定律的基础上的；而 CAPM 理论则建立在 Markowitz 的有效组合基础之上，强调的是一定风险下的收益最大化和一定收益下的风险最小化，均衡的导出是一个静态的过程。

第六，与资本资产定价模型不同的是，套利定价模型没有以下假设：(1)单一投资期；(2)不存在税收；(3)投资者能以无风险利率自由借贷；(4)投资者以收益率的均值和方差为基础选择投资组合。

第四节　投资风险度量

投资风险指期望结果(即收益)的不确定性，年收益率相同的两个风险产品，投资者一般倾向选择收益波动更小的产品。在投资学里，风险一般分为系统风险和非系统风险。风险评估是对投资进行风险管理的重要环节，通过分析风险发生的概率及估算风险发生后预期的风险损失，可以对投资过程中可能产生的危害程度进行综合评判。

一、风险的分类

金融风险按照是否能够分散，分为系统风险和非系统风险。

(一)系统风险

1. 系统风险的定义

系统风险是由多种因素的影响和变化，导致投资者风险增加，给投资者带来亏损的可能性。系统风险又称为不可分散的风险，包括宏观经济风险、购买力风险、利率风险、汇率风险、市场风险等。

2. 系统风险的特征

(1)它是由共同因素引起的。如经济方面的利率、现行汇率、通货膨胀、货币政策、经济周期循环等，政治方面的政权更迭、战争冲突等，社会方面的体制变革、所有制改造等。

(2)对市场中所有的股票持有者都有影响,不同的股票敏感度不同,一些基础性行业、原材料行业等的股票系统性风险更高一些。

(3)不能通过分散投资来消除,系统风险不是个别企业或者行业可以控制的,而是由大系统内的一些因素造成的,这些因素对绝大多数的企业运营都造成了影响,因此无论股民如何选择投资组合都无济于事。

(二)非系统风险

1.非系统风险的定义

非系统性风险是与整个股票市场、整个期货市场或者外汇市场等相关金融投机市场波动无关的风险,是某些因素的变化造成单个股票或者单个期货、外汇品种以及其他金融衍生品下跌,从而给有价证券的持有人带来损失的可能性。

非系统性风险是可以回避和抵消的,包括信用风险、财务风险、经营风险、流动性风险和操作风险。

2.非系统风险的特征

(1)由特殊因素引起。比如上市公司管理能力的降低、产品产量和质量的下滑、市场份额的减少、技术装备和工艺水平的老化、原材料价格的提升等,这些都会导致上市公司经营利润下降甚至发生亏损,从而引起股价的下跌。

(2)影响有限。可能只影响到某些股票的收益,是某企业或者行业特有的风险。

(3)可以通过分散投资来消除。由于非系统风险属于个别风险,是由一些可控因素造成的,因此股民可以通过投资的多样化来化解非系统风险。

(三)系统风险和非系统风险的关系

当投资组合的资产数量不断增加时:非系统风险被分散,变得越来越小;系统风险无法分散,大致保持稳定;当资产数量很大时,总风险逐渐降低并趋近于系统风险;资本市场线上的任一组合只有系统风险,没有非系统风险。

如图10.4所示,通过进一步的构造投资组合,随着资产数量的增加,风险逐渐降低,慢慢接近系统风险。

二、市场风险的测度

市场风险是指与积极交易金融工具有关的敞口,主要是指利率、汇率、证券价格、商品价格或其他组合变动给金融工具交易带来不确定影响。多年来,金融理论家创造了一系列简单而有约束的统计学工具用以描述市场

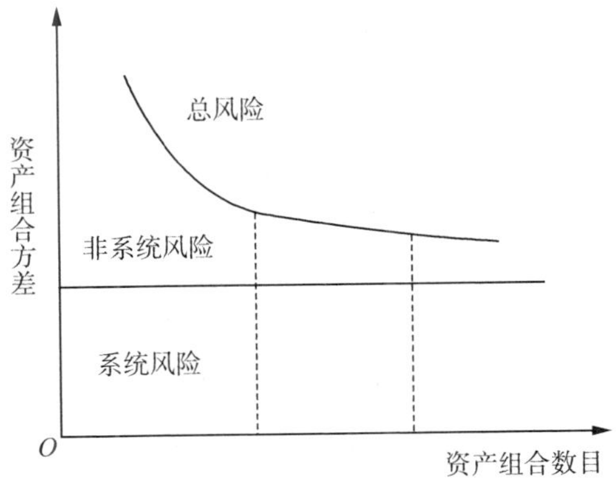

图 10.4　系统风险与非系统风险

风险。最常用也是最重要的是价格与标的资产之间的标准差，人们将这一方法称作资产的波动性，主要以希腊字母 σ 表示。波动性常能充分刻画投资组合的风险，尤其是那些由产生线性回报工具构成的投资组合①。

投资组合市场风险的损失敞口主要以两种形式存在：对估值中某一关键变量价值反向变动的敏感性（主要或者一级风险测定法）和与敏感性的变化相关的风险测定法（次级或二级风险测定法）。主要风险测定法通常反映了估值关系式中的线性要素，次级测定法则关注于估值关系式中的曲率。每一资产等级（比如，债券、外汇和证券）都有其特定的一级和二级测定法。

首先考虑风险主要来源的测定：对一只股票或股票投资组合而言，贝塔值（bata）测定了其对市场变动的敏感性，是一种线性的风险测度法。对债券而言，久期测定债券或债券投资组合对收益率较小的平行位移的敏感性，也是一种线性测度法，这与测度期权对标的物价格较小变动敏感性的德尔塔值（delta）法是一样的。这些测定方法都反映了一种金融工具对另一工具价格每单位变动的预期变动情况。二级风险测定法关注于金融工具价格敏感性的变动，且包含了固定收益投资组合的凸性和期权的伽马值（gama）。凸性测量了利率敏感程度如何相对于利率变动的变动。伽马值测量了德尔塔值对其标的物价格变动的敏感性。德尔塔值和伽马值共同描绘了标的物变动的一级和二级效应。

对期权而言，另外两种主要要素决定着价格：波动性和到期时间，它们均是一级或者主要影响指标。对波动性的敏感程度由维加值（vega）予以反

① 马金，塔特尔，平托. 投资组合管理：动态过程[M]. 李翔，刚健华，译. 北京：机械工业出版社，2012.

映，它表现了期权价格相对于其标的物波动性变化的变化情况。大多数早期的期权定价模型（比如布莱克—斯科尔斯—默顿模型）均假设在期权的存续期间其波动性不会变化，但事实上波动性一般都会发生改变，且有时可以很容易地在市场上观察到。不仅如此，新的信息也会影响标的物的价值，比如将要进行的产品公告，也将显著影响波动性。期权的非线性回报结构，导致它随与波动性变化而变化的典型代表。有线性回报函数的互换、期货和远期相对于波动性变化的敏感程度则要弱得多。期权价格对到期日的变动同样非常敏感，而这是由反映期权价格对到期日每一变动相关变动的矽塔值（theta）衡量的。矽塔值与维加值一样都是只与期权相关的风险。比如，基于多于一种标的物的期权（当标的物收益之间的相关性也对风险变量产生影响时）也是一种风险来源。

三、在险价值（VaR）的测度

VaR 作为金融服务行业的首要风险管理工具出现于 20 世纪 90 年代。J. P. 摩根（现为摩根大通）为内部使用最先发明了这一概念，而后其发表了这一用来管理风险的工具（以及其相关信息）。

（一）在险价值定义

在险价值是一种基于概率的潜在损失测度方法。在险价值是对可预期的在给定时期内超过一定概率水平的损失进行的估计。在险价值的应用包含了一些非常重要的要素。第一，在险价值是一种对超出预计的损失估计。因此，它计算得到的是最小损失，实际的损失可以远大于此。第二，在险价值是与一定的概率水平相关的。如果说在给定时期内有 5%的概率出现在险价值为 1000 万元的情况，那么保持其他条件一致，若我们将概率降低到 1%，在险价值将会呈现出更大的规模，因为现在我们得到的是只有 1%的概率会超出预期的损失大小。第三，在险价值受时间要素和另外一些因素影响。在险价值不能直接进行比较，除非它们有共同的时间期限，且每日、每周、每月、每季度或每年产生的潜在损失之间有着极大的差别。较长期内产生的潜在损失应该比较短期内的更大，但是在大多数的例子中，更长的时间期限并不会呈线性地相应增加风险敞口。VaR 可以根据时间 T 期间收益的概率分布或时间 T 期间损失的概率分布来计算。

（二）衡量在险价值的要素

尽管在险价值已经成为行业标准，但是它仍然可以通过多种形式实现，而使用合适的在险价值测定方法要求使用者对计算结构做出一系列的决策。三个重要决策包括选定概率水平、选择对在险价值测度的时期期限以及选择某一具体的损失分布建模方法。

一般而言，选择的概率水平是 0.05 或 0.01（相应地，是 95%和 99%的置信水平）。选用 0.01 会得到一个更保守的在险价值，因为它设定的给定损失超过在险价值的概率只有 1%。但是，需要权衡的是，选用 0.01 时在险价值的风险估计可能会远大于选用 0.05 时的情况。风险经理人是选择 0.01 或是 0.05，并没有特定的规则用以评判。对几乎线性风险特征的投资组合而言，这两种概率水平会给出几乎一样的信息。但是，损失分布的尾部给有着非线性风险的投资组合提供大量信息，在这些情况下，风险经理人一般会选择更加保守的概率标准。

在险价值的使用者面临的第二个重要决策是对时间期限的选择。在险价值常常是按单日计算的，其他更长的时间期限也十分常见。银行监管者一般选用两周作为其时间期限。许多公司每季度或每年对在险价值进行报告，使其与经营业绩报告周期相吻合。投资银行、对冲基金和交易商似乎更倾向于选用单日在险价值。无论选用哪种时间期限，时间越长，在险价值的数额就会越大，因为潜在损失的规模大小与进行衡量的时间期限直接相关。负责风险管理的个人或者相关人等会对时间期限做出选择。

（三）*VaR* 值的计算方法

1. 考虑如下投资组合中应用在险价值的案例

投资组合每天的在险价值在 0.05 的概率情况下为 150 万美元，也就是说，有 5%的概率该投资组合在一天中损失会超过 150 万美元，此处损失 150 万美元只是最少的情况。出于谨慎考虑，也可以用最大值的概念来描述在险价值：在一天内损失不超过 150 万美元的概率是 95%。在实际操作中也可以用置信水平来进行说明：可以说有 95%的把握（有 95%的置信水平）认为该投资组合的单日在险价值是 150 万美元。但投资者更倾向于选用一定概率下的最小损失形式来对在险价值进行解释。

2. 方差协方差分析法

方差协方差分析法建立在投资组合收益呈正态分布的假设前提下，正态分布可以用其期望和标准差进行刻画。标准正态分布是一种期望为 0，标准差为 1 的特殊正态分布，将结果减去其平均数再除以其标准差，可以把任何非标准正态分布转化为标准正态分布。这样，最后的结果就会服从标准正态分布。根据标准正态分布，5%的可能结果是小于 1.65 的。所以，为了计算投资组合 5%的风险价值（比如概率为 0.05 的风险价值），需要考虑其期望收益并减去其收益标准差估计值的 1.65 倍。因此，使用方差协方差分析法的关键在于投资组合的期望收益和收益的标准差。

假设某一投资组合包含了两种资产，其中75%的资金投资于以沪深300指数为代表的资产品种，余下25%投入以科创50指数为代表的资产品种。投资组合期望收益是其各组分股票或资产品种期望收益的加权平均。投资组合的方差可以通过一个包含了股票或资产品种方差和协方差的简单的二次方程来求解。假设 μ_s 和 μ_N 是沪深300指数和科创50指数的期望收益，σ_s 和 σ_N 是其标准差，ρ 是两种资产之间的相关性，则总头寸的期望收益 μ_p 和方差 σ_p^2 如下所示：

$$\mu_p = w_s\mu_s + w_N\mu_N \tag{10-21}$$

$$\sigma_p^2 = w_s^2\sigma_s^2 + w_N^2\sigma_N^2 + 2\rho w_S w_N \sigma_S \sigma_N \tag{10-22}$$

式中，w 代表了相应资产所占的权重，该投资组合的标准差是其方差的平方根。

上述案例仅包含了两种资产，因此只涉及两个方差和一个协方差。在这种情况下，计算投资组合的方差相对可行。但是如果投资组合中的工具种类数量增加，需要计算的部分就会相应地增加，上述等式就会逐渐变得难以处理。为了得到多种金融工具构成的投资组合方差，需要知道相关的方差和协方差。当正态分布的假设前提和期望收益、方差和相关性估计的准确性都在可接受范围之内，那么就可以使用在险价值的方差协方差分析法。

[例 10.2]

假设6个月的投资组合收益为正态分布，均值为200万美元，标准差为1000万美元(见图10.5)。那么在6个月的时间范围和99%的置信水平下，投资组合的VaR是多少？

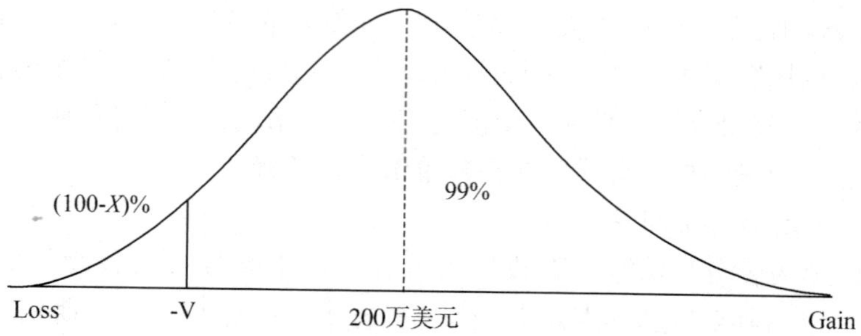

图 10.5　投资组合收益正态分布图

$$\frac{X-200}{1000} \sim N(0,1)$$

$$\frac{X-\mu}{\sigma} \sim N(0,1)$$

$$X=\mu+\sigma \cdot N(1-X\%)=200+1000\times(-2.33)=-2130$$

因此,6 个月的时间范围和 99%的置信水平的投资组合的 VaR 是 2130 万美元。

3. 历史数据法

通过使用在险价值的历史数据,能够根据特定用户最近时期内的每日价格计算出给定投资组合的收益,并将这些收益制成直方图。历史数据法有时也被称为历史模拟法,但这一方法并不包含对过去收益的模拟而是使用过去的真实数据。投资者过去持有的投资组合并不一定与未来相同,使用历史数据法时,要将历史价格变动应用于现在这一投资组合。

历史数据法的优势在于其非参数性,因此可以确保使用者不必对收益概率分布的种类做出假设。它的缺点是它完全依赖于过去的事件,尤其是期间存在偶然性的大额负收益,比如道·琼斯工业指数在 1987 年 10 月 19 日单日 23%的下跌。这一问题也存在于其他种类的在险价值算法中,比如解析法和蒙特卡罗模拟法,两者的输入数据通常都来自投资组合中所含证券的历史价格。

4. 蒙特卡罗模拟法

蒙特卡罗模拟法所得的是随机结果,可以研究在给定风险的情况下会发生什么,这种方法在科学和商业研究问题的实践中被广泛使用。近几年,蒙特卡罗模拟法已经逐渐成为一种测量风险极为重要的手段。蒙特卡罗模拟法会根据假设的概率分布和一系列输入的参数产生随机结果,接着对这些输出结果进行研究,估计与待决策事项相关联的风险。在估测在险价值时,使用蒙特卡罗模拟法获得投资组合的随机收益,然后将这些收益归纳为某一分布,从中可以确定 5%以下的收益结果会出现在哪一区间内。这样,可以将得到的数字用作投资组合价值,并求得在险价值。在蒙特卡罗模拟法中,投资者可以做出任何合理的分布假设。在许多实际的应用中,对一些衍生品做市商而言,这些工具风险与许多随机变量都会影响整体头寸价值,这些变量常不服从正态分布,彼此之间存在着复杂的联动性,正态分布假设并不正确。蒙特卡罗模拟法虽然是获得风险管理相关信息的方法,但许多交易都记录在交易商的账簿上,因此需要广泛依赖于计算机资源。

5. 条件在险价值法

VaR 是在特定概率下不会超过的预期损失。Expected shortfall 是在损失大于 VaR 水平情况下的预期损失，有时也被称为风险条件价值，条件尾部期望，或预期尾部损失[①]。

VaR 问的是："情况会变得多糟？"

预期损失的问题是："如果情况变得糟糕，预期损失是多少？"

$$CVaR_{T,X}=E(\epsilon \mid \varepsilon \geqslant VaR_{T,X})$$

$$CVaR_{T,X}=E(\epsilon \mid \varepsilon \leqslant -VaR_{T,X})$$

与 VaR 一样，预期损失是两个参数的函数：T（时间范围）和 X（置信水平）。它是在损失大于损失分布的第 X 个百分位数的条件下，在时间 T 期间的预期损失。例如，假设 $X=99$，T 是 10 天，VaR 是 6400 万美元。如果损失超过 6400 万美元，预计的损失数额则是 10 天期间的平均损失数额。

[例 10.3]

如图 10.6 所示，一年内，两个独立的项目，每个项目亏损 100 万美元的概率为 0.98，亏损 1000 万美元的概率为 0.02。每个项目的 97.5%的 C-VaR 是多少？投资组合的 97.5%的 C-VaR 是多少？

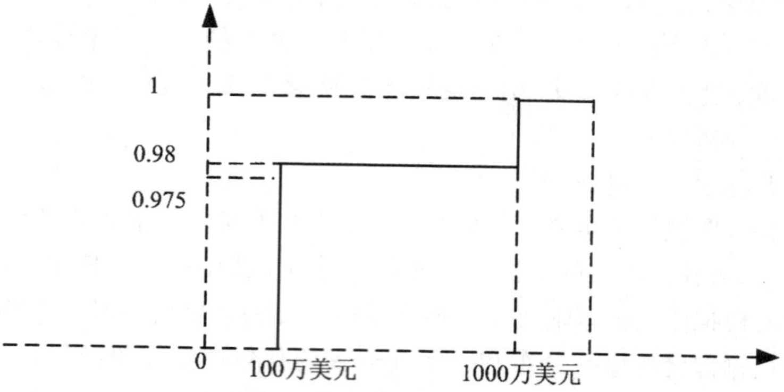

图 10.6　单个项目的损失分布图

2.5%尾部损失分布。见表 10.4。

表 10.4　2.5%尾部损失分布表

概率	损失(万美元)
2%	1000
0.5%	100

① 约翰·赫尔. 风险管理与金融机构[M]. 王勇，董方鹏，张翔，译. 北京：机械工业出版社，2021.

单个项目的 C-VaR：2%/2.5%×1000+0.5%/2.5%×100=820(万美元)。投资组合的损失分布情形见图 10.7。

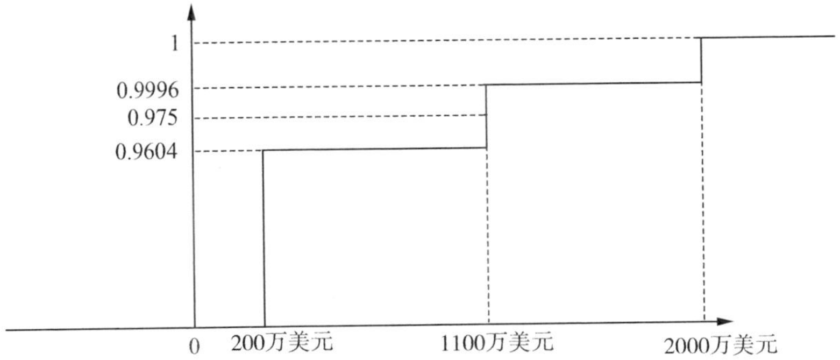

图 10.7　投资组合的损失分布图

投资组合在 2.5%尾部损失分布，见表 10.5。

表 10.5　投资组合在 2.5%尾部损失分布表

概率	损失(万美元)
0.04%(=2% * 2%)	2000
2.46%(=2.5%−0.04%)	1100

投资组合 C-VaR：(0.04/2.5)×2000+(2.46/2.5)×1100=1114.4(万美元)

(四)压力测试法

压力测试经常作为在险价值估计风险的补充手段。在险价值分析法的主要目的是将正常市场情况下的潜在损失量化。相比之下，压力测试可以识别可能导致超过通常期望情况损失的非正常状况。显然，不同的情况会与不同的发生概率相对应，有些情况很有可能发生，有些几乎不大可能发生。因此，压力测试是在险价值的补充手段。压力测试中存在两大类：情景分析和压力模型。

1. 情景分析

情景分析是在不同的环境状态下对投资组合进行估计的过程。通常情况下，它包含了设计故意夸大对投资组合资产和衍生品价值起关键作用的变量变动的情景。

与英格兰银行和其他中央银行一样，美联储正在对气候风险压力测试采取平衡的方法。它对美国六大银行来说是强制性的，并考虑与气候变化相关的物理风险和转型风险。测试的物理风险部分考虑了美国东北部遭受大型飓风袭击的情景，银行需要估计其住宅和商业房地产投资组合的预期损失——包括此次事件和他们选择的另一个严重的气候事件。

测试的转型风险部分要求机构估计两种经济情景下的损失。第一个假设在没有任何额外的努力来减少碳排放的情景下，当前的政策会持续下去。第二种情景假设制定了严格的气候政策，到2050年将CO_2净排放量减少到零。后一种情景还假设技术气候解决方案（包括CO_2去除技术）取得快速进步。

在这些情景下，美联储将为GDP和失业率等关键经济变量提供具体假设。为顺利执行此项工作，银行将不得不采用这些有限的经济输入变量值，并将其扩展到其信用损失模型所需的其他相关指标和区域地理变量。

当设计出一系列合理的情境以后，下一步就是将其应用到投资组合中去。理解该工具对需接受压力测试的潜在风险要素的敏感性是关键。这一过程十分复杂，只有了解投资组合风险参数，才能够使用合理的指标对其进行近似处理。市场流动性也是十分重要的一个要素，在市场遭遇危机时，流动性常常会完全停滞。

2. 压力模型

压力模型最简单的形式就是因素推动型，其基本思路即是将潜在模型中的价格和风险要素朝不利的方向推动并算出这对投资组合价值的综合影响。这一事件对很多模型都适用，包括诸如布莱克—斯科尔斯—默顿的期权定价模型、证券风险的多因素模型和期权结构因素模型。但是因素推动型也有其自身的缺陷和使用困难，当潜在模型能够在极端风险情况下正确估计时，这一模型承担着巨大的模型风险。

其他方法包括最大损失最优化，该方法在数学上可以实现可能造成最大损失的风险变量的最优化，以及最糟情景分析法，通过该方法可以检验真实可能遇到的最糟状况。

总的来说，压力测试是一种对风险价值分析法定的有效补充，能够突出风险管理过程中的不足，起到预警的作用。

本章小结

1. 资本市场线揭示了有效组合的收益风险关系，只适用于投资组合，而且必须是适用于有效组合。证券市场线不仅适用于有效证券组合，还适用于非有效证券组合，不仅适用于证券组合，也适用于单个证券。

2. 套利定价理论给出了均衡条件下资本市场上各种资产的价格风险

关系。

3. 我们常用波动性刻画投资组合的市场风险；任何可能使资产处于损失状态的头寸都可应用在险价值测定法，在险价值可以度量市场风险引致的损失衡量。

基本概念

有效集定理 有效边界 资本市场线 证券市场线 市场风险 在险价值

复习题

1. 假设一只股票的初始价格是每股 64 美元，在这一年中支付了每股 1.2 美元的股利，而且期末价格是每股 73 美元。计算一下以百分比形式表示的总收益是多少。

2. 假设你一年以前以 1030 美元的价格购买了票面利息 5.8%的债券，债券今天的价格是 1059 美元。假定面值是 1000 美元，过去一年你在这项投资上的总收益是多少？名义收益率是多少？

3. 你一年前以 160.53 美元的价格购买了一份零息债券。现在的市场利率是 7.5%。如果当初购买的时候，债券的到期时间是 25 年，一年支付两次利息，你在过去一年的收益率是多少？

4. 你去年以每股 92.07 美元的价格购买了一份息票率为 3.5%的优先股。你的股票现在市场价格为 96.12 美元，你过去一年的收益率是多少？

5. 对于一个有 165 股股票，每股卖 43 美元的股票 A 和 120 股股票、每股卖 74 美元的股票 B 的投资组合，它的组合权重是多少？

6. 假设你拥有一个 2700 美元投资于股票 A、3800 美元投资于股票 B 的投资组合。如果这些股票的期望收益分别是 9.5%和 14%，组合的期望收益是多少？

7. 假设你拥有一个 20%投资于股票 X、45%投资于股票 Y 和 35%投资于股票 Z 的投资组合。这三只股票的期望收益率分别是 11%、17%和 14%。这个组合的期望收益是多少？

8. 假设你投资 10000 美元于一个股票组合。你的选择有期望收益为 13%的股票 X 和期望收益为 8.5%的股票 Y。如果你的目标是创造一个期望收益为 11.94%的组合，你对股票 X 的投资是多少，对股票 Y 的投资是多少？

9. 一只股票的 β 系数是 1.15，市场的期望收益率是 10.6%，而无风险利率是 4.5%，这只股票的期望风险必须是多少？

10. 一只股票的期望收益是 13.4%，无风险利率是 3.8%，而且市场风险溢价是 7%，这只股票的 β 系数必须是多少？

11. 一只股票的期望收益是13.4%，它的β系数是1.2，而且无风险利率是4.4%。市场的期望收益率必须是多少？

12. 证券F每年的期望收益是10%，标准差是49%，证券G每年的期望收益是14%，标准差是73%。

(1)30%证券F和70%证券G构成的组合的期望收益是多少？

(2)如果证券F和证券G的相关系数是0.25，那么(1)中描述的组合的标准差是多少？

第十一章　投资组合管理

投资组合管理是指投资管理人按照资产选择理论与投资组合理论对资产进行多元化管理，以实现分散风险、提高效益的投资目的。本章介绍了投资组合管理过程以及不同投资管理策略。

第一节　投资组合管理概述

传统的观点将投资组合管理看作一种孤立进行的股票选择，一般不考虑全盘计划。然而，投资组合管理是一个流程，是一系列按照一定逻辑有序组合在一起以获得所需投资产品的行为流程。监控和再平衡的反馈是该流程中重要环节，投资组合管理形成了一个连续而系统的流程。

一、投资组合管理逻辑框架

投资组合管理主要由计划、执行和反馈三大要素构成，如图 11.1 所示。

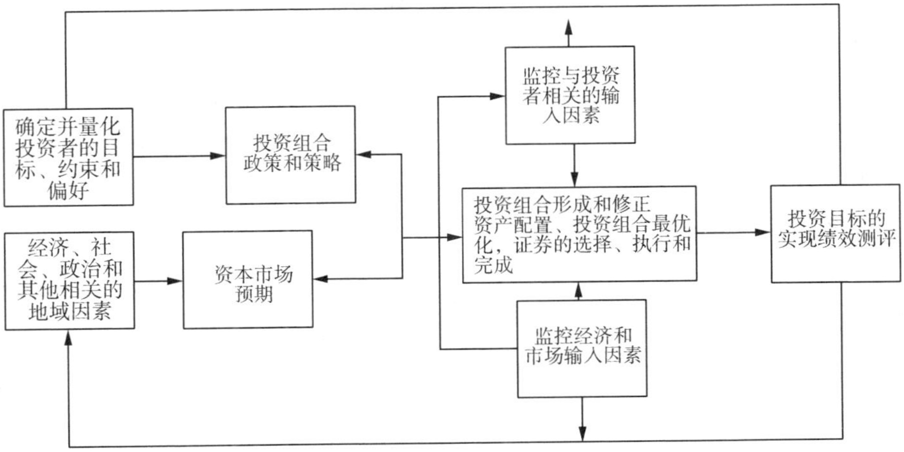

图 11.1　投资组合形成、监控和修正流程

资料来源：CFA 协会投资系列书籍投资组合管理动态过程

计划这一步骤包括:确认并量化投资者的目标、约束和偏好;投资组合政策和策略;形成资本市场预期;建立战略性资产配置。执行这一步骤包括投资组合形成和修正。反馈这一步骤包括反馈和控制以及业绩评估。下文将详细介绍这三个步骤及具体流程。

二、计划、执行与反馈

计划的要素涉及投资者和经济市场两个方面,图 11.1 中的投资者相关输入要素包括确认和量化投资者的目标、约束和偏好,以及投资组合政策和策略。

确认并量化投资者的目标、约束和偏好:投资目标主要与风险和收益相关,包括投资所追求的产出。约束条件指的是对投资者投资能力的限制。这种限制可能是内部的,例如客户具体的流动性需求、投资期限和特殊情况;也可能是外部的,例如税收情况和法律法规要求。而投资偏好主要取决于投资者对风险的态度,通常分为五种类型:保守型、稳健型、平衡型、积极型、激进型。

投资组合政策和策略:一旦确定客户的目标和约束条件,经理人的下一个任务就是完成投资政策说明书。投资政策说明书是指导投资过程的路线图。构建一份投资政策说明书将帮助投资者更好地了解自己的需求,并协助顾问或投资组合经理管理客户的资金。一套明确的规范化投资策略为投资决策打下了坚实的基础,在投资策略的指导下,投资决策会服务于投资目标的实现。

形成资本市场预期:经理人在规划阶段的第三项任务是形成资本市场预期。这包括对许多资产种类的长期风险和收益特征进行预测,这些预测是选择在给定风险水平下预期收益最大化或在给定预期收益水平下风险最小化的投资组合的基础。

建立战略性资产配置:计划部分的第四项也是最后一项任务,是决定战略性资产配置。在这一步中,经理人会结合投资策略说明和资本市场预期确定各目标资产种类的比重。投资者不仅考虑单个时期内所持有资产配置的收益风险特征,还会考虑多个时期的情况。与多个时期相比,单个时期的情况比较简单,多个时期必须考虑投资组合再平衡所带来的流动性、税收和收益上的序列关联性(长期和短期的依赖关系),且执行起来成本会更高。

在图 11.1 中,执行步骤被代表为“投资组合形成和修正”。在这一步中,经理人会根据投资策略和资本市场预期选择具体的资产，进行投资组合的选择和构建决策。然后，交易柜台将执行这些决策，即投资组合执行决策。之后，投资组合将根据投资者的实际情况或资本市场预期的变化进行修正，因此，执行步骤总是不断地与反馈步骤相互影响。

反馈和控制：反馈和控制是投资组合管理中至关重要的步骤，包括监控和再平衡以及业绩评估。监控和再平衡旨在通过信息反馈管理潜在投资机会的不间断风险敞口，以确保客户现有的目标和约束条件能够持续得到满足和实现。监控和再平衡的两类因素分别是与投资者相关的因素，如投资者的情况，以及经济和市场的输入要素。

业绩评估：业绩评估是投资者对投资业绩进行阶段性评估的过程，以对投资目标的实现情况和投资组合的管理技巧进行评价。业绩评估包括三个方面：业绩度量、业绩归因和基准比较。业绩度量是指计算投资组合收益率的过程；业绩归因则研究投资组合业绩形成的原因，包括确定投资组合业绩的来源；基准比较是评价经理人是否根据基准（对照组合）运营投资组合。

三、投资组合管理过程与说明书

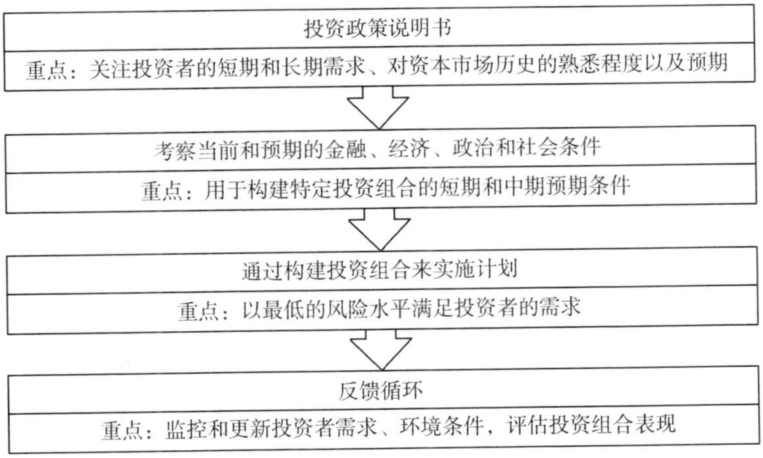

图 11.2　投资组合管理过程流程图

投资政策说明书是投资过程的路线图（见图 11.2）。构建一份投资政策说明书将帮助投资者更好地了解自己的需求，并协助顾问或投资组合经理管理客户的资金。虽然它不能保证投资成功，但投资政策说明书为投资过程提供纪律，减少做出仓促、不恰当决策的可能性。构建政策说明书有助于投资者在了解金融市场和投资风险后，制定相应的投资目标，可用于评估投资组合经理的表现。

第二节　制定投资策略

一、投资策略概述

股票投资组合管理策略可以分为主动型策略和被动型策略。在被动策略中，投资组合经理只是试图获取与投资组合的风险水平相一致的预期回报。在主动型策略中，经理人则试图通过组建能够产生超过风险调整后预期收益的实际收益的投资组合。实际收益和预期收益之间的差异通常被称为投资组合的 α，它代表了主动型经理人在投资过程中增加（正 α）或减少（负 α）的价值量。当决定采用主动或被动策略（或两者的某种组合）时，投资者需要评估这两种方法的成本与收益，并做出相应的权衡。

二、被动型投资组合

（一）被动型投资组合概念

被动股票投资组合管理者通常持有股票，因此投资组合的回报将随着时间的推移而跟踪基准指数的回报。因此，这种投资方法通常被称为指数化，其经理人并不试图产生 α。指数化通常被认为是长期持有的策略，但由于相关基准的构成可能会发生变化，现金分配必须再投资，因此有时需要重新平衡投资组合。然而，由于其目的是模仿指数，所以判断被动经理人的标准是对目标跟踪的程度，即能否将股票组合和指数收益之间的偏差降到最低[①]。

（二）被动型投资组合构建

1. 指数投资组合构建技术

（1）完全复制

完全复制是指按照指数中的权重比例购买其中的所有证券。这种技术有助于确保跟踪指数，但购买大量证券需要增加交易成本，从而减损业绩。此外，当许多公司在一年中的不同时间支付小额股息时，股息的再投资也将导致高额佣金。

---

① 赖利，布朗. 投资分析与组合管理[M]. 北京：机械工业出版社，2023.

(2)抽样

抽样是指投资组合经理只购买构成基准指数的代表性股票样本。指数权重较大的股票根据其在指数中的权重购买，而购买权重较小的股票则使其总体特征(如β值、行业分布和股息收益率)接近相关基准。由于购买的股票较少，可以持有较大的头寸，这会导致交易成本的降低。此外，需要购买更少的证券来重新平衡组合，因此红利再投资的问题也会减少。但抽样的缺点是投资组合跟踪基准指数的回报不如完全复制密切。

(3)二次优化

二次优化是指使用编程技术构建被动投资组合，将价格变化和证券之间的历史相关性输入计算机程序，通过最小化投资组合收益与基准偏差来构建投资组合。这种技术依赖于历史上的价格变化和相关性，如果这些因素随时间变化，投资组合可能会与基准有很大的差异。有时定制的被动投资组合，也称为完整性基金，是为了补充没有覆盖整个市场的主动投资组合而构建的。此外，还有其他被动投资组合是为有某些独特需求和偏好的投资者构建的。例如，一些投资者可能希望他们的资金只投资于派发股息的股票，或投资于具有社会责任感的产品或服务的公司。

(三)指数投资组合投资方法

1. 购买指数基金

指数基金是一种既定证券组合，由专业投资公司管理，投资者可以参与其中，投资公司负责决定基金的管理方式。对于指数化的投资组合，基金经理通常会试图完全复制特定指数的构成，按照指数成分的权重购买相应的证券，并在指数成分发生变化时进行调整。由于大多数股票指数的变化是零星的，所以指数基金往往交易和管理费用较低。目前市场上比较流行的指数基金包括沪深300指数、标普500指数和纳斯达克100指数等。

2. 购买交易所交易基金(ETF)

ETF(Exchange Traded Funds)是交易型开放式指数基金的简称，是一种在交易所上市交易的开放式基金，其基金份额可变。2022年以来，ETF市场规模持续增长，市场参与热情不断提高。截至2023年2月末，境内交易所挂牌上市的ETF数量达到770只，资产总规模超1.6万亿元。其中，沪市ETF存量规模再创新高，投资者参与积极性进一步提升。

三、主动型投资组合

(一)主动型投资组合概念

主动型股票投资组合管理是指经理人试图在控制风险的基础上，超越股票基准的表现。为了实现这一目标，主动型经理人可以采用几种具体的投资策略，但广义上讲，增加 α 的主要方式有两种：战术调整（如股票风格或行业时机）或证券选择（即选股）技能。混合投资策略看起来介于被动和主动之间（如增强型指数化），但实际上只是股票投资组合管理中主动方法的适度变化。此外，对冲基金是主动管理的投资组合，通常追求“纯 α”（即绝对回报）策略，其中经理人寻求分离回报中的 α 成分。

（二）主动型投资组合构建

1. 基本策略

基本策略主要分为自上而下和自下而上的投资过程。自上而下的投资策略指的是通过挑选行业标的来组成理想的投资组合。自下而上的过程强调选择证券，而没有进行市场或行业分析，通过研究标的基本面来选取个股。通常，积极的基本面管理人采用三个通用主题。首先，他们可以根据广泛的市场预测和估计的风险溢价，在股票、债券和 T-bills 之间进行资金转移，试图为股票市场定时。其次，他们可以在不同的股票部门和行业（例如金融、科技、消费）之间转移资金，在市场其他地方之前抓住下一个热门概念，也可以在投资风格（如大盘、小盘、价值、成长）之间转移资金。最后，基金经理可以研究个别问题，试图找到被低估的股票。

2. 技术策略

技术策略是评估股票价格趋势的过去表现，以预测其未来价格走势。主动型经理可以利用股票过去的价格趋势来构建股票投资组合，并假设出现以下两种情况：第一，股票价格趋势将与过去相同；第二，股票价格趋势将逆转。逆向投资策略基于这样的观点：在其他大多数投资者看跌（看涨）时，出现买入（卖出）一只股票的最佳时机。逆向投资者在股票接近最低价时买入，在接近最高价时卖出（甚至卖空），并且认为股票收益呈现均值回归，随着时间的推移，股票的定价将产生与其风险调整后的预期收益（即均值）相一致的收益。

3. 动量策略

动量策略可以分为价格动量策略和盈利动量策略。价格动量策略假设热门股票继续保持热度，冷门股票也将保持不受关注的状态。纯粹的价格动量策略只关注过去的价格趋势，并根据这一趋势做出购买和销售决策。价格动量策略可以基于纯粹的价格趋势分析，也可以依据公司的基本经济要素加以支持。盈利动量策略是一种更为正式的主动投资组合方法，指的是购买盈利向好的股票，卖出盈利向差的股票。这种策略认为一家公司的股价将随盈利的变化而变化，这也是衡量公司经济成就的一个标准。在判断一家公司盈利的动力程度时，投资者会将公司的实际每股收益与预期的某种水平进行比较，通常采用两种类型的预期收益：(1)由统计模型生成的预期收益；(2)专业股票分析师的预测。

4. 价值投资与成长投资

市盈率是指当前每股价格与每股收益(EPS)的比值。EPS基于当前或预测的公司业绩进行衡量。评估股票时，价值型和成长型经理人会关注该方程式的不同方面。成长型投资者关注市盈率的EPS部分(即分母)以及与其相关的经济决定因素。相反，价值导向的投资者注重市盈率的价格部分(即分子)。他们相信通过某种比较手段，股票的价格是"便宜的"。他们不关心当前的盈利或盈利增长的基本驱动因素，经常隐含假设市盈率低于其自然水平，市场将很快"纠正"这种情况，即使盈利很少或没有变化，也会提高股票价格。

(三)主动型基金与被动型基金的业绩对比

1. 美国主动型 vs 被动型

2007年，巴菲特在Long Bets网站上发布了著名的"十年赌约"(见图11.3)。赌约规定，在2008年1月1日至2017年12月31日期间，被动管理的标普500指数的回报将会超过主动管理的对冲基金投资组合。华尔街门徒的联合经理人泰德·西德斯随后应战。结果表明，截至2017年12月31日，标普500指数在10年间的平均年化收益为7.1%，而西德斯选择的5只主动基金的平均年化收益为2.2%。10年赌约以股神巴菲特大获全胜结局。

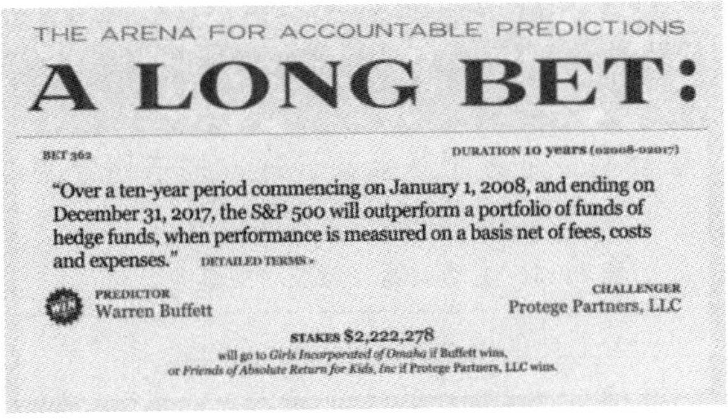

图11.3 巴菲特"十年赌约"

表11.1 2019年6月28日美国主动型基金对比被动型基金胜率表(%)

风格/时间	1年	3年	5年	10年	15年	20年
大盘混合型	32.30	29.00	13.60	8.00	14.50	18.00
大盘价值型	34.40	33.30	45.90	7.00	20.40	12.10
大盘成长型	54.30	38.80	30.50	8.00	12.00	—

续表

风格/时间	1年	3年	5年	10年	15年	20年
中盘混合型	46.30	26.50	14.30	7.70	8.10	11.60
中盘价值型	32.00	33.30	23.80	11.60	26.90	—
中盘成长型	79.10	59.50	54.00	29.80	26.90	—
小盘混合型	45.30	29.30	26.00	22.10	19.30	34.00
小盘价值型	45.10	44.80	39.30	39.50	25.70	—
小盘成长型	75.80	61.30	52.80	35.20	26.30	—
平均胜率	49.40	39.53	33.36	18.77	20.01	18.93

数据来源：晨星。

备注：胜率指的是在对应期限内跑赢被动型基金的主动型基金的比例。如果我们买了10只大盘混合型风格的主动型基金并持有3年，胜率为29%，意味着只有2.9只收益超过被动型基金。

根据表11.1，可以发现在55组对比数据中，只有7个数据胜率高于50%，也就是跑赢被动基金的只有7组，胜率较低。而且从数据整体走势来看，随着时间的推移，主动型基金胜率越来越小，到10年时胜率最低，15年和20年期间胜率维持在20%左右。这是因为市场和基金产品的短期表现会受到更多随机和意外因素的影响，因此短期业绩的好坏都难以判断和预测。但是随着时间的推移，随机因素的影响逐渐降低，数据的代表性就越强，更具有参考意义。

综上所述，长期投资来看，指数型基金在美国的收益表现确实会更好。

2. A股市场

主动基金与被动基金是按照基金的管理方式来划分的，进一步划分如下（见表11.2）。

表11.2 主动型基金与被动型基金分类

基金大类	细分类别
股票型基金	普通股票基金
	被动指数型基金
	增强指数型基金
混合型基金	偏股混合型基金
	平衡混合型基金
	偏债混合型基金
	灵活配置型基金

其中，只有被动指数型基金和增强指数型基金不属于主动型基金，其余

类别均属于主动型基金。

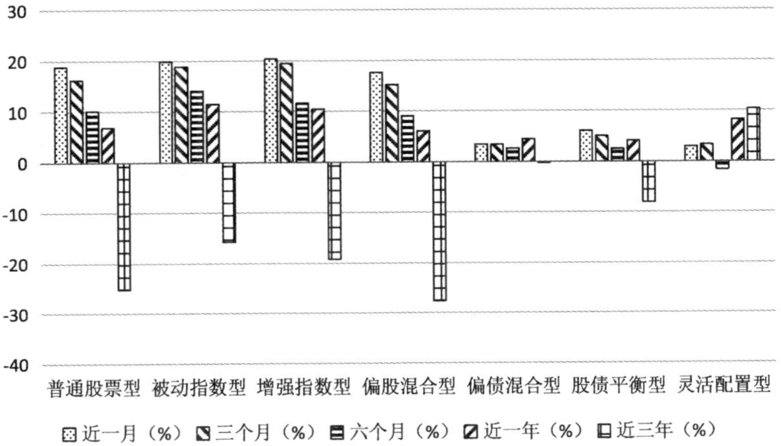

图 11.4　不同基金指数对比

数据来源：iFinD。数据截至 2024 年 10 月 28 日。

从图 11.4 可以看出，基金持有年限越长，收益越高。2020—2022 年，主动型基金的显著优于被动型基金。在各类型的主动型基金中，普通股票型基金表现最为优异。2023 年以来被动型基金的表现较主动型基金更好。

四、投资组合策略

（一）综合资产配置策略

考虑综合资产配置策略时，需要同时考虑资本市场的状况和投资者的目标和限制，将两方面的因素结合起来，以满足投资者的需求为基础，提供最优选择来构建投资组合的资产组合。投资组合的实际收益作为迭代过程的输入，该过程中会考虑投资者的目标、约束条件和资本市场预期的变化，并在此基础上修订最佳投资组合。参考 Sharpe（1987，1990）对综合资产配置的三个关键步骤的描述，可以构建综合资产配置策略的方法逻辑图，具体见图 11.5。

在确定资产组合之前，首先需要确定资本市场条件和投资者的具体目标和约束条件，例如风险承受能力、投资期限和税务状况。这些过程分别在方框 C2 和 I2 中总结，其结果在方框 C3 和 I3 中展示。C3 的结果是马科维茨的有效边界，包含最佳的风险一预期收益组合；而 I3 的最终结果在投资政策声明中有所说明。综合资产配置过程的第二步是结合第一步的信息，为相关的投资者选择单一的最佳投资组合。这一步骤由 M1 中的优化器方框捕获，结果资产组合被显示在 M2 中。

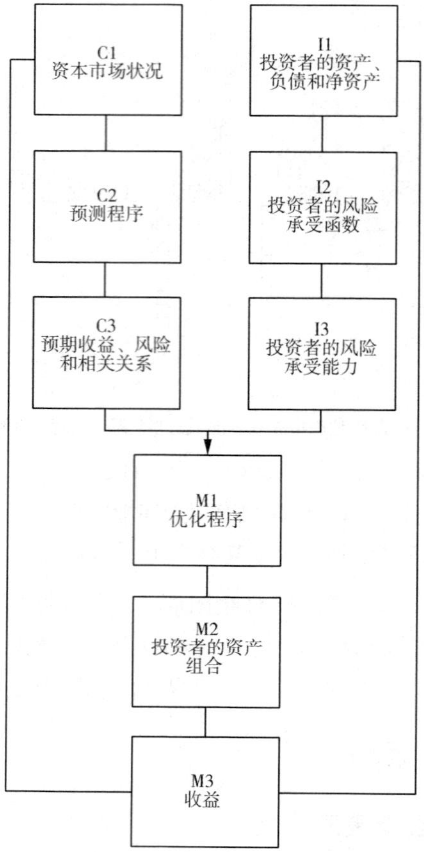

图 11.5　综合资产配置策略逻辑图

资料来源:《投资分析与组合管理》
弗兰克·K·赖利等著,机械工业出版社,
2010 年

综合分配过程的第三阶段发生在足够长的时间之后,最佳投资组合的实际表现可以与经理人最初的预期进行比较。这个评估过程由图中的方框 M3 表示。在这一评估之后,经理人可以通过将新的信息纳入优化过程对投资组合进行调整。对初始资产组合的修改可能来自资本市场条件的根本变化(如通货膨胀加剧)或投资者情况的变化(如风险承受能力增强)。正是这种反馈循环使得投资组合管理成为一个动态的过程。

(二)战略性资产配置策略

战略性资产配置为投资者提供了重要的参考依据。它指明了在长期或正常条件下所适合持有的资产组合权重,并反映了投资者长期或平均水平的风险承受度。对于不同的投资者来说,"长期"有不同的含义,但至少应参考五年。战略性资产配置通常需要定期检查，或者在投资者需求或投资环境发生显著变化时进行检查。

通常情况下，长期平均资产回报、风险和协方差被用作未来资本市场结果的估计依据。基于这些历史信息，有效边界可以帮助投资者决定规划范围内哪种资产组合最适合其需求。这导致一种固定的混合资产配置，并定期进行再平衡，以使投资组合达到指定的资产权重。经理将通过优化资本市场和特定投资者的信息，确定最适合该投资者的长期资产配置。但是，一旦建立了这种资产组合，经理就不会试图根据市场和投资者情况的临时变化来调整配置。

（三）战术性资产配置策略

与投资者的战略配置不同，战术性资产配置经常调整投资组合中的资产类别组合，以利用不断变化的市场条件。对于战术性资产配置，这些调整仅由各种资产类别相对价值的感知变化驱动，而投资者的风险承受能力和投资限制被认为是不变的。在图 11.5 中，相当于一种综合的资产分配方法，消除了涉及投资者特定信息（即 I2）的反馈回路。

战术性资产配置通常基于均值回归的前提：无论一种证券的回报率在最近几年是多少，它最终都会回归到其长期平均价值。这种评估通常是在比较的基础上进行的。例如，假设股票和债券回报率的比率通常为 1，这反映了股票市场的风险程度更高。如果股票回报突然是债券回报的 1.5 倍，战术投资者可能会认为债券相对于股票被低估了。然后，他应该加大投资组合中固定收益部分的比重，比如从最初的 70%股票和 30%债券战略组合转变为 60%债券和 40%股票的组合。

战术性资产配置是一种内在的反向投资方法。采用这种方法的投资者总是购买目前不受欢迎的资产类别，至少在相对基础上，并出售市场价值最高的资产类别。在前面的例子中，当投资者在股票价格相对于债券价格大幅上涨后减持股票时，就是这种情况。

（四）保险资产配置策略

假设预期的市场回报和风险随着时间的推移保持不变，而投资者的目标和约束随着其财富状况的变化而变化，保险资产配置同样会导致投资组合配置的不断调整。例如，投资组合价值的上升增加了投资者的财富，从而提高了他处理风险的能力，这意味着投资者可以增加他的风险资产敞口。通常，保险资产配置只涉及两种资产，如普通股和国债。随着股价上涨，资产配置增加了股票成分。随着股价下跌，组合中的股票成分下跌，而国债成分上升。这与战术资产配置下的情况相反。保险资产配置就像没有资本市场反馈回路的综合配置策略。这种策略有时被称为固定比例策略,因为它会随着财富的变化而变化。

第三节　投资组合绩效评估

对投资组合管理进行科学合理的考核评估是证券投资管理过程中的重要一环,它不仅是投资管理过程结束后的总体评价,也存在于整个投资管理过程之中,其目的是评价投资计划在多大程度上实现了原定的投资目标。随着经济的不断发展,涌现出了很多不同的评估方法。

一、特雷诺指数

特雷诺(Treynor)假设投资者能以无风险利率借贷,理性的风险回避型的投资者总会选择那些具有较高斜率的投资组合,因为具有较高斜率的可行线能使投资者位于效用较高的无差异曲线上。由此他将无风险资产与组合连线的斜率作为组合绩效衡量的一个指标。在资本市场理论基础上,引入了一种无风险资产,可以与不同的投资组合相结合,形成一个可能性线。这条可能性线(标记为 T)的斜率等于:

$$T_i = \frac{R_i - R_f}{\beta_i} \tag{11-1}$$

其中,R_i 为投资组合 i 在特定时间段内的平均收益率,R_f 为同一时间段内无风险投资的平均收益率,β_i 为该时间段内基金特征线的斜率。

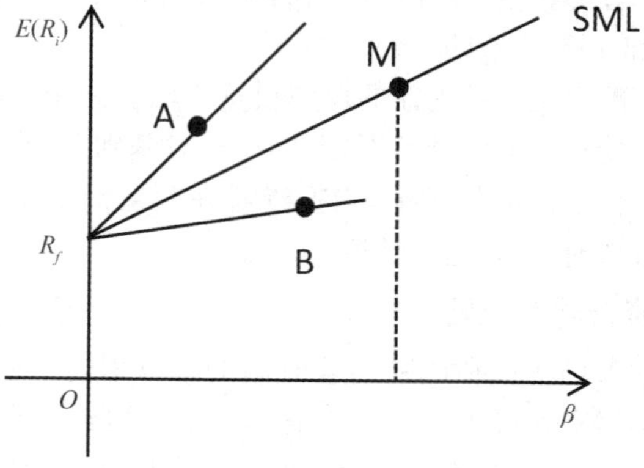

图 11.6　特雷诺指数

这一指标后来被人们称之为“特雷诺指数”,它衡量出了组合的单位系统风险下的风险溢价的大小。一个投资组合的特雷诺指数是图 11.6 上的斜率。较大的 T 值表明无论投资者的风险偏好如何,对所有投资者来说都是更好的投资组合。所有规避风险的投资者都希望最大化这个数值。风险变量 β 用来衡量系统性风险，是指在投资组合完全多样化时所面临的风险。将一个投资组合的 T 值与市场投资组合的类似衡量标准相比较，可以确定该投资组合是否会落在 SML 之上。计算总体市场的 T 值如下：

$$T_M = \frac{R_M - R_f}{\beta_M} \tag{11-2}$$

在这个表达式中，β_M 等于 1.0，即市场的 β 值；T_M 表示 SML 的斜率。因此，当一个投资组合的 T 值高于市场组合时，该投资组合将在 SML 上方绘图（如图 11.6 的 A 点），表明它具有优越的风险调整后表现，其投资绩效优于市场绩效。由于这项度量仅使用系统风险，是建立在投资者已经拥有足够分散的投资组合的假设基础上，因此不考虑非系统风险，最适用于持有多元化投资组合的投资者。

二、夏普指数

夏普（Sharpe，1966）同样设想了一个综合措施来评估共同基金的业绩，该衡量标准紧跟他早期关于资本资产定价模型（CAPM）的工作，夏普的投资组合业绩衡量标准（指定为 S）表述如下：

$$S_i = \frac{R_i - R_f}{\sigma_i} \tag{11-3}$$

其中，R_i 为投资组合 i 在特定时间段内的平均收益率，R_f 为同一时间段内无风险投资的平均收益率，σ_i 为投资组合 i 在该时间段内的收益率的标准差。

这种业绩衡量方法与特雷诺衡量方法相似，但它试图使用投资组合收益率的标准差来衡量总风险，而不仅仅考虑由 β 所代表的系统风险。分子表示投资组合的风险溢价，该衡量标准表明每单位总风险所获得的风险溢价回报。Sharpe 指数以资本市场线为基础，是指资本市场线的斜率。在投资者可以进行无风险资产借贷的情况下，投资者总是会选择切点投资组合（即市场组合 M），然后通过无风险资产的借贷而达到合意的风险水平，因为在相同风险的情况下，资本市场线上的组合总是可以得到更高的回报率。见图 11.7。

[例 11.1]

假设标准普尔 500 指数（市场组合）的 10 年年收益率为 10%，而美国国库券的平均年收益（无风险利率的良好代表）为 5%，过去 10 年市场投资组合的年回报率标准差为 20%。那么如何根据 Sharpe 比率来评价这三位基金经理的业绩呢？

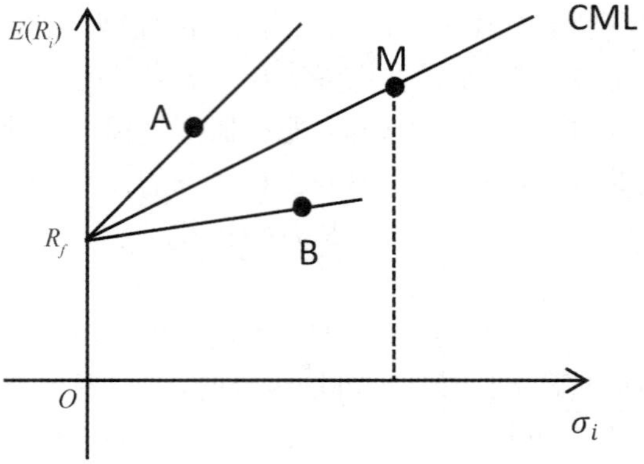

图 11.7 夏普指数

表 11.3 投资经济平均年收益与标准差情况

管理人员	平均年收益	收益率的标准差
经理 A	10%	18%
经理 B	14%	22%
经理 C	15%	23%

根据表 11.3，分别计算这些投资组合的夏普指数：

$S(M)=(10\%-5\%)/20\%=25\%$

$S(A)=(10\%-5\%)/18\%=27.78\%$

$S(B)=(14\%-5\%)/22\%=40.91\%$

$S(C)=(15\%-5\%)/23\%=43.48\%$

三个基金经理的投资组合表现都优于总体市场，经理 C 的表现是最佳的，因为他的夏普比例最高，表明每增加一单位总风险的风险溢价回报是最高的。

三、索提诺比率

索提诺比率（Sortino Ratio）是一种风险调整指标，用于确定每单位下行风险的额外回报。计算方法是先找出投资回报率与无风险回报率之间的差异，然后将结果除以负回报的标准差。理想情况下，较高的索提诺比率是首选，因为它表明投资者将从每单位下跌风险中获得更高的回报。计算索提诺比率公式如下：

$$S=\frac{(R-T)}{DR} \tag{11-4}$$

其中，S 是指索提诺比率；R 是平均已实现回报率，是指个人投资组合中所有投资的加权平均回报率；T 是要求回报率，可用无风险率代替；DR 是目标下行偏差。

与 Sharpe 比率相比，索提诺比率是一个更好的指标，因为它只考虑了风险的下行可变性。这种分析是有意义的，因为它让投资者能够评估下行风险，而这正是他们应该担心的。相反，上行风险（即当一项投资产生意想不到的财务收益时）并不是真正需要担心的原因。相比之下，Sharpe 比率将上涨和下跌风险同等对待。这意味着即使某些投资产生收益，也会受到惩罚，这是不应该的。因此，索提诺比率更适用于评估高波动性资产（如股票）的表现。相反，Sharpe 比率更适合分析低波动性资产，如债券。

索提诺比率与 Sharpe 比率非常相似，但有一个不同点：Sharpe 比率考虑了正负回报投资的风险调整，而索提诺比率则考虑了风险调整后的回报，且只考虑了下行风险。因此，索提诺比率被视为一个更好的风险调整后回报指标，因为它没有考虑投资者不必担心的上行风险。

[例 11.2]

假设给我们某投资组合十年的年收益率序列：

4%、10%、12%、20%、−5%、−2%、−6%、8%、23%和 13%，

其中投资者所要求的收益率 T 是 7%。

那么可计算出投资组合这十年的平均收益率 R 为：

(4%＋10%＋12%＋20%＋−5%＋−2%＋−6%＋8%＋23%＋13%)/10＝7.7%

$(R-T)=7.7\%-7\%=0.7\%$

接下来，求向下风险的标准差（那些有负值的）

$$DR=\sqrt{\frac{(-5\%)^2+(-2\%)^2+(-6\%)^2}{10}}=0.0255$$

可求得索提诺比率为 $\dfrac{(R-T)}{DR}=0.7\%/0.0255=0.2745$

四、詹森指数

与上文讨论的 T 和 S 指标一样，詹森指数（Jensen，1968）最初是基于资本资产定价模型（CAPM），该模型通过以下表达式来计算任何证券或投资组合的预期单期回报：

$$E(R_j)=R_f+\beta_j[E(R_M)-R_f] \tag{11-5}$$

其中 $E(R_j)$＝证券或投资组合 j 的预期收益率；R_f ＝单期无风险利率；β_j ＝证券或投资组合 j 的系统风险；$E(R_M)$ ＝风险资产市场组合的预

期收益率。

不同时期的预期收益率和无风险收益率是不同的。因此，我们关注的是投资组合 j 的预期收益率的时间序列。此外用已实现的收益率可以表示为：

$$R_{jt} = R_{ft} + \beta_j [R_{mt} - R_{ft}] + e_{jt} \tag{11-6}$$

在这个方程中，一个投资组合在特定时间段内的已实现收益率是该期间无风险收益率加上取决于该期间投资组合的风险溢价，再加上一个随机误差项(e_{jt})。

在方程两边都减去无风险收益率，我们可以得到：

$$R_{jt} - R_{ft} = \beta_j [R_{mt} - R_{ft}] + e_{jt} \tag{11-7}$$

因此，第 j 个投资组合获得的风险溢价等于 β_j 乘以市场风险溢价加上随机误差项。如果所有的资产和投资组合都处于均衡状态，那么回归的截距将不会出现。另外，预测市场转折或持续选择被低估的证券的优秀投资组合经理随着时间的推移会获得比这个模型所暗示的更高的风险溢价。这种经理人的随机误差项大多为正，因为他们的投资组合的实际收益一直超过他们的预期收益。为了检测这种卓越的表现，你必须允许一个截距(一个非零常数)，以衡量与模型的任何正负差异。持续的正数差异会导致截距为正，而持续的负数差异(表现不佳)会导致截距为负。有了截距，前面的方程式就变成了：

$$R_{jt} - R_{ft} = \alpha_j + \beta_j (R_{mt} - R_{ft}) + e_{jt} \tag{11-8}$$

在公式中，α_j 值表示投资组合经理的投资能力是优是劣。一个优秀的经理人有一个明显的正的 α(或“阿尔法”)值，而一个劣质的经理人的回报始终没有达到基于 CAPM 模型的预期，产生一个明显的负值的 α。因此，α 系数代表了管理的投资组合的回报有多少是归功于经理人获得高于平均水平的风险调整回报的能力。

Jensen 比率衡量投资组合的回报率有多少归因于经理人提供的高于平均水平的收益(根据市场风险进行调整)的能力。比率越高，风险调整后的收益就越好。持续超额收益为正的投资组合的阿尔法为正，而持续超额收益为负的投资组合的阿尔法为负。

[例 11.3]

如果我们假设无风险利率为 5%，市场回报率为 10%，然后，假设对三个不同的投资组合经理进行评估，并得出各自的平均年收益率(表 11.4)，那么

以下基金的 α 系数是多少？

表 11.4　投资经理平均年收益率和贝塔(β)系数

经理	平均年收益率	贝塔(β)系数
经理 A	11%	0.90
经理 B	15%	1.10
经理 C	15%	1.20

我们先计算三个投资组合的预期收益率

$ER(A)=5\%+(10\%-5\%)*0.9=9.5\%$

$ER(B)=5\%+(10\%-5\%)*1.1=10.5\%$

$ER(C)=5\%+(10\%-5\%)*1.2=11\%$

我们通过从实际收益中减去投资组合的预期收益来计算投资组合的 α。

$\alpha(A)=11\%-9.5\%=1.5\%$

$\alpha(B)=15\%-10.5\%=4.5\%$

$\alpha(C)=15\%-11\%=4.0\%$

从 α 值，我们可以得出基金经理 B 表现最佳的结论，基金经理 B 与 C 的年平均收益率相同，但是 B 的 β 系数明显低于 C 的，因此可以预期经理 B 的收益会更高。

本章小结

1. 本章主要介绍了投资管理的概念以及不同的投资策略。投资组合管理是一个流程，是一系列按照一定逻辑有序组合在一起以获得所需投资产品的行为流程。

2. 投资组合策略分为综合资产配置策略、战略性资产配置策略、战术性资产配置策略和保险资产配置策略四种。

3. 投资组合绩效评估的方法主要有 Treynor 指数、Sharpe 指数、索提诺比率等。

基本概念

投资组合管理　被动型投资组合　指数基金　交易所基金　主动型投资组合　市盈率　Treynor 指数　Sharpe 指数　索提诺比率

复习题

1. 主动型投资组合的管理者可以进行(　　)

A. 市场择时　B. 证券分析　C. 指数分析

D. 市场择时和证券分析　E. 上述说法都不正确

2. 被动型投资组合的管理者可以进行(　　)

A. 市场择时　B. 证券分析　C. 指数分析

D. 市场择时和证券分析　E. 上述说法都不正确

3. 请简述被动型投资策略和主动型投资策略的优缺点。

4. 投资组合 A 的年化收益率为 10%,贝塔系数为 1.2,无风险利率为 4%;投资组合 B 的年化收益率为 12%,贝塔系数为 0.8,无风险利率为 4.5%。请计算并比较两个投资组合的特雷诺指数,并分析你会如何利用这些指标进行投资决策。

5. 投资组合 A 的年化收益率为 8%,标准差为 12%,无风险利率为 3%;投资组合 B 的年化收益率为 10%,标准差为 15%,无风险利率为 3.5%。请计算并比较两个投资组合的夏普指数,并解释你对结果的理解。

6. 请说明夏普指数和特雷诺指数的区别。

第十二章　有效市场假说

美国经济学家尤金·法玛等人建立了现代的有效市场假说(Efficient Market Hypothesis,EMH)理论。有效市场假说是现代金融学的重要内容。本章节重点介绍了有效市场假说的基本内容及其检验方法。

第一节　有效市场理论发展

有效市场假说起源于尤金·法玛在1965年发表的《证券市场价格行为》①。尤金·法玛指出,在资本市场中,若股票价格能充分且准确地反映全部相关信息,则称为有效市场。有效市场理论涉及两个关键问题:一是关于信息与股票价格之间的关系;二是不同信息对股票价格会产生的影响。

对于资本市场中的信息—价格关系,在有效的资本市场中,任何与股票价格相关的信息都将反映在股票价格上,股票的"真实价值"就是其当前价格。任何投资者都无法通过信息处理获得高于市场平均水平的投资收益,也就是说,不存在基于真实信息的无风险套利空间。

尽管在一个有效市场上,所有股票价格都应该反映与其相关的所有信息,但是,由于信息来源和类型的不同,其对股票价格的影响也会有所不同,会表现出不同效率的资本市场。

一、随机漫步理论

1827年,苏格兰生物学家罗伯特·布朗,发现水中的花粉及其他悬浮的微小颗粒不停地作不规则的曲线运动,继而把这种不可预测的自由运动,用自己的名字称为"布朗运动"。1959年,奥斯本以布朗运动原理作为研究视角,提出了随机漫步理论,认为股票交易中买方与卖方同样聪明机智,股票价格形成是市场对随机到来的事件信息作出的反应,现今的股价已基本反映了供求关系;股票价格的变化类似于"布朗运动",具有随机漫步的特点,

① 王朝晖.证券投资学[M].北京:人民邮电出版社,2016:281.

其变动路径没有任何规律可循。因此,股价波动是不可预测的。

基于布朗运动的对数正态随机漫步理论,逐渐成为金融市场研究的经典框架,也为之后量化金融的发展奠定了基础。

二、有效市场假说(EMH)

美国芝加哥大学金融学教授尤金·法玛于1970年对马科维茨的现代化资产组合理论进行了深化,并提出有效市场假说。该理论认为,在一定的假设前提下,在法律健全、功能良好、透明度高、竞争充分的股票市场,一切有价值的信息已经及时、准确、充分地反映在股价走势当中,其中包括企业当前和未来的价值,除非存在市场操纵,否则投资者不可能通过分析以往价格获得高于市场平均水平的超额利润。2013年10月14日,尤金·法玛因此获得诺贝尔经济学奖。有效市场假设的基本前提包括以下三点:

(1)理性投资者假设。市场上的所有投资者都是理性的,能对证券做出合理的价值评估。

(2)随机交易假设。即使某些投资者并非完全理性,但是由于他们之间的证券交易是随机进行的,他们之间的非理性交易会相互抵消,因此不会对价格产生的影响。

(3)有效套利假设。即使某些投资者非理性且行为趋同,投资者的交易行为不能互相抵消,但由于市场上存在着专业的理性套利者,套利者通过买入被低估的资产、卖出被高估的资产,使得其价格回归于基础价值附近,因此消除了非理性投资者的行为对价格的影响。

第二节 有效市场类型及检验

根据市场对信息的反应程度不同,可将市场分为弱式有效市场、半强式有效市场和强式有效市场。

一、有效市场类型

(一)弱式有效市场

弱式有效市场是指股票价格能够充分反映历史序列中包含的所有信息,如价格和交易量等。如果这些历史信息对证券价格变动没有任何影响,则意味着资本市场已达到弱有效状态。因此,在一个弱有效的资本市场上,任何基于历史价格走势的技术分析都没有意义,因为市场价格已经包含了所有相关信息。这意味着,投资者无法通过技术分析方法挖掘被错误定价的证券并获得超常利润，但是由于该市场上存在着公开信息和内幕信息，因此掌握了内幕信息的投资者和基于公开信息对股票进行基本面分析的投资者，仍然可以获得超额收益。

（二）半强式有效市场

半强式有效市场不仅能够反映历史价格信息，还能反映与公司股票有关的所有公开有效信息，如公司收益、股息红利、对公司的预期、股票分拆等。在一个半强式有效的市场中，公开信息的传播速度快且均匀，每个投资者都能同时掌握和使用有关公开信息进行投资决策。股票价格能够在很短的时间内调整到位，使得信息完全体现在其价格上消化掉所有的公开信息。此时，基于基本面分析和技术分析的投资策略无效，但进行内幕交易的投资者可以获得超额收益。

（三）强式有效市场

强式有效市场是指股票价格已经完全反映了所有与价格变化有关的信息，包括公开信息和内幕信息。在强式有效市场中，每一位投资者都掌握了股票的所有信息，包括公开的和内幕的。所以股票价格信息的产生、公开、处理和反馈几乎是同时的，股票价格能迅速且准确地反映有关信息。强式有效市场是对市场效率的最严格假设，它意味着投资者不仅不能利用所有公开的信息，而且不能利用内幕信息在资本市场上牟取超额利润，即任何投资者都不能获取额外的投资回报。

三类市场之间的关系参见图 12.1。

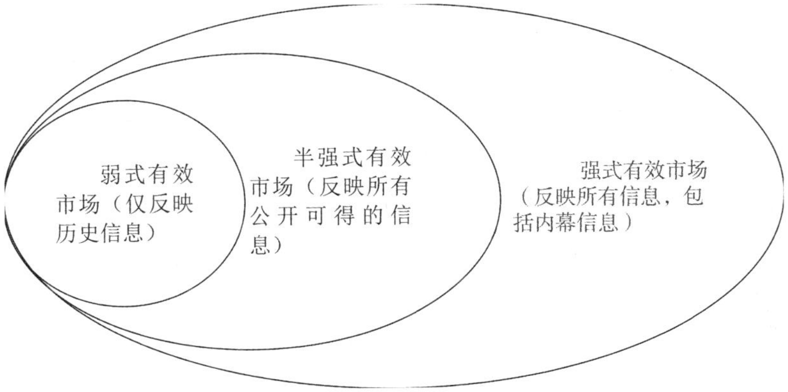

图 12.1 三类市场之间的关系

二、弱式有效市场假说检验

弱式有效市场最基本的前提条件是市场价格是随机游走的，即市场价格波动满足独立同分布（IID）增量。随机游走模型有三个假设前提，分别为

RWⅠ(独立同分布的随机变量),RWⅡ(独立增量),RWⅢ(不相关增量),市场的有效性由强到弱的顺序依次为 RWⅢ $>$ RWⅡ $>$ RWⅠ,即 RWⅠ和 RWⅡ是 RWⅢ的特例存在。

带有漂移项的随机游走的递归公式为

$$\log P_t = \mu + \log P_{t-1} + \varepsilon_t \tag{12-1}$$

其中 ε_t 是随机扰动项,μ 为价格期望值。

弱式有效市场的检验包含两个方面:一是可以通过检验当前股票收益率与历史股票收益率是否存在相关关系来进行研究,二是通过判断收益率变化是否相互独立来进行验证。目前随机游走模型是检验市场是否为弱式有效市场最常用的方法之一。常用的随机游走检验方法有单位根检验、自相关性检验、游程检验和方差比检验等。

(一)自相关性检验

自相关性是指随机误差项的各期望值之间存在着相关关系,而检验自相关性常用的方法有 DW 检验和 Q 检验。

(1)DW 检验

原假设 H0:误差项不存在自相关性。

备择假设 H1:误差项存在正自相关或负自相关。

其表达式为:

$$DW = \frac{\sum_{t=2}^{n} (e_t - e_{t-1})^2}{\sum_{t=1}^{n} {e_t}^2} \tag{12-2}$$

DW 检验的统计量是 DW 值,其取值范围为 0 到 4。DW 值接近于 2 则表明误差项不存在自相关性;DW 值偏离 2 则表明误差项存在自相关性;DW 值接近于 0 或 4 则表明误差项存在极强的正自相关或负自相关。

(2)Q 检验

原假设 H0:时间序列数据不存在自相关性

备择假设 H1:时间序列数据存在自相关性

其表达式为:

$$Q_m = T(T+2)\sum_{k=1}^{m} \frac{\rho^2(k)}{T-k} \tag{12-3}$$

其中

$$\rho = \frac{Cov(p_t, p_{t-1})}{\sqrt{Var(p_t)Var(p_t)}} \tag{12-4}$$

T 是样本个数，m 是滞后的阶数，Q_m 服从自由度是 m 的 χ^2 分布。

如果 Q_m 统计量比某一显著水平下的临界值大，就能够得出有一定的把握拒绝原假设的结论，即时间序列数据存在自相关性，不满足随机游走，市场不存在弱式有效。反之，如果 Q_m 统计量比临界值小则无法拒绝原假设，即时间序列不存在自相关性，是随机游走的。

（二）游程检验

一个游程被定义为股票价格保持同一符号的一个不间断序列，游程的长度即游程的个数，理论上存在三种形式，即上升游程、零游程和下降游程，但实际上，零游程出现的概率很小。当股票价格是随机游走时，这也意味着股票价格在下一个交易日价格上升和下降的概率相同。记 N 为 $\{p_t\}$ 的样本总数，N_1 为股票价格上升的天数，N_2 为股票价格下降的天数。m 为实际游程个数。

原假设 H0：股票价格涨跌不存在明显的趋势，即是随机游走的

备择假设 H1：股票价格涨跌存在明显的趋势

其表达式为

$$Z=\left|\frac{m-E(m)}{\sigma_m}\right| \tag{12-5}$$

其中

$$E(m)=\frac{2N_1}{N_2}+1 \tag{12-6}$$

$$\sigma_m=\left[\frac{2N_1N_2(2N_1N_2-N)}{N^2(N-1)}\right]^{\frac{1}{2}} \tag{12-7}$$

在一定显著水平 α 下，当 Z 值大于临界值时则拒绝原假设，即股价波动不是随机的，反之则接受原假设，即股价波动是随机的。

尤金·法玛(1965)发现股票价格大体上遵循随机游走规律。1970 年他对 30 只股票(道·琼斯工业股价平均数的样本股)在 1957 年底至 1962 年 9 月 2 日期间的股价的日对数收益率数据进行检验，结果表明，股价收益率序列自相关系数为零，即市场为弱式有效市场。

目前对技术分析法的有效性进行检验的方法是滤嘴法则。而最早使用该检验方法的是亚历山大(1961)。其策略为：股价从某一谷底上涨超过某一预定幅度 x%后买进并持有，直到股价在下一个峰顶下跌至某一预定幅度 y%后卖出。这一过程一直保持下去，直到投资者破产或赚到满意的收益为止，然后，将按滤嘴法则赚取的利润同按买入并持续持有策略赚取的利润进行比较，如果前者明显大于后者，则判断股价变动具有相关性。反之，则说

明股价变动之间相互独立。亚历山大的研究表明，滤嘴法则能给投资者带来巨额收益。然而尤金·法玛(1965)指出，亚历山大的研究并没有将买卖佣金等成本考虑在内，如果将这些因素考虑进去，则滤嘴法则给投资者带来的收益是微乎其微的。

三、半强式有效市场假说检验

半强式有效市场假说指出股票价格会随着所有公开信息的发布而迅速调整，即股票价格充分反映了所有公开信息。半强式有效检验主要是针对股票价格对公开发布信息的反应速度，通常采用"事件研究法"来检验，以信息发布前后数天为时间窗口，考察这一段时间的股价超额收益的状况来检验股价对特定信息反应模式。这类研究只是对一些特定事件(信息)进行研究，考察股价对某一信息的有效性。尤金·法玛首创了"事件研究法"，这也是目前检验市场是否为半强式有效市场的通行办法。事件研究法是用来研究某一特定事件发生对公司股票价格或收益率的影响，并以此检验金融市场对新信息披露的反应程度。

在计算某一股票某一天的超常收益(AR)可以用股票当天的实际收益(R)，减去当天的市场收益(R_m)来计算。即：

$$AR = R - R_m$$

那么，

$$\text{在时间}(t-1)\text{披露的信息} \rightarrow AR_{t-1}$$
$$\text{在时间}(t)\text{披露的信息} \rightarrow AR_t$$
$$\text{在时间}(t+1)\text{披露的信息} \rightarrow AR_{t+1}$$

箭头表明某一时期的超常收益仅仅与该期披露的信息有关。

根据有效市场假说，股票在第 t 时间的超常收益(AR)应该反映在同一时间披露的信息中。任何在此之前披露的信息应该对这一期间的超常收益没有影响，因为其在此之前就已经影响了股价。换句话说，有效市场应该已经把之前的信息反映在价格里了。因为股票今天的收益不可能取决于市场还不知道的信息，所以未来才知道的信息也不影响股票的收益。因为某一时间的信息只影响那一期的超常收益，这样箭头指向的是所显示的方向。事件研究是分析箭头是否像所显示的那样，或者说信息披露是否影响另外一天收益的统计研究。

四、强式有效市场假说检验

强式有效市场假说认为股票价格充分反映了所有信息，包括公开信息和内幕信息。这意味着没有任何投资者能够获得超额收益。

一般情况下，主要从两个方面来检验市场的强式有效性：

(1)私人信息知情者是否能够获得高于常人的超额回报。公司内部人士尤其是高层往往掌握着重要信息，在这些信息没有被公布之前，如果他们利用这些内幕信息进行交易，从中获得超额的收益，那么这部分信息就没有反映在市场价格之中，说明市场没有达到强式有效状态。

(2)研究信息发布前的收益率变化情况。在正常情况下，信息没有发生泄露，股价不受信息因素干扰，就不会提前出现异常波动，市场就是强式有效市场。反之，如果内幕信息遭到泄露，在信息正式发布前，市场的股价提前出现异常波动，市场就不是强式有效的市场。

强式有效市场的检验，就是检验内幕信息知情人的投资收益率，是否显著高于一般投资者或者随机抽样选取的证券投资组合的收益率。但是目前，对强式有效市场的检验还没有一致的结论。

本章小结

1. 弱式有效市场认为利用历史股票价格的变动规律来获得超额收益是无效的，也即技术分析无效。

2. 半强式有效市场认为利用所有公开的信息来获得超额收益是无效的，即基本面分析无效。

3. 强式有效市场认为市场反映了所有的信息，包括内幕消息，即用任何手段都不能获得超额收益。

4. 有效市场假说的检验方式主要包括 DW 检验和 Q 检验在内的自相关性检验和游程检验等。

基本概念

随机游走　有效市场假说　弱式有效市场　半强式有效市场　强式有效市场

复习题

1. 下面哪些关于有效市场假说的说法是正确的？

a. 它意味着完美的预测能力；

b. 它意味着价格反映所有可得到的信息；

c. 它意味着一个非理性的市场；

d. 它意味着价格不会波动；

e. 它导致投资者之间激烈竞争。

2. 如果一个市场是半强式有效的，它是否也是弱式有效的？请解释。

3. 对于买卖股票试图“战胜市场”的投资者来说，有效市场假说的意义是什么？

4. 假定市场是半强式有效的，如果你的交易基于以下考虑，你是否可以获得超额收益？

(1)你的经纪人关于某只股票的盈利历史信息；

(2)关于合并某一公司的谣言；

(3)昨天关于新产品测试成功的公告。

5. 有效市场假说意味着所有的共同基金应该获得同样的风险调整收益。因此我们可以随机挑选共同基金。这种说法对吗？请解释。

6. 假定市场是有效的。在某一个交易日，A 公司宣布它损失了一份先前普遍认为已经确定的大额高尔夫合同项目。如果市场是有效的，没有其他信息，股价应该对该信息做出什么反应？

行为投资篇

第十三章　行为金融学概述

行为金融学作为一门新兴的边缘学科，对传统金融理论的创新发展具有重要意义。本章首先重点介绍了行为金融学的早期发展历程以及近年的进展；其次说明了"理性经济人"这一概念，并认为决策者的决策行为是非完全理性的；最后阐述了行为金融学对有效市场假设发动了全面的冲击。

第一节　行为金融学形成与发展

在传统金融学理论中，股票市场价格能够反映出与股票相关的所有信息，股票价格理应在认知范围内进行合理的波动。但是，1987 年的"黑色星期一"却打破了常规认知。那一天，股票价格崩盘发生得毫无逻辑，后来的研究也证实了并没有任何突然的信息能够引起股价崩盘。所以这种突发情况便引起了金融学家的思考——也许影响股价波动的不仅仅是信息，还与投资人心理因素、行为偏好等有关。

在最近几十年的研究里，在古典金融理论的研究模型之中，所依赖的假设过于理性化。与此同时，越来越多的实验证据表明，投资者在决策和博弈过程中并不像新古典经济学家所刻画的"经济人"(Economic Man)那样表现出纯粹的自利和完美理性，而是在很大程度上受到认知、心理、社会、情感等因素的影响，从而产生规律性、系统性的偏离。这些不断涌现的实验证据不断被系统化、模型化，从而形成新兴经济学的一个重要分支——行为经济学。

那些挑战新古典金融理论的学者开始运用"有限理性"的研究假设，不断吸收来自心理学和行为经济学的研究成果，对金融市场中的各种异象和系统性偏离做出合理的解释，从而为各类市场主体的金融决策与金融监管提供科学依据。这些系统化的实证证据、理论模型以及由此发展起来的实践方法统称为行为金融学。行为金融学兴起于 20 世纪 90 年代，并在学术界得到了越来越多金融学者的关注与认可，其在实务界的影响力也不断扩大，如今已经与新古典金融学并驾齐驱，成为现代金融学的重要组成部分。

一、行为金融学的早期学术思想

行为金融学的早期学术思想主要萌生于对宏观经济与投资、经济心理学实验的相关研究，如 Keynes 的选美博弈、Graham 的投资分析、Simon 的有限理性假设以及心理学家卡尼曼(Kahneman)等人所做的系列经济心理学实验。直到 20 世纪 80—90 年代，一些经济学家，如 Richard H. Thaler 和 Robert J. Shiller 等，发现金融市场中存在一系列违背有效市场假说的异象，并且研究其背后的行为和心理规律后，行为金融学才正式得到主流经济学家的认可。2000 年以后，行为金融学在理论研究与实证研究上都取得了重大进展，研究重点从资产定价逐步转向公司金融和家庭金融，其学术思想和研究体系开始走向成熟，成为现代金融学的前沿思想。早期行为金融学主要研究思想见表 13.1。

表 13.1　早期行为金融学主要研究思想

有效市场假说的挑战	传统的金融理论认为，市场是完全有效的，价格反映了全部信息。但是，早期的行为金融学家发现，人类行为中存在的心理偏差会影响投资决策，导致市场并不总是有效的。
均值方差分析的局限性	传统的金融理论通常使用均值方差分析来评估投资组合的风险和收益。但是，行为金融学家发现，投资者往往对风险的感受有偏差，因此均值方差分析可能不足以全面评估风险。
心理学因素对投资决策的影响	早期的行为金融学家发现，投资者的决策常常受到诸如情感、心理预期和社会规范等因素的影响。例如，投资者往往会对自己的损失更敏感，而对同等大小的收益不那么敏感。
群体行为的影响	早期的行为金融学家还研究了群体行为对市场的影响。他们发现，投资者的行为往往受到其他投资者的影响，导致市场存在着明显的非理性行为。
选择异象和证实偏差	选择异象是指投资者在做决策时过度关注过去的成功经历，而忽略失败经历；证实偏差是指投资者倾向于寻找那些支持他们先前做出的决策的证据，而忽略那些与之相矛盾的证据。这些心理偏差可能导致投资者做出错误的决策。

二、行为金融学的形成和发展期

20 世纪 70 年代末，Daniel Kahneman 和 Amos Tversky 共同提出了“前景理论”，揭示了人们的风险偏好和决策依赖于他们现有的财富状态。随后，Robert J. Shiller 等提出了“情感财务”理论，认为投资者往往会受到情感和行为因素的影响。此外，Nassim Nicholas Taleb 提出了“黑天鹅”理论，指出极端事件的发生率较高，并可能对市场产生重大影响。在此期间，行为金融学的研究主要集中在学术界。

在 2008 年全球金融危机的背景下，Robert J. Shiller 提出的“动物精神”理论认为投资者的情绪对市场波动有重要影响。此时，行为金融学开始逐渐得到广泛的关注，成为一个热门话题。在行为金融学的发展过程中，还有一些重要的时间点和人物。2002 年，美国行为金融学会（ABA）成立，标志着行为金融学正式成为一门独立的学科。此外，2008 年的全球金融危机也引发了对传统金融学的质疑和对行为金融学的关注。2009 年，Richard Thaler 等发表了《典型性投资错误》一书，讨论了投资者在做出决策时的偏差和误判。此外，Michael Lewis 的《大空头》一书也揭示了华尔街的黑暗面，引发了对行业道德和风险控制的讨论。

总的来说，行为金融学的发展经历了从理论探索到实践应用的过程，其理论框架也不断得到完善。在当今金融市场中，行为金融学的研究成果已经被广泛应用于资产定价、投资组合管理、风险管理等领域。

三、行为金融学的新进展

进入 21 世纪以后，随着大数据和机器学习技术的发展，行为金融学开始利用这些新工具来分析市场数据，以识别和预测市场行为模式。这些技术的应用使得行为金融学的研究更加精细和高效，在研究人类决策和行为偏差方面取得了重要进展。

首先，随着社会网络的影响，行为金融学家开始探索社交网络如何影响个体决策，发现社交网络可以增加投资者信心和决策，但也会增加“羊群效应”的风险。

其次，脑神经科学的发展，使得行为金融学家可以更深入地了解人类决策背后的神经机制，不同的决策行为对应不同的神经活动和神经途径，这可以帮助行为金融学家更好地理解投资者的决策。接着，行为经济学和行为金融学的融合，使得行为金融学家可以更好地理解决策背后的心理机制。最新的研究表明，人类的情感和心理偏差在金融决策中起着至关重要的作用，这可以帮助行为金融学家更好地理解投资者行为。

最后，随着新兴市场的崛起，行为金融学家开始研究新兴市场的投资者行为。最新研究表明，新兴市场的投资者更容易受到羊群效应和认知偏差的影响，这对新兴市场的投资决策产生了深远的影响。

近年来，行为金融学的研究方向也在不断地拓展和深化。例如，行为金融与公司金融的结合，研究 CEO 的决策行为如何受到过度自信、文化背景和个人性格等因素的影响。此外，由于投资者和交易者的非理性行为，行为金融学能够解释许多市场上的现象，这也使得这门学科受到了越来越多的关注。

第二节 理性人与普通人

一、理性人与普通人

在经济学中，人们通常被分为理性人和普通人。理性人是指在做出决策时，能够全面地考虑所有的信息和因素，并选择最合适的方案来最大化自身利益的人。而普通人则不同，他们在做出决策时会被情绪、经验和其他因素所影响，不一定会选择最优方案。在现实中，理性人和普通人在不同的场景中表现出不同的行为模式和决策方式。

例如，在股票市场上进行投资时，理性人会通过对市场信息、公司业绩、市场趋势等各方面的分析和研究，找到最佳的投资方案；而普通人则可能会受到市场情绪、媒体报道、投资群体等因素的影响，做出非理性的决策。当市场情绪变得恐慌和紧张时，普通人可能会贪婪地追涨杀跌，而忽视了市场的风险和潜在风险。再比如，在进行长期的投资决策时，理性人会考虑自己的收入、风险承受能力、生活需求等因素，选择最适合自己的投资方案；而普通人则可能会被眼前的利益所吸引，选择高风险的投资方案，忽视了长期的风险和稳定性。

总之，理性人和普通人在经济学中有着不同的定义和行为方式。虽然理性人更符合经济学的理论假设，但现实中，普通人的行为也往往是不可避免的。因此，经济学研究的不仅仅是理性人，还包括普通人的行为和决策模式。

二、“理性经济人”假设

所谓“理性经济人”假设是指以追求物质利益为目的而进行经济活动的社会主体。这一假设认为每个人都希望以尽可能少的付出，获得最可能大的收获，这是古典理论对人的看法，也就是把人当作经济动物来看待，认为人的一切行为都是为了最大限度地满足自己的私利。古典理论认为，人们工作、参加社会实践的目的就是为了满足自己的利益，以获得最大的经济报酬。

“理性经济人”假设是进行经济学研究的一个重要前提，一般认为这一假设最早是由亚当·斯密在《国民财富的性质及其原因的研究》(简称《国富论》)一书中进行了系统论述。在他之前已经有人提出了类似的概念。亚当·斯密在《国富论》中写道:“人类几乎随时随地都需要同胞的协助,要想仅仅依赖他人的恩惠,那是一定不行的。他如果能够刺激他们的利己心,使有利于他,并告诉他们,给他做事,是对他们自己有利的,他要达到目的就容易得多了。不论是谁,如果要与旁人做买卖,他首先要这样提议:请给我所要的东西吧,同时你也可以得到你所要的东西。这句话是交易的通义。我们每天所需要的食物和饮料,不是出自屠夫、酿酒家或烙面师的恩惠,而是出自他们自利的打算。我们不说唤起他们利他心,而说唤起他们利己心的话。我们不说自己有需要,而说对他们有利。”他还说道:“各个人都在不断地努力为自己所能支配的资本找到最有利的用途。固然,他所考虑的不是社会的利益,而是他自身的利益,但他对自身利益的追求自然会引导他选定最有利于社会的用途。”

以上就是亚当·斯密关于“理性经济人”的经典论述,通过其论述可以得到以下几点重要的结论。

(一)人是一种理性的社会性动物

亚当·斯密的这一理论是伴随着工业革命的发展而产生的,随着工业革命的发展,社会分工进一步扩大,要完成一项活动往往需要多个人的配合与协作。但是如何才能让别人心甘情愿地为自己劳动,实现这种协作与配合呢?亚当·斯密认为,人是一种有理性的社会动物,要让别人协助自己,最重要的是要刺激他们的利己心,使他们知道提供帮助有利可图。

(二)利己是人的本性

人们从事经济或社会活动的时候通常是出于自己的私利,而不是为了促进社会或他人的公益。关于人性问题在中西哲学史上有很多学者对其进行了探讨,例如孟子的性善论、荀子的性恶论,在西方包括霍布斯、洛克等人也认为人有利己的一面,从中外思想家关于人性的论述中可以看出,他们都认为人是具有利己心的,亚当·斯密在《国富论》中也表达了这一思想。

(三)无意识的行为增加社会财富

亚当·斯密认为虽然人们在经济活动中是为了自己的私利,但为了达到自己的私利,每个人都努力地创造社会财富,所以每个人都无意识地增加了社会财富和公共利益,促进了一个国家经济的发展,这比每个人本意上追求社会利益更能促进社会利益。我们通常说瓦特发明了蒸汽机为资本主义经济的大力发展提供了工具,而亚当·斯密的经济理论才真正地提供了使这一工具运转起来的方法和动力，以至于人们把亚当·斯密的《国富论》视为当时资本主义经济快速发展的“圣经”。亚当·斯密关于“经济人”的思想影响了整个时代以及他之后的许多经济学家，包括社会学家、哲学家都对其进行了深入的思考，但是亚当·斯密关于“经济人”的思想还没有形成一个严格的概念。到了穆勒才使“经济人”的思想向前推进了一大步，穆勒认为政治经济学并不讨论社会状态所塑造的人的全部本性，也不讨论人在社会中的全部行为，它把人仅仅当作渴望获得财富的人来研究。

可在经济学与金融学中，理性人是基本不存在的，这本身就是一个悖论，人并不是完全理性的。行为决策者在追求利益最大化的过程中，由于受到内外部约束条件的影响，其决策行为必然表现为有限理性，因此不存在完全理性的人。

人在现实生活中，作为整个人类社会群体中的一员，以及人之所以为人并以其拥有独特的情感作为区别于动物的重要特征，我们可以得出这样的结论：人在纷繁复杂的现实生活中并不是理性的。即使大部分人在主观上都会力求自身利益最大化或损失最小化，从这一点来看大部分人的行为都是相对理性的，但由于受到诸多的内外部约束条件的影响，个体行为人在决策过程和决策结果上表现出来的也必然是有限的理性，即不存在完全理性的人。

人的理性是完全理性和完全非理性之间的一种有限理性。决策者追求理性，但又不是最大限度追求理性，因为个体的能力有限，包括认知方面有限，如知识有限，计算能力有限，想象力等方面有限；心智能力有限，如情绪控制能力有限等。决策者既不可能掌握全部信息，也无法预知未来。同时外部环境存在不可控制因素且信息不对称，因此认为决策行为是非完全理性的。

第三节　有效市场假说的挑战

一、有效市场假设的反对者——行为金融学

有效市场假说（Efficient Market Hypothesis，EMH）是指市场是高度有效的，所有可用的信息都已经被反映在资产价格中，没有任何投资策略能够获得超额利润。有效市场假说的核心思想是，在一个有效市场中，资产价格将反映所有可用的信息，包括公共信息、公司财务报表和市场研究报告等。这意味着，在这样的市场中，投资者不能依靠任何单一的信息源或者投资策

略来获得超额利润，因为任何一种信息或策略都已经被市场反映在资产价格中。

有效市场假说的支持者认为，市场上的投资者都是理性的，他们都会尽力获取信息来获得超额利润，这样市场就会自动反映所有可用的信息，从而保持高效。然而，有效市场假说也面临着一些批评。批评者认为，市场上的投资者并不总是理性的，他们可能会受到情感、媒体宣传等因素的影响，从而做出非理性的决策。此外，一些研究表明，即使市场是有效的，也可能会存在某些机会，可以通过使用一些特定的策略来获得超额利润。

虽说有多种因素促使行为金融理论的产生，但向有效市场假设挑战，无疑是其中一个极其重要的因素。行为金融学对有效市场假设的理论基础发动了全面的冲击，并试图在更加坚实的学科基础上发展和完善自己。

有效市场假设的前提条件之一是投资者可以正确解读各种投资信息，这条假设实际上就是假定投资者是理性人。理性人(rational man)是传统金融理论赖以建立和发展的基础，是指投资者在决策时都以效用最大化为目标，且能够对已知信息做出正确的加工处理。但现实情况又是如何的呢?行为金融理论认为投资者在投资过程中的理性是有限的，根本达不到理性人的要求。

二、行为金融学的基本理论

行为金融学(Behavioral Finance)是金融学、心理学、行为学、社会学等学科相交叉的边缘学科，力图揭示金融市场的非理性行为和决策规律。行为金融学理论认为，证券的市场价格并不只由证券内在价值所决定，还在很大程度上受到投资者主体行为的影响，即投资者心理与行为对证券市场的价格决定及其变动具有重大影响。

基于对现实投资活动的深刻观察，行为金融学对投资者在决策时常常表现出的一些心理特点进行了归纳，如过度自信与归因偏差。心理学研究表明，人们都有高估自己能力和对成功过分乐观的倾向。在投资市场上，人们容易忘记过去的失败，也很难从失败中汲取教训，这会进一步强化人们的自信。投资市场上投资者的自信程度，可以用其交易的频繁程度来间接衡量。交易越频繁者，自信程度越高。这是因为在进行交易之前，投资者必须对整个市场和拟操作的个股走势有基本的判断，并据此进行相应的操作。

证实偏差。投资者通常分为“多”“空”两大阵营。一旦某个投资者加入“多头”阵营，则其内心会形成一种强烈期盼市场上涨的愿望。这时，该投资者会积极寻找支持市场上涨的各种原因，不再关注或者不愿意相信会导致市场下跌的新信息。同样,我们也可以对加入“空头”阵营的投资者的内心世界进行相应的分析。我们把投资者寻找支持自己立场的证据的倾向,即这种证实而不是证伪的倾向称为“证实偏差”(confirmation bias)。

处置效应。行为金融学将投资者在处置股票时,倾向卖出盈利的股票,继续持有亏损的股票,即通常的“出赢保亏”,称为处置效应(Disposition Effect)。之所以产生处置效应,是因为投资者要力求避免后悔。

羊群效应。是投资市场中普遍存在的一种投资行为。羊群效应就是投资市场中的“羊群行为”(Herd Behaviors),是指投资者在信息环境不确定的情况下,行为受到其他投资者的影响,或者过度依赖于舆论,而不考虑私人信息,简单地模仿他人的行为。这些假定都是通过在金融市场的观测得到的具体现象。

三、行为金融学的实践意义

行为金融学是一门研究人类行为对金融决策的影响的学科。它的产生是为了更深入地了解投资实践,并通过透彻的分析来提供对投资决策的指导。行为金融学将人类的认知和心理特征与投资决策联系起来,从而使投资者更全面、深入地理解自己和市场。

在实践中,行为金融学通过三个不断递进的层次来指导投资决策。首先,投资者应该认识到在投资过程中可能出现的错误行为。这些错误行为包括过度自信、证实偏差、处置效应和羊群效应等。这些行为通常包含一定程度的非理性成分,并有可能对投资效果造成负面影响。投资者需要清醒地认识到这些错误行为的存在,并尽量避免它们的影响。其次,投资者应该努力避免这些错误行为的发生。在实践中,避免这些错误行为需要具备多种能力和技巧。最后,行为金融学也可以帮助投资者利用其他投资者的错误获得更大的利润。这需要投资者具备高级的投资策略和技巧,例如逆向投资策略。逆向投资策略指的是采取与市场观点相反的思考方式买卖股票的投资风格。当市场看多时,逆向投资者会选择看空;当市场看空时,逆向投资者会选择看多。通过这种逆向投资策略,投资者可以利用市场的愚蠢有规律地进行投资,并获得绝佳的投资效果。总之,行为金融学为投资者提供了更全面、深入的投资指导。在后面的章节中,我们会通过更具体的实例,来展现行为金融学在我们的投资行为中的应用。

本章小结

1.行为金融学是一门研究投资者心理和行为的学科，它关注投资者在做出投资决策时所受到的心理偏差和认知错误的影响。

2.行为金融学认为，投资者的心理偏差会导致他们在决策过程中出现系统性的错误，从而影响市场的效率和价格的形成。

3.行为金融学提出了一些理论模型来解释投资者的行为，其中包括前景理论、损失厌恶理论和羊群效应等。

4.行为金融学的研究方法主要包括实验研究和问卷调查等，通过这些方法可以揭示投资者的心理特点和行为模式。

5.行为金融学对于投资实践具有重要的意义，它可以帮助投资者更好地理解市场的行为规律，避免犯一些常见的投资错误，从而提高投资的成功率。

基本概念

理性经济人　有效市场假说　行为金融学

复习题

1.什么是行为金融学?

2.请列举几个常见的投资者心理偏差。

3.请简述行为金融学对有效市场假说的挑战。

第十四章　行为金融学理论模型

本章主要介绍了行为金融学常见的理论模型，主要包括期望效用理论、前景理论等。前景理论是对传统的期望效用理论的批判和补充，前景理论认为人们在决策时不仅考虑最终结果的效用，而且还受到其他方面的影响。

第一节　期望效用理论

期望效用理论是20世纪50年代，Von Neumann 和 Morgenstern 运用逻辑和数学工具，建立了不确定条件下对理性人(Rational Man)选择进行分析的框架。这是一种描述人类决策行为的理论，主要涉及决策者的选择和决策结果之间的关系。该理论认为，人类决策者在面临不确定性情境时，会根据不同结果发生的概率以及每个结果带来的效用(或满意度)来进行决策选择。

一、期望效用理论的公理化假设

期望效用理论认为，在不确定性决策中，期望效用值为：

$$U(p_1x_1, p_2x_2, \cdots, p_nx_n) = p_1u(x_1) + \cdots + p_nu(x_n) \qquad (14\text{-}1)$$

期望效用理论公理化假设旨在描述决策者在面临不确定性的情况下所做出的决策的基本特征。完全理性假设认为决策者能够在不确定性情况下全面考虑所有的可能性和后果，并作出最优的决策。而传递性假设认为，如果一个决策被认为优于另一个决策，那么在同样的条件下，这个决策的优势仍然存在。显式可比性假设则认为，决策者能够对不同的决策做出比较，将它们按照他们的效用值进行排序。最后，风险厌恶性假设认为，决策者在面临不确定性的决策情境时，倾向于选择更稳定的决策而不是更高风险的决策。上述这些假设提供了期望效用理论中用于描述决策者的行为的基础框架。公理化的价值衡量标准包括：优势性、恒定性、传递性。

(一)优势性

如果期望 A 至少在一个方面优于期望 B 并且在其他方面都不亚于 B ，

那么 A 优于 B ，这就是优势性(dominance)。这个原则可能在理性决策中更加明显：如果一个方案在某一状态优于其他方案并且在其他状态不亚于其他方案，那么这一优势方案将被采用。对于不可量化的风险性方案，如果方案 A 的累计回报值高于方案 B 的累计回报值，那么 A 优于 B 。优势性简单而有说服力，它是标准决策理论的基石。

(二)恒定性(独立性)

各个期望的优先顺序不依赖于它们的描述方式，或者说同一个决策问题即使在不同的表述方式下也将产生同样的选择，也就是说，对方案的偏好不受方案描述的影响，这就是恒定性(invariance)原则。恒定性也被称为独立性(independence)。决策者通过反思同一问题的不同描述而最终选择同一决策方案。恒定性原则被人们普遍认同，以至于人们将它默认为公理而不需验证。一般认为恒定性公理对于期望效用模型来说，是其赖以成立的最重要的假定。因为该假定不仅表明决策者对各种结果的选择是独立进行的，不同的结果是可加的，而且决策者对备择方案的偏好不受其变换方面的影响。

(三)传递性

对于效用函数 U ，只要 $U(A)>U(B)$ ，那么 A 就优于 B ；反过来，只要 B 优于 A ，那么就有 $U(B)>U(A)$ ，一般地，只要 A 优于 B ，B 优于 C ，那么 A 就优于 C ，这就是偏好的传递性(transitivity)。如果能给每个方案赋一个不依赖于其他方案的值，那么就满足传递性，它是风险和非风险决策的基础假设。传递性在评价各个方案时容易满足，而当方案的结果必须考虑诸如后悔等因素时就不容易满足了。建立在决策者偏好理性等一系列严格公理化假定之上的期望效用模型是现代决策理论的基石，并成为价值理论的核心及市场均衡的前提，在此基础上构筑起了现代微观经济学宏化而优美的大厦。而且，期望效用模型本身的应用领域亦相当广泛，可扩展到经济理论的几乎每个分支①。

二、风险态度及效用函数

人们在处理风险决策时遵循的“期望效用模型”的内涵是，在风险情境下最终结果的效用水平是通过决策者对各种可能结果的加权估价后获得的，决策者谋求的是加权估价后所形成的期望效用最大化。

① 饶育蕾，彭叠峰，盛虎. 行为金融学[M]. 北京：机械工业出版社，2018：47.

不确定性状态下的决策可以看作是在期望和赌博两者之间的一项选择,期望效用函数通常表示为财富的函数,它的核心是期望效用值。假设一个人面对一个有两种可能结果的财富:$p(0<p<1)$ 概率获得财富 x ,$1-p$ 概率获得财富 y ,那么,期望效用值记作:

$$U(px,(1-p)y)=pU(x)+(1-p)U(y) \tag{14-2}$$

(一)风险厌恶与效用函数

如果决策者偏好确定性所得而厌恶财富的不确定性,这种风险态度称为风险厌恶,其效用函数为:

$$U(px,(1-p)y)>pU(x)+(1-p)U(y) \tag{14-3}$$

可用图 14.1 表示:

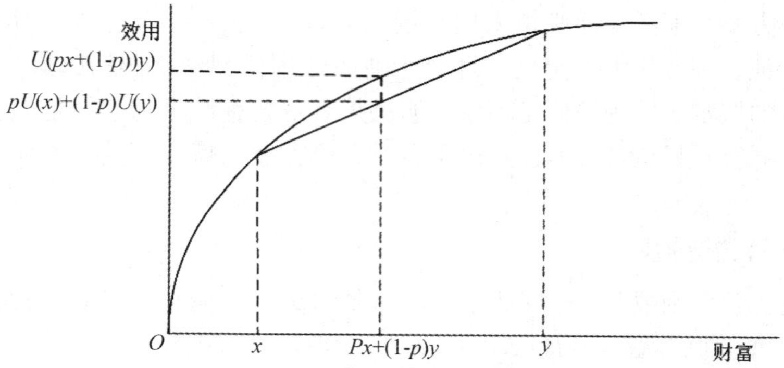

图 14.1　风险厌恶下的效用曲线

在纵坐标上,确定收入的效用 $U(px+(1-p)y)$ 和不确定的效用 $pU(x)+(1-p)U(y)$ 之间的差额就是风险溢价,即相同横坐标(相同的财富水平)对应的 $pU(x)+(1-p)U(y)$ 的纵坐标值和下凹函数的纵坐标值的差额。风险厌恶条件下的风险溢价为正值。对于财富 W,风险厌恶的程度为:

$$\frac{\partial^2 U(W)}{\partial W^2}=U''(W) \tag{14-4}$$

(二)风险寻求与效用函数

如果人们偏好不确定性财富而不喜欢确定性所得,这种风险态度称为风险寻求,其效用函数为:

$$U(px,(1-p)y)<pU(x)+(1-p)U(y) \tag{14-5}$$

可用图 14.2 表示:

在纵坐标上,确定收入的效用 $U(px+(1-p)y)$ 和不确定性选择的效用 $pU(x)+(1-p)U(y)$ 之间的差额就是风险溢价,即相同横坐标对应的

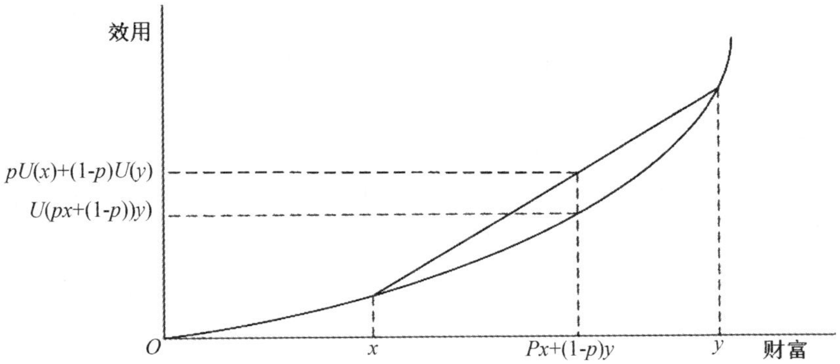

图 14.2　风险寻求下的效用曲线

$pU(x)+(1-p)U(y)$ 的线性函数的纵坐标值和下凸函数的纵坐标值的差额。风险寻求条件下的风险溢价为负值。

(三)风险中立与效用函数

如果人们只关注选择方案的期望效用而不关心是确定性所得还是不确定性所得,这种风险态度即为风险中立,其效用函数为:

$$U(px,(1-p)y)=pU(x)+(1-p)U(y) \qquad (14\text{-}6)$$

可用图 14.3 表示:

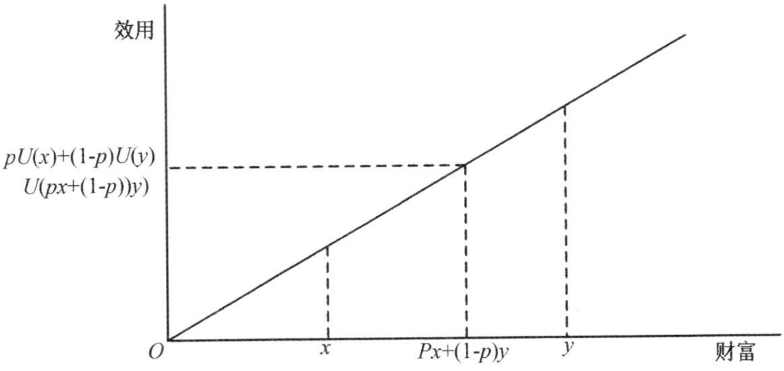

图 14.3　风险中立下的效用曲线

在纵坐标上,确定收入的效用 $U(px+(1-p)y)$ 和不确定性选择的效用 $pU(x)+(1-p)U(y)$ 之间的差额为零,即风险溢价为零。如图 14.3 所示,风险中立的期望效用函数为线性[①]。

① 饶育蕾,彭叠峰,盛虎.行为金融学[M].北京:机械工业出版社,2018:49.

第二节　前景理论

前景理论由 Daniel Kahneman 和 Amos Tversky 于 1979 年提出。它用于解释人们在面临风险和不确定性时的决策行为。该理论是对传统的期望效用理论的批判和补充，认为人们在决策时不仅考虑最终结果的效用，而且还受到结果相对于参考点的影响。在前景理论中，人们将可能的结果分为“得失”两类，即获得利益和遭受损失，并将结果与参考点进行比较。参考点通常被定义为人们对于某种结果的期望值。具体来说，参考点可以是当前拥有的财富、预期的收益、预算、时间等。参考点对于人们对于盈利和损失的评估具有重要影响，通常会导致人们对于同一结果的评价存在偏差，即“风险厌恶”和“损失厌恶”等现象。人们会更关注相对于参考点的得失，而不是绝对的效用。20 世纪 70 年代由两位心理学家 Daniel Kahneman 和 Amos Tversky 将心理学引入金融学与经济学科后，构建了前景理论(Prospect Theory)。

一、前景理论基本原理

(一)确定效应

在确定的收益和“赌一把”之间，多数人会选择确定的好处。

(二)反射效应

在确定的损失和“赌一把”之间做一个抉择，多数人会选择“赌一把”。

(三)损失规避

白捡的 100 元所带来的快乐，难以抵消丢失 100 元所带来的痛苦。

(四)迷恋小概率事件

很多人都买过彩票，虽然赢钱可能微乎其微，你的钱 99.99%的可能支持福利事业和体育事业了，可还是有人心存侥幸博小概率事件。

(五)参照依赖

多数人对得失的判断往往根据参照点决定。举例来说，在“其他人一年挣 6 万元，你年收入 7 万元”和“其他人年收入为 9 万元，你一年收入 8 万元”的选择题中，大部分人会选择前者。

[例 14.1]

确定效应实验

A. 你一定能赚 30000 元。

B. 你有 80%可能赚 40000 元，20%可能性什么也得不到。你会选择哪一个呢？

实验结果是，大部分人都选择 A。传统经济学中的“理性人”这时会跳出来批判：选择 A 是错的，因为 40000×80%＝32000，期望值要大于 30000。

这个实验结果说明：大多数人处于收益状态时，往往小心翼翼，厌恶风险，喜欢见好就收，害怕失去已有的利润。Daniel Kahneman 和 Amos Tversky 称之为“确定效应”，即处于收益状态时，大部分人都是风险厌恶者。

[例 14.2]

反射效应实验

A. 你一定会赔 30000 元。

B. 你有 80%可能赔 40000 元，20%可能不赔钱。

你会选择哪一个呢？实验结果是，只有少数人情愿“花钱消灾”选择 A，大部分人愿意和命运博一博，选择 B。传统经济学中的“理性人”会跳出来说，两害相权取其轻，所以选 B 是错的，因为(－40000)×80%＝－32000，风险要大于－30000 元。

现实是，多数人处于亏损状态时，会极不甘心，宁愿承受更大的风险来赌一把。也就是说，处于损失状态时，大多数人变得甘冒风险。Daniel Kahneman 和 Amos Tversky 称之为“反射效应”。反射效应表明，积极前景中的风险规避倾向伴随着消极前景中的风险寻求倾向。

[例 14.3]

损失规避实验

假设有一个赌博游戏，投一枚均匀的硬币，正面为赢，反面为输。如果赢了可以获得 50000 元，输了失去 50000 元。请问你是否愿意赌一把？请做出你的选择。

A. 愿意

B. 不愿意

从整体上来说，这个赌局输赢的可能性相同，就是说这个游戏的结果期望值为零，是绝对公平的赌局。你会选择参与这个赌局吗？但大量类似实验的结果证明，多数人不愿意玩这个游戏。为什么人们会做出这样的选择呢？

这个现象同样可以用损失规避效应解释，虽然出现正反面的概率是相同的，但是人们对“失”比对“得”敏感。想到可能会输掉 50000 元，这种不舒服的程度超过了想到有同样可能赢来 50000 元的快乐。即大多数人对损失和获得的敏感程度不对称，面对损失的痛苦感要大大超过面对获得的快乐感。Daniel Kahneman 认为人们面对同样数量的收益和损失时，损失更加令他们难以忍受，同量的损失带来的负效用为同量收益的正效用的 2.5 倍。

[例 14.4]

迷恋小概率实验

在生活中你是否会经常买彩票或者为自己或者家人购买一份保险呢？

明明买彩票是赌自己会走运，买保险是赌自己会倒霉。这是两种很少发生的事件，但人们却十分热衷。事实上，很多人都买过彩票，虽然赢钱可能微乎其微，可还是有人心存侥幸博小概率事件。同时，很多人都买过保险，虽然倒霉的概率非常小，可还是想规避这个风险。

在小概率事件面前人类对风险的态度是矛盾的，一个人可以是风险喜好者，同时又是风险厌恶者。传统经济学无法解释这个现象。这就是佛里德曼-萨维奇悖论。买保险还是买彩票？佛里德曼和萨维奇发现，购买保险是规避风险，而投注彩票则是招致风险。但现实生活却是同一个人会同时购买保险和彩票，甚至达到同一数量级。例如，2003 年，新加坡保险密度为 1620 美元，人均彩票购买量为 1550 美元。前景理论指出，在涉及收益时，人们是风险的厌恶者；涉及损失时，人们却是风险的喜好者。但涉及小概率事件时，风险偏好又会发生离奇的转变。他们在自己认为合适的情况下非常乐意赌一把。

[例 14.5]

参照依赖实验

假设你面对这样一个选择：在商品和服务价格相同的情况下，你有两种选择：

A. 其他同事一年挣 6 万元的情况下，你的年收入 7 万元。

B. 其他同事年收入为 9 万元的情况下，你一年有 8 万元进账。

实验结果是：大部分人选择了前者。

事实上，我们拼命赚钱的动力，多是来自同侪间的嫉妒和攀比。这就是同侪悖论（在相同的条件下，人们总是喜欢把得与失、成功与失败的标准定格在和其他参照物的比较之下，从而做出不同的心理反应和行为反应）。研究认为，人们在做决策时，并不是计算一个物品的真正价值，而是用某种比较容易评价的参照物来判断。

根据前景理论可以引申出四个基本结论：①大多数人在面临获利的时候是风险规避的（确定效应）；②大多数人在面临损失的时候是风险喜好的（反射效应）；③大多数人对得失的判断往往根据参考点决定（参照依赖）；④大多数人对损失比对收益更敏感（损失规避）。

简言之，人在面临获利时，不愿冒风险；而在面临损失时，人人都成了冒险家。损失的痛苦比获得所带来的喜悦更敏感，而损失和获利是相对于参照点而言的，改变评价事物时的参照点，就会改变对风险的态度。

二、前景理论决策过程

前景理论将选择过程分为两个阶段：开始的编辑阶段和之后的评估阶段。编辑阶段对所提供的前景进行初步分析，形成这些前景更简单的表述，之后再对编辑过的前景进行评估，并选择最高价值的前景。前景理论决策过程见图 14.4。

编辑阶段。编辑对不同的“前景”作简化和重新编码。重新编码包括了编码、整合、分解、删除这些主要操作。在人们的决策中观察到的很多异常都源自这一编辑阶段。

评估阶段。假设决策者对每一个被编辑过的前景加以评价，然后选择最高价值的前景。

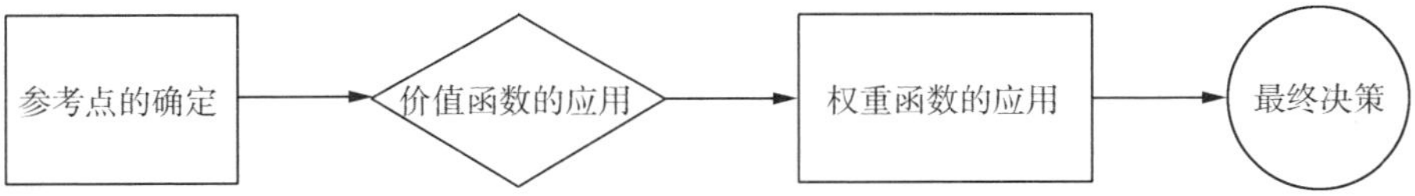

图 14.4　前景理论决策过程

(一)第一阶段：编辑阶段

个体凭借“框架”参照点等采集和处理信息。

1. 框架

即对问题的表征形式，同一个问题可以有多种表征形式，不同的框架导致决策产生不同的结果。框架受以下多种因素影响：

框架维度。框架维度不完备，有效的决策思路就可能被遗漏在决策框架之外；

框架焦点。框架的焦点因每个人的知识经验、价值观的不同而不同；

框架边界。框架边界以外的信息通常被忽略，边界以外的信息是决策的盲点；

框架固化。不同的知识经验、生活环境、价值观可以为不同的人设定不同的框架，决策框架一旦形成，就倾向于稳定和固化。

2. 参照点

前景理论中的参照点是指人们用来评估决策结果的基准点或参考状态。参照点的确定可能涉及多种因素，包括过去经验、当前状况、预期结果等。以下是一些常见的参照点来源。

当前状态。人们通常会以当前的状态作为参照点评估未来可能的收益和损失。例如，当一个人已经拥有一定的财富时，他可能会将当前的财富水平作为参照点，来评估自己在投资或者消费方面的决策。

过去经验。人们的过去经验也可能会成为参照点。例如，一个商人可能会将他的过去销售记录作为参照点，来评估未来的销售潜力。

预期结果。人们对于未来的预期也可能成为参照点。例如，一个投资者可能会将他的预期回报作为参照点，来评估他的投资决策。

需要注意的是，不同的参照点可能会导致不同的主观评估结果。例如，一个人将当前状态作为参照点时，可能会更加关注损失和风险，而将未来预期作为参照点时，则可能更加关注收益和机会。因此，在进行决策时，参照点的选择可能会对决策结果产生重要影响。

（二）第二阶段：评估阶段

评估阶段依赖价值函数和权重函数对信息予以判断。

1. 价值函数（见图 14.5）

前景理论的一个重要特性是，价值载体是财富或福利的变化而不是最终状态。这个假设符合人类感知和判断的基本原则。我们的感知器官适合评价变化或差异，而不适合评价绝对的量值。当我们反应如亮度、音量或温度等这些属性时，过去和现在的经验背景定义了一个适应水平或参照点，刺激相对于这个参照点被感知。因此，在给定的温度下，一个对象通过触摸可能会被认为是热的也可能被认为是冷的，这取决于我们之前已经适应的温度。同样的原则也适用于非感官特性，如健康、声望和财富等。例如，同样一笔财富，对一个人来说可能是微不足道的，对另一个人来说可能是巨大的财富——这取决于他们目前的资产。

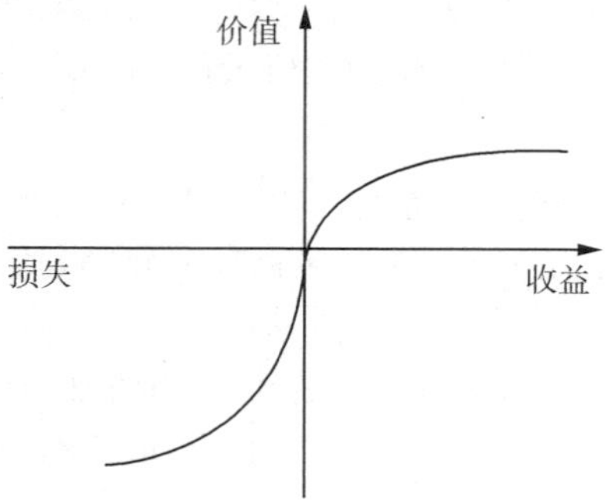

图 14.5　价值函数

前景理论中的价值函数描述了人们对于不同的结果所赋予的主观价值。价值函数通常呈现出 S 形曲线，与传统的线性价值函数不同。具体来说，价值函数在零点处存在一个拐点，向上的斜率比向下的斜率更加平缓，表示人们对于同等大小的收益和损失的感受是不对称的(见图 14.5)。

这种不对称性意味着人们更加敏感于损失而不是收益，即同等大小的损失对于人们的影响比同等大小的收益更加显著。这种不对称性的原因可能与人类的进化史有关，人们更加需要保护自己的生存和繁衍，对于潜在的威胁更加警觉。例如，在面对一个投资选择时，如果这个选择可能带来 10% 的收益和 10% 的损失，前景理论认为，人们更倾向于选择避免损失而不是追求收益，因为损失对于人们的痛苦感受更加显著。需要注意的是，前景理论中的价值函数只描述了人们主观价值的变化，与实际经济利益不一定完全对应。不同的人在面对同一个结果时，可能会给予不同的主观价值评估，因此在实际应用中，需要根据具体情况进行权衡和分析。

2. 权重函数(见图 14.6)

Daniel Kahneman 和 Amos Tversky 认为决策权重是决策者根据结果出现的概率做出的某种主观判断。当收益和亏损的概率都极小时，人们对风险的规避或喜好会发生反转。这个反转，可以被体现在图 14.6 的函数图中。

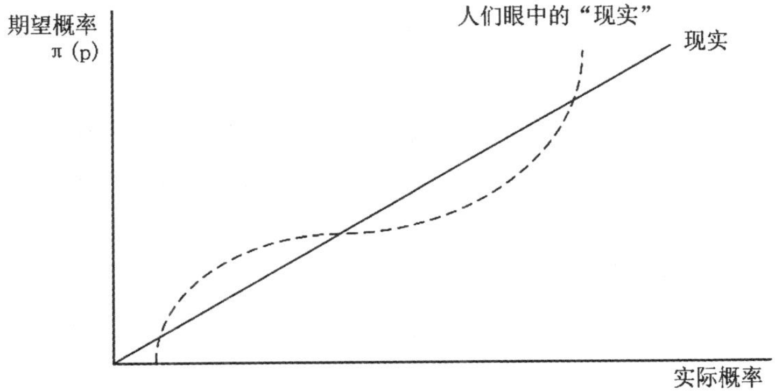

图 14.6　假定的决策权重函数

前景理论中的权重函数指的是人们对于不同概率事件的主观评估权重。与传统的期望效用理论不同，前景理论认为人们对于不同概率事件的评估是非线性的，即人们倾向于对于低概率事件赋予更高的主观权重。具体来说，前景理论中的权重函数通常呈现出 S 形曲线，与价值函数类似。权重函数的 S 形曲线表现为，对于极小的概率事件，人们通常会高估其发生的可能性，因此对于这些事件赋予较高的主观权重；而对于中等概率的事件，人们通常会对其进行低估，因此对于这些事件赋予较低的主观权重；而对于极大概率的事件，人们通常会对其进行高估，因此对于这些事件赋予较高的主观权重。在面对一个有可能发生的事件时，人们会同时考虑该事件的可能影响和其概率大小，从而综合评估该事件的重要性和风险程度①。

第三节　噪音交易模型

一、Shleifer 噪音交易模型

1990 年发表的一篇文章提供了一个金融市场的模型，它完全面对了噪音交易者议程的两个部分：噪音交易者活动应该是系统性的，以及噪音交易者应该在相当长的时间内获利。Shleifer 模型包含了两种类型的交易者：理性交易者和噪音交易者，并假设噪音交易者行为具有系统性。第一个关键假设是，在某些情况下，两种基本相同的资产可以以不同的价格交易，而且价差会随着时间的推移而扩大；第二个关键结果是，在某些情况下，噪音交易者可以赚钱。另外，在这个模型中，传统的交易者甚至有可能破产。Shleifer 模型关键组成部分如下。

(一)资产

Shleifer 模型中有两种资产：安全资产和不安全资产。这两种资产在每个时间段内提供相同的单位红利。这两种资产的共同点是，它们在每个周期都支付相同的股息，并且这种股息被假定完全确定。区别在于，持有不安全资产的唯一不确定性是下一个周期的价格，而持有安全资产的人没有面临任何不确定性，因为其价格和股息都是完全确定的。

(二)市场参与者

Shleifer 模型中存在两种类型的人：精明的投资者和噪音交易者。精明的投资者是现代有效市场模型中的理性代理人。噪音交易者是该模型构建者创造的产物。一般认为，如果 Shleifer 模型中没有噪音交易者，那么安全资产和不安全资产的价格必须始终相同，并且有效市场假说可能将占据上风。

(三)有限套利

在现实世界中，套利者面临的基本风险本身就是一个限制。例如，它限制了风险厌恶的套利者愿意承担的头寸大小。而在 Shleifer 模型中，风险可能源于噪音交易者的存在，一般认为他们有足够数量的资产，且当价格偏离

① KAHNEMAN D, AMOS TVERSKY. A. Prospect theory: An analysis of decision under risk[J]. Econometrica, 1979, 47(2): 263-291.

他们认为在的有效价格时，会面临赔钱的风险。通常套利者可能不赚钱，而噪音交易者可能会比套利者更有利可图。

Shleifer模型的主要贡献在于，它提出了具有相同基本面的安全资产和不安全资产的价格可能不同。次要贡献在于，它提出了在某些情况下，噪音交易者可以获得更高的预期收益，这也为噪音交易者的存在提供了一个论据。显然，当噪音交易者在相对较短的时间内成功时，会吸引人们的注意力，表明噪音交易者将永远存在。

二、噪音交易反馈模型

有效市场假说的支持者会认为，公司不需要担心噪音交易者造成的短期价格波动，而这些波动并不能反映基本面，因为这些错误的定价会很快被市场中的理性主体纠正。Shleifer模型证明了理性交易者可能无法修正价格。事实上，噪音交易反馈模型对于理解市场动态和资产定价具有重要意义，尤其是在考虑非理性投资者行为对市场效率的影响。

(一)Hirshleifer模型

反馈模型试图从不同的角度反驳上述有效市场假说结论。其中一个模型是Hirshleifer模型，噪音交易的反馈效应不仅影响金融市场，而且对生产力和资源分配等也有影响。假设Hirshleifer模型中的行动发生在三个时间段，且模型中有三种主体：公司、投资者和利益相关者。

1. 公司

假设在Hirshleifer模型中有一个代表性的公司，公司中存在固定数量的股权，它在前两个时间段结束时分别以价格P1和P2进行交易。在第三个时间段结束时，公司为每股支付一笔资金：

$$F=\theta+\varepsilon+\delta \tag{14-7}$$

其中，θ和ε是遵循独立正态分布且均值为零的随机变量，而δ则是由第二阶段后的利益相关者决定。人们可以把θ看作是精明的投资者所知道的公司的基本价值，而ε代表的是公司价值的某些方面，没有人能够提前知道。

2. 投资者

投资者有两种：理性投资者和非理性投资者。这两种类型在两种重要的方式上不同，假设模型中每一类投资者的成交量都是一样的，这样就没有哪一方能主导市场。

3. 利益相关者

模型中最后一个重要主体是利益相关者。这里的利益相关者指的是公司的任何资源提供者，例如供应商、客户和员工等。一般认为模型中的利益相关者就是员工。

（二）Subrahmanyam-Titman 模型

一般认为公司会在投资者关系上投入大量资源，从而缓解股价的短期下跌。而传统的金融理论认为，与公司基本面无关的股票价格变动会得到市场的纠正。而如果一个短期的价格下跌影响了与该公司相关的利益，那么该公司的潜在价值就可能会因为价格下跌而降低。更进一步地说，如果每个利益相关者从与公司的关联中获得的利益受到与之关联的其他利益相关者数量的影响，那么同样的价格下跌也可能会引发反应。Subrahmanyam-Titman 模型结合了这些潜在的因素来考虑这些反馈效应对公司价值的影响。

该模型假设包括一个单一的公司，它有固定资产和一个潜在的增长机会，以及多个利益相关者。每个利益相关者既与公司，也与公司的其他利益相关者有利益关联。具体而言，给每个利益相关者带来的好处是：

$$\Pi = \rho_1(\bar{F} + \delta) + \rho_2(G - mr) \tag{14-8}$$

其中，$\bar{F}$ 是公司现有资产的均值，δ 是一个均值为零的正态分布随机变量，$\bar{G}$ 是增长机会的极大值，m 是与企业无关的利益相关者的数量，r 是利益相关者之间的互补程度，$r>0$ 且 $\bar{G}>mr$。只有当利益超过他的保留价格时，每个利益相关者才会选择合作。

股票价格波动越大，利益相关者会将其解读为 δ 越有可能出现大的波动，从而可能引发连锁反应。相反，如果信息难以获得，利益相关者就知道股价的变动不太可能是理性投资的结果，而更可能是噪音的结果，因此不太容易根据股价的波动来做出决策。

三、噪音交易模型的意义

经济学家们有许多不同的方式来描述噪音交易者的概念。一个共同的观点认为噪音交易者是那些没有理性行动的人，尽管他们可能认为自己是理性的。

Shleifer 模型以一种特别简单的方式定义了噪音交易者，模型认为他们像理性交易者一样，也在追求效益最大化。但与理性交易者不同的是，这里的噪音交易者的期望是有系统偏差的，因为当只有一个代表性的噪音交易者时，其期望往往会偏离套利交易者的理性预期。Shleifer 模型有许多巧妙的设计，但它也存在一些不足之处，例如，没有解释为什么噪音交易者的行为应该是系统性的等。

噪音交易反馈模型挑战了有效市场假说，后者认为市场价格总是准确地反映了所有相关信息。通过引入有限套利和噪音交易者的概念，噪音交易反馈模型为行为金融学提供了一个理论框架，解释了为什么市场价格会偏离其理性价值，并且为市场中的价格异常提供了可能的解释。

本章小结

1. 期望效用理论是行为金融学中的一个重要理论模型，它认为投资者在做出决策时会考虑各种可能的结果及其发生的概率，并追求最大化期望效用的决策。

2. 前景理论对期望效用理论提出了一些修正和扩展，前景理论认为投资者在做决策时会受到损失厌恶和确定性效应的影响。

3. Shleifer 模型提出了具有相同基本面的安全资产和不安全资产的价格可能不同并认为在某些情况下，噪音交易者可以获得更高的预期收益。

基本概念

期望效用理论　前景理论

复习题

1. 请解释期望效用理论在投资决策中的应用，并举例说明。

2. 通过分析投资者的偏好和风险态度，如何利用期望效用理论确定最优投资组合？

3. 请解释前景理论对传统期望效用理论的修正，并说明其对投资决策的影响。

4. 如何应用前景理论中的损失厌恶和确定性效应来解释投资者的行为偏差？请提出相应的投资策略建议。

第十五章　行为投资

通过了解投资者的行为模式，行为金融学可以帮助金融机构和企业更好地管控风险，设计更有效的金融产品和服务。本章首先描述和解释了个人投资者交易的交易特征，主要包括处置效应、过度交易等，对投资者经常会产生的心理偏差与心理偏好进行了阐述，并讨论了金融学中的“异象”。接着介绍了包括基本面分析与技术分析等在内的投资分析方法，提供了新的投资理念与组合设计，并鼓励投资者管控好投资行为，设计有效的管理方法，抑制投资行为偏差的不良影响。

第一节　投资者情绪

一、个人投资者投资行为

新古典金融学理论认为资本市场具有充分竞争，投资者的预期回报与承担的风险成正比。投资者可根据自身的风险厌恶程度，按一定比例在无风险资产和充分分散的市场组合之间配置资产。如果想获得更高的回报，投资者就应承担更多的风险。持有非充分分散的其他组合是不明智的，因为通过将资本按一定比例配置在无风险资产和市场组合上，可以获得相同的预期回报，但所承担的风险更小。由此可见，投资者不需要具备挑选股票的技能，只需持有市场组合。市场的有效性意味着新信息已经体现在股价中，投资者不必根据新信息调整资产组合，也不必选择时机买入或卖出股票。

然而，真实世界中的个人投资者却未能获得与其所承担的风险相称的回报。由于理论假设的要求以及数据可获得性等原因，关于投资绩效评估的早期研究对象主要集中于机构投资者，而非个人投资者。Grinblatt 和 Titman(1998)用 1975—1984 年的美国共同基金季度持股数据来评估机构投资者的投资绩效，发现就整体而言，共同基金收益率经过风险调整后仍然可以获得优于市场的投资回报。Daniel 等(1997)用规模、账面市值比和一年期历史收益等特征相似的股票所构建的投资组合作为比较基准，研究也发现共同基金具有某种程度的选股能力，但并没有证据表明它们具有择时能力。这些研究认为，与个人投资者相比，基金管理者具有相对卓越的选股能力，可以从市场中获得更高的回报。

机构投资者投资绩效优于市场的证据间接地反映了个人投资者的投资表现不佳。在扣除风险补偿所必要的回报之后，金融市场基本上是一个零和博弈，有人买入就得有人卖出，有人赚钱就会有人亏钱。既然基金管理者在总体上能够打败市场，赚取更高的投资回报，那么必定有另外一个群体为之“买单”，这个群体就是不具有专业金融知识和投资技能的个人投资者，或称为“散户”。他们容易受个人心理偏差和情绪的影响，经常根据市场噪音而不是基本面信息进行交易，为市场提供流动性，却无法为自己所承担的风险赚取足够的投资回报。可见，相比机构投资者，个人投资者的长期投资表现更糟糕。

(一)处置效应

Shefrin 与 Statement(1985)通过对比 1964—1970 年 2500 个来自证券公司的个人交易账户中已经卖出的资产和继续持有的资产，发现继续持有的资产收益率持续表现为负值，而已被卖出的资产回报率则在随后持续为正。通俗地说，即这些个人交易账户中继续持有的资产的收益率已经持续为负值，但却少有卖出的迹象；而已经被卖出的股票回报率却为正。为描述这种投资者行为现象，Shefrin 和 Statement(1985)提出了“处置效应”(Disposition Effect)这一概念，即投资者在卖出自己持有的资产时，会对所持有资产的收益和亏损采取不同的行为和决策方式。具体来说，投资者往往倾向于卖出盈利的股票，而持有亏损的股票，这种行为模式被称为“处置效应”。处置效应的根源可以追溯到投资者的情感反应和心理偏差。投资者往往会因为担心亏损而急于出售已经盈利的股票，而对于已经亏损的股票则继续持有以期获得收益，这样的决策可能并不是最理性和最优的，也就是所谓的“出盈保亏”效应。这意味着当投资者处于盈利状态时是风险回避者，而处于亏损状态时是风险偏好者。

(二)过度交易

投资者交易股票是基于以下四个原因：第一，有获利的可能，即股票边际收益高于交易成本；第二，在股票价格发生变动后，投资者希望调整已有的资产组合，特别是当投资者有流动性的货币需求时为获得现金而交易股票；第三，生命周期理论认为，如果人是理性的，那么他将根据效用最大化原则来使用一生的收入，保证收入与消费相对应，因此会为满足其消费需求而产生交易活动；第四，受到社会互动的影响，在移动互联网等社会化媒体普遍存在的今天，个人的社会行为与股票交易行为将不可避免地与周围的亲人、朋友、同龄群体相一致。此外，也有学者提出投资者交易股票有出于税收的考虑，由于《税法》规定投资者的资本利得、股利等需要上交所得税或资本利得税，因此理性投资者会出于税收规避的需要而交易股票。相信效用最大化原则的投资者会理性地选择交易股票而不会任意交易，但近百年来一次又一次的股票价格泡沫表现出投资者在股市交易中常常会陷入疯狂，他们会为了追逐财富而不顾一切。行为金融学者认为真实世界中的投资者倾向于过度交易市场中流通的金融资产。

(三)注意力驱动交易

市场是充分有效的，资产价格的变动完全是因为资产有效信息的变化。理性投资者将在资产信息发生改变的情况下做出交易行为。然而，Kahenman(1979)等人认为投资者因先天性与后天性的原因而无法处理所有的信息，在人们的认知过程中不可避免地存在“有限注意”(limited attention)。投资者倾向于关注更为“显眼”(salient)的信息与更为感兴趣的信息，从而影响他们对信息的反应与交易行为，进而影响股票资产的价格。

投资者在进行交易决策时，受到特定信息或因素的影响，导致他们的交易行为出现偏向性或者非理性决策。这种偏向性通常与注意力分配不合理或者过度关注某些因素有关。具体表现为过度关注噪音信号、短期情绪影响、关注特定行业或板块、忽略交易成本等等。需要注意的是，注意力驱动交易并不总是不合理或者错误的，但当注意力分配不合理或者过度关注某些因素时，投资者可能会做出非理性或者损失的决策。因此，在进行交易决策时，投资者需要考虑注意力分配的合理性和风险控制的重要性。

(四)情绪驱动交易

理性人的决策遵循利益最大化原则，其长期决策必定经过深思熟虑。因此，其决策改变必然是因为客观环境的变动。情绪或者情感作为人内心的因素，将难以影响理性人的决策过程，套利者的存在也将使受情绪影响的投资者行为难以改变资产的价格。但在现实中，投资者在资本市场中的长期表现表明他们的股票买卖行为受到情绪的影响。Keynes(1936)将股票市场描述为一个被“动物精神”所驱使的市场，投资者的行为不是因为资产预期收益的上升而改变，而纯粹是一种自发性本能的驱使。Akerlof 与 Shiller(2009)也认为个人的借贷、消费与更多的投资是由于被一种强大的自信、货币幻觉乃至于对公平的追求所驱动。

同时，现代资产组合理论认为资产价格的同方向运动使组合资产的价格波动加剧并造成资产组合的风险加大。理性投资者的投资组合，具有两个明显的特征：第一，投资者的资产组合包括一部分风险资产与一部分无风险资产，投资者应尽可能保证资产组合中各资产之间的相关系数小于1，甚至接近于−1，从而最大限度地分散投资风险；第二，无论风险厌恶程度如何，只要风险溢价为正，则投资者总需要持有最优的风险资产组合以实现资产的增值。然而，在现实中个人投资者的股票组合存在“本土偏差”，即投资者会将大部分资金投资于本国甚至本地的股票，而不是投资于与本地股相关度低的外地股或是外国股票，这种行为被称为投资组合的不充分分散。

二、决策中的心理偏差与偏好

心理偏差是指当决策者对外部信息进行识别、编辑、评价等认知活动时产生的有偏于理性人假设的心理现象。偏好是一个经济学概念，是指人们对不同方案或事件状态进行价值与效用上的辨优。决策者的行为基于其对客观事物的主观认知，由于心理和认知偏差的存在，决策者在真实情境下做出的决策常常有别于新古典经济学的推断。人们普遍存在的心理偏差包括：心理账户、从众行为、过度自信、证实偏差、羊群效应等；而心理偏好则主要表现为：损失厌恶、后悔厌恶、模糊厌恶、熟悉偏好、时间偏好等。准确理解人类决策过程中的心理偏差与偏好，有利于从心理学角度在寻找纠正偏差、提高决策理性的依据。

（一）心理账户

心理账户理论描述了人们在对待资产或金钱时，常常将它们分配到不同的“账户”中。这种行为可以解释为人们在金融决策中受到情感和认知因素的影响，而不仅仅是理性思考。其核心观点是，人们不会将自己的财务状况作为一个整体看待，而是将其划分为若干个不同的账户，例如每月的工资账户、旅游储蓄账户、子女教育账户、投资账户等。每个账户都有其独特的特征和目的，例如安全性、风险性、期望收益等。人们会根据这些特征和目的来制定相应的投资策略和行为决策。

此外，该理论认为人们通常将账户中的钱视为独立的，而不是整体的。因此，如果一个人有两个账户，一个账户有1000元，另一个账户有2000元，他们可能会更愿意在后者的账户中花费更多的钱，而不是在前者的账户中花费。

心理账户理论还包括以下几个方面：

损失厌恶。人们会把同等金额的收益和损失视为不同的权重，具体来说，人们通常会更强烈地感受到损失，而不是同等数量的收益。因此，人们可能会为了避免亏损而做出不太理性的决策，例如卖出正在亏损的股票，而不是坚持持有。

“用途独立性”偏见。人们会为了不同的目的而设立不同的账户，并认为不同账户中的资金是独立的，而不是整体的。例如一个人可能会把旅游账户中的钱用于旅游，而不是用于购买房屋，即使这意味着他需要通过贷款等方式来支付购房款。

[例 15.1]

天降馅饼

情况一：你赢得了一张 1000 元的支票。

情况二：你在购物中心里购物时发现了 1000 元现金。

请问：你会如何使用这 1000 元？

虽然这两种情况在经济意义上是一样的，但是参与者对待这两种情况的态度却非常不同。在情况一中，参与者更倾向于将这 1000 元视为“未来的资产”，会选择将它存入银行或者用于购买一些长期的投资，如股票或者债券。而在情况二中，参与者更倾向于将这 1000 元视为“可支配的收入”，会选择用它来购买一些即时的享受，如购物或者旅游。

这个实验表明，人们在处理财务收支时，通常会将钱分配到不同的心理账户中，而这些心理账户的不同会导致人们在处理财务决策时出现偏向性。这种偏向性可能导致人们做出不理性的决策，如将高息贷款的还款延迟而将存款用于购物等。因此，理解心理账户的概念对于个人财务管理和投资决策具有重要意义。

(二)从众效应

从众行为(Herding)是指个体为了符合群体行为和规范而改变自己的行为，是一种受社会规范和压力影响的行为现象。在金融领域中，从众行为表现为投资者为了避免与大众不一致而跟随市场趋势进行交易，从而导致市场出现羊群效应。源于人类天性中的社交需求和渴望获得他人认可的心理，同时也与信息不完全和不确定性有关。在金融市场中，投资者往往无法完全了解市场的各种信息和因素，因此容易受到其他投资者的行为和观点的影响，从而出现从众行为。

从众行为可以分为信息性从众和规范性从众。信息性从众是指投资者在面对不确定的市场信息时，会将其他投资者的行为作为自己投资决策的重要参考，从而避免自己做出错误的决策。规范性从众则是指投资者在遵守市场约定俗成的规则和行为准则的同时，也会受到其他投资者的观点和行为的影响，从而进行跟随交易。从众行为对金融市场的影响是双面的。

一方面,从众行为会导致市场出现羊群效应,加剧市场的不稳定性和波动性。另一方面,从众行为也可以促进市场的信息流通和市场价格的合理形成,对于市场的有效性有一定的促进作用。在实践中,投资者需要警惕自己的从众行为,积极寻找独立的信息和分析方法,并保持理性的投资决策,以避免因跟风而引发的风险和损失。

(三)过度自信

心理学家通过实验观察和实证研究发现,人们往往过于相信自己的判断能力,高估自己成功的概率,把成功归功于自己的能力,而低估运气、机遇和外部力量在其中的作用。这种心理特征被称为"过度自信"(overconfidence)。过度自信是指人们高估自己的能力、知识或预测的准确性。在行为金融学中,过度自信是一种常见的心理偏差,经常导致人们在做出金融决策时出现错误的判断。过度自信可以表现为多种形式,例如,高估自己的能力和知识水平,过分自信地预测未来的结果,忽略了自己的风险承受能力,对自己的交易能力过于自信等。这些偏差常常导致投资者采取不合理的投资决策,从而产生损失。

研究表明,过度自信对金融决策的影响是非常显著的。往往交易员的过度自信导致了交易的频繁和不必要的冒险,而投资者的过度自信导致了资产泡沫的产生和破灭。为了避免过度自信的影响,人们可以采取一些应对策略。首先,需要认真分析自己的能力和知识水平,尽量客观地评估自己的预测准确性。其次,需要注重风险管理和投资组合的分散化,以降低单个投资的风险。此外,需要关注市场趋势和消息,而不是过分相信自己的直觉和洞察力。

在实际投资中,一些专业的投资机构也采取了一些策略来避免过度自信的影响。例如,一些基金公司会对投资者进行风险评估,以确定投资者的风险承受能力,并建议投资者选择适合自己的投资产品和策略。此外,一些投资机构还会建立投资决策委员会,由多个投资专家共同决策,以避免个人过度自信的影响。

(四)证实偏差

证实偏差是指当人确立了某一个信念或观念时,在收集信息和分析信息的过程中,产生的一种寻找支持这个信念的证据的倾向。也就是说他们会很容易接受支持这个信念的信息,而忽略否定这个信念的信息,甚至还会花费更多的时间和认知资源贬低与他们看法相左的观点。过度自信的人们会选择性地注意那些可以增强他们信心的信息,而这种倾向可能导致心理偏差。一旦形成一个意志较强的假设或信念,人们倾向于把一些附加证据错误地解释为对这个假设有利，不再关注那些否定该假设的新信息。换句话说，人们有一种寻找支持某个假设的证据的倾向。这种“证实”而不是“证伪”的倾向叫“证实偏差”(Confirmation Bias)。下面的案例所阐释的典故说明了证实偏差的心理特征。

[例 15.2]

四张卡片

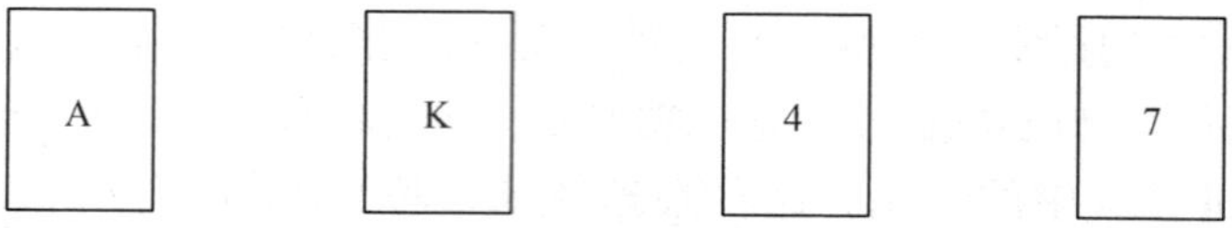

有四张卡片，分别是 A，K，4，7；每张卡片的一面是字母，另一面是数字。如果一张卡片的一面是元音字母，那么它的另一面是偶数。请问必须翻开检查哪些卡片检验这一规则的真假？

实际上只需检查印着元音和奇数的卡片(即 A 和 7)来验证规则的真假。但相信很多人会选择 A 与 4 这两张卡片，这一结果使人们开始质疑自身的推理能力：是按逻辑规则还是按其他规则进行推理？

许多研究者认为被试者可能遵循一种非演绎的检查卡片策略，即他们对所规定的关系的普遍性进行证实而不是证伪。这种策略可能会导致错误的结果，然而在人们的实际学习与决策中非常有效。因为从技术上讲，证实比证伪更简单。证实是一种没有出现反例的归纳推理，不一定穷尽所有可能，是开放的。证伪则是一种穷尽所有可能的演绎推理，是封闭的。证实与现实生活的推理更相似。所以，认为必须翻看卡片 A 和 4 的人可能已不自觉地应用了证实策略，忽视问题本身的证伪要求。

信念坚持是实证偏差的心理基础，这在金融市场中得到了很好的体现。当市场形成一种“股市将持续上涨”的信念时，投资者往往对与上涨有关的信息特别敏感或容易接受，而对相反的信息或证据则视而不见，从而继续买进并进一步推动股市；当市场形成下跌恐慌时，投资者就只看到利空于市场的信息，以致进一步推动股市下跌。锚定往往也是导致证实偏差的心理因素之一，它可能导致人们忽视其他证据。心理学研究表明人们倾向于接受支持初始假设的附加证据。人们在回忆中将肯定的证据视为相关、可靠证据，而将否定证据视为不相关、不可信证据的倾向。因此，人们在价值判断中容易接受肯定的证据，而对否定证据吹毛求疵。肯定的证据减少了信息复杂度，使得人们选择性地记住支持性的印象；而对于否定的证据，人们倾向于只关注那些不至于破坏选择性解释的信息。

证实偏差在经济生活中普遍存在，对人的行为决策有着重要影响。对于投资者或是企业经理人来说，证实偏差会导致错误的判断与决策，导致损失并影响市场的有效性。例如，在金融市场上，当整个市场处于繁荣的上升时期时，即使有各种各样的证据表明市场已经被严重高估，人们仍然会倾向于忽略那些负面的信息。当市场处于上升时期，由于对正面信息赋予更高的权重，加上与生俱来的贪婪与恐惧，人们会乐观地不断推动市场，以致市场价格越来越偏离其基础价值；相反，当市场处于低迷时期，人们倾向于对负面信息赋予更高的权重，从而导致市场更加低迷。

(五)禀赋效应

禀赋效应由 Richard Thaler(1980)提出，是行为金融学中的一个重要概念，指的是人们对自己拥有的物品或资产，比对于其实际价值更加重视的现象。这种现象通常发生在人们获得某种物品或资产之后，会产生一种“拥有即重要”的心理倾向。人们往往会高估自己所拥有的物品或资产的价值，将其视为比实际价值更有价值的东西。

禀赋效应在金融市场中尤为常见。例如，投资者在持有某一股票时，可能会过分关注该股票的价格变动，甚至会因为该股票的价格下跌而产生恐慌。这是因为投资者持有这种股票的时间越长，对该股票的投资情感就越深，对该股票的价值也会有过高的估计。禀赋效应的影响是非常显著的，它会影响人们的投资决策和行为。人们会在很大程度上基于他们所拥有的财产，而不是基于理性的分析来进行决策。例如，如果一个人持有某只股票的价值超过了其投资成本，那么这个人可能会因为禀赋效应而更倾向于持有该股票，而不是根据理性的分析来决定是否继续持有该股票。

为了减轻禀赋效应的影响，研究者提出了一些策略。例如，投资者可以尝试平衡自己的投资组合，避免过度集中在某一特定资产或股票上。另外，投资者应该经常检查自己的投资组合，并进行定期的重新平衡，以避免禀赋效应的影响。此外，投资者还可以尝试采用基于规则的投资策略，这些策略会根据市场趋势和经济条件来调整投资组合，从而减轻禀赋效应的影响。

(六)后悔厌恶

后悔厌恶是指当人们做出错误的决策时，会对自己的行为感到痛苦与后悔。而且这个决策越是那种不平常或者非传统(unconventional)的决策的时候，人们的后悔感就越强。

比如一个人买一只蓝筹股，结果很不幸跌了。假设他当初买的是一只不知名的刚成立的小公司的股票，结果也跌了，就算跟蓝筹股相比损失完全相同，但带给这位投资者的感受是不同的。因为任何蓝筹股的损失(相比那些垃圾股所造成的损失)会更容易被人们归结为由于运气不好或者仅仅一个错误的决定等微不足道的原因，从而后悔感大大减少。为了避免后悔，投资者常常做出一些非理性行为，例如趋向于等待一定的信息到来后才做出决策，即使这些信息对决策并不重要。投资者有强烈的从众心理，倾向于购买大家追涨的股票，一旦考虑到大量投资者也在同一投资上遭受损失时，投资者后悔的情绪会有所降低。

后悔厌恶在金融市场的投资决策中广泛存在，投资者在做出决策时会把现时情形和他们过去遇到过的情形进行对比，如果认识到其他选择会使他们处于更好的境地，他就会因为自己做出了错误的决定而自责不已；相反，如果从现时选择中得到了更好的结果，他就会有一种欣喜的感觉。Markowitz 也用后悔厌恶来解释资产组合理论，指出“我的意图在于减少未来的后悔。因此，我将出资额平均分成两部分，分别投资于债券和股票”。换句话说，如果 Markowitz 选择全部投资股票，而随后的股票行情极差，他就很容易陷入一种沮丧的情绪中——如果我选择一个保守的方式就好了，这就会使他产生很大的自责心理，即后悔。后悔最小化导致一些投资者使用股息而不是通过卖出股票来获得消费所需的资金。卖出股票而获得资金的人在发现股价上升以后，很可能会相当后悔。

在投资上人们也有后悔厌恶的心理，主要有以下几方面的表现：在投资决策时，后悔厌恶的投资者会比较保守，比如过去遭受损失的投资者，不敢去尝试新的大胆的投资，会比较墨守成规；后悔厌恶的投资者会远离表现不佳的市场。如果此时他们选择投资，而市场又持续低迷，他们会对自己的选择感到非常的后悔；后悔厌恶也会导致投资时的羊群行为。与其他投资者保持一致，并做出相同的投资决策，会减少人们在遭受损失时所感受的痛苦，因为在这种情况下，投资者对错误决定的责任感会相对减轻；投资者会长期坚持持有表现不佳的股票，而不愿意卖出，因为一旦卖出，就等于承认自己的失败，从而只能寄希望于将来价格会上涨来扳平。另一方面投资者又会长期持有业绩表现好的股票，因为投资者担心，过早的卖出会失去将来价格上涨所带来的收益。但其实这种投资策略是不理性的，除非有充分的、合理的依据证明赔钱的股票下跌趋势已经改变，可以翻本，而赚钱的股票已经丧失上升的动能。当遇到大级别的熊市或牛市的时候，容易造成大熊市亏大钱，大牛市赚小钱的不良后果。

（七）模糊厌恶与熟悉偏好

一般而言，人们总是倾向于避免不确定性。“模糊”是指信息应该得知却又不被得知的状态。“模糊厌恶”（Ambiguity Aversion）是指人们在熟悉的事情和不熟悉的事情之间更喜欢熟悉的那个，而回避选择不熟悉的事情。

人们厌恶主观的不确定性，甚至讨厌客观的不确定性，当这种模糊性是一种未来巨大损失的可能性时，人们对于这种模糊性的厌恶和回避心里就更加强烈了。关于模糊厌恶的经典实验是由 Ellsberg(1961)提出来的。

与模糊厌恶相对应的是，人们往往喜欢自己熟悉的东西。对于自己不熟悉的东西不会太过偏爱，除非这个东西本身就具有天然的美感。Gigerenzer 和 Todd(1999)将“熟悉”描述为“一个人对任务或事物拥有的知识或经验的程度”。使用现代心理学测量工具进行测量研究同样证明，对比不熟悉的某些东西，人们更喜欢熟悉的一类，熟悉程度在对事物的喜欢程度中起到了重要作用。行为经济学家认为熟悉偏好使投资者在决策时会根据对风险事件的熟悉程度而改变个人的风险认知。

一个人接触某一类刺激的次数越频繁，对该类刺激就会越熟悉，也会越喜欢，即个体对特定事物的接触频率与喜爱程度之间存在密切的相关性，社会心理学称该现象为“纯粹接触效应”，也就是通常所说的“日久生情”。许多研究表明：纯粹接触效应正是一种内隐态度效应。譬如，重复呈现的刺激(人或物)增强了被试的知觉流畅性(再现时辨认更容易)，于是被试在无意识中产生了对该刺激的喜爱，随即不知不觉地对该对象产生了正面评价。

三、金融市场中的异象

金融市场中的异象是指出现的不寻常或异常的情况或现象，可能是与正常市场趋势相反的趋势、异常波动、交易量的异常增加或减少、价格波动的异常大或小、市场波动率的异常变化等有关。异象可能会发生在某个特定的金融市场中，例如股票市场、外汇市场、期货市场等，也可能是全球金融市场的普遍现象。它们通常是由各种因素引起的，包括经济和政治事件、自然灾害、金融制度和市场结构的改变等。金融市场中的异象通常被视为投资机会或风险，因为它们可能会导致巨大的利润或亏损。投资者需要认真研究市场情况和背景，以确定如何应对这些异象，最大程度地利用或降低其风险。

有效市场假说是以人们的理性为前提的，认为理性人能够最大化其期望效用，并能根据所有可得到的信息，对资产的价值进行理性预期，因而价格能够正确反映公司的内在价值，同时价格符合随机游走，没有人能够获得超额收益。然而，大量实证研究结果表明资产价值会偏离理论的预测，股票市场并不是有效的，股票价格并不是随机游走的，存在收益率的可预测性。这些现象无法用现有的定价模型和有效市场假说来进行解释，因而被称为收益率的“异象”。随着金融市场计量技术的发展，大量实证研究结果显示出股票价格具有可预测性,投资者可以凭借收益的可预测性获得“超额收益”(Abnormal Return)。这些“异象”的出现显然与有效市场假说的论断相违背,使得一些金融学者开始怀疑有效市场假说的正确性。此外,“噪音”现象、账面市值比效应、日历效应、羊群效应等是最早为人们熟识并应用于投资策略的“异象”。

第二节　行为投资管理

随着金融市场的不断变化和不断发展,投资者需要了解更多的信息和技巧来做出更好的投资决策。行为金融学实际上是一门研究投资者行为和市场效率的学科,它强调人类心理和情感因素对投资决策的影响。与传统的金融学理论相比,行为金融学更加注重个体和群体行为的分析,因此它可以更好地帮助投资者了解自己和市场的行为特点,从而更好地制定投资策略。

一、行为投资策略

在一个大多数市场参与者都是有限理性的资本市场中,怎样才能战胜市场从而获得超额收益呢?在积极投资策略中,投资者通常使用基本面分析法和技术分析法来确定投资对象与交易时点。基本面分析法以公司内在价值为依据,认为资产价值是公司未来现金流的贴现值,通过对比资产当前价格与实际价值的大小则可确定资产价格走向;而技术分析法认为任何商品或服务的市场价值都是由供给和需求的相互作用决定的,资产价格的趋势会根据供求关系变化而变动,当市场中投资者对资产的需求心理趋于稳定时,资产价格的趋势也随之确定。

(一)基本面分析偏差

在一个并非有效的市场中,基本面分析方法通常能够获得超常的收益。然而,在基本面分析中,人们同样会产生一定的偏差。

1. 受到公司的框定诱导

人们试图透过复杂的表现形式认清上市公司的本质,并对其做出准确的估算,但却往往会不由自主地受到表面现象的干扰,特别是当上市公司为了掩盖自身经营中存在的问题而进行一些“框定诱导”时,这种干扰就会更明显。所谓框定诱导,是指上市公司利用框定效应来诱导人们对事件的判断从而影响人们所做的选择。具体而言,上市公司常常运用错综复杂的业务结构、频繁的并购活动和令人眼花缭乱的财务表现形式,来误导投资者对公司的判断。在这种情况下，投资者要对公司的真实基本面做出正确的判断是非常困难的。

2. 受到错误定价的干扰

基本面分析试图针对特定股票、商品或金融工具考虑所有可能影响供给与需求之间相对平衡或失衡的变量。该类分析主要利用数学模型评估各种因素，以预测未来某一时点的价格。这种使用模型进行分析的方法存在一个问题，就是很少把交易者当成变量来考虑。在现实市场中，根据自己的信念和对未来的期望进行买卖并造成价格波动的是人，而非模型。事实上，在很多情况下，能够造成价格向任何方向剧烈波动的交易员通常不知道影响价格的基本供需因素。大部分时候，交易行为都是针对情感因素所做的反应，然而这些情感因素却完全没有纳入基本面分析模型的参数中。在系统性偏离情况下，基本面分析方法会经受严峻的考验，即在非理性繁荣趋势下，价值投资缺乏高成长性的光彩，也抵挡不了人们恐慌情绪下的抛售压力。这就告诉我们，基于基本面分析方法的价值投资理念也需要结合当前经济变化的大环境进行分析与应用，以便使其更具适应性与灵活性，最终取得战胜市场的回报。

（二）技术分析

1. 技术分析特点

技术分析是一种交易工具，用于研究证券价格走势和交易量的变化，并从中尝试预测未来价格走势。它是通过分析历史数据来识别模式、趋势和价格趋势反转的技术，以预测市场走势。

技术分析的基本假设是价格和交易量包含了所有市场信息，包括公司基本面、宏观经济、政治和其他因素。技术分析的目的是通过对市场数据的分析，识别出价格走势的趋势、反转和重要的价格点位，并用这些信息来制定投资策略。技术分析使用图表和指标来显示价格和交易量的变化，以帮助投资者理解市场趋势和市场心理。技术分析的优点在于它可以帮助投资者及时发现市场趋势和重要价格点位，从而及时调整投资策略。另外，技术分析也比较容易理解和应用，特别是对于那些没有经济学或财务学背景的投资者。

但是，技术分析的缺点在于它忽略了公司的基本面因素，如公司财务报表、市场竞争环境等，可能会导致投资者忽略重要的市场信息。此外，技术分析还存在一些争议，因为它的结论经常被认为是主观的，根据同一份数据可以得到不同的结论。因此，投资者在使用技术分析时，应该结合基本面分析，进行综合考虑。

2. 如何使用技术分析

技术分析可用来预测几乎任何通常受供求关系影响的可交易工具的价格变动,包括股票、债券、期货和货币等。事实上,技术分析可以简单地看作证券市场价格变动所反映的供需力量的研究。它通常适用于价格变化,但一些分析师可能追踪除了价格之外的数据,如交易量或未平仓合约数字。

多年来,分析师为了准确预测未来的价格变动而制定了许多技术指标。一些指标主要侧重于确定当前的市场趋势,包括支撑和阻力区域,而另一些则侧重于确定趋势的强度及其延续的可能性。常用的技术指标包括趋势线,移动平均线和动量指标,如移动平均收敛背离(MACD)指标。技术分析师将技术指标应用于各种时间表的图表。短线交易者可能使用从一分钟时间表到每小时或四小时时间表的图表,而交易者分析长期价格变动则审查每日,每周或每月图表。

二、如何管理好自己的投资行为

现代资产组合理论认为,投资是为实现"一定风险条件下的收益最大化"与"一定收益条件下的风险最小化"。但在资本市场中,个人投资者却因交易过程中的行为偏差而使投资结果不尽如人意。投资者行为偏差损害了其金融幸福程度(Financial Well-being)。那么是否可以通过设计有效的管理方法,使投资者可以抑制行为偏差的不良影响,最终改善投资绩效呢?行为管理是希望通过不同的方式降低投资者有限认知与心理偏差的负面作用。下面分别从简易投资原则与个人情绪管理、专业人士以及金融科技四个方面构建投资者错误行为管理框架。

(一)设定简易的投资原则

投资原则是由交易历史上众多成功者与失败者共同总结的经验。若个人投资者不愿投入更多的时间在降低个人的投资认知局限与心理偏差上,则直接应用成熟的投资原则就是最为快捷简便的方法。这些投资原则可以帮助个人投资者确定其应该投资的股票,以及这些股票应该卖出的时间点,应该投入的比重,从而大大降低投资者出现行为偏差的概率。

1. 长期持有与价值投资

Warren E. Buffett 曾说:"如果你不打算持有一只股票 10 年,那么也不要持有它 10 分钟。"持有股票的时间越长,代表市场中的个股信息越完全,股票的波动风险越低。此外,当持股时间较长时,收益将形成复利累积效应。因此,长期投资意味着收益的稳定性。而价值投资的关键在于获知股票的准确价值,基本面分析的理论家认为"股票的价值等于投资者预期从股票中获得回报的现值”。《漫步华尔街》的作者马尔基尔将以上的观点解释为“当公司的股息增长率越高，增长的持续期越长，股利支付越多，股票风险和市场利率水平越低时，证券的基本价值就会越高”。由此可见，价值投资青睐于经营时间足够长、平均营业利率也较高但股价却较低的公司。

2. 确定属于你的资产结构

现代资产组合理论认为：第一，当资产之间的相关性越低时，资产组合的协方差就越低，即组合的整体风险越低；第二，当资产组合内的资产种类增加时，组合的协方差也将降低。由此可见，个人投资者在确定自己的投资组合结构时，要按照充分分散的原则，增加组合中个股的数量，降低资产组合的整体风险。同时，要降低个股之间的收益相关性，避免在同一行业、同一板块重复选股，使投资组合具有国际化、行业多样化的特征。

除了要保证股票投资组合的分散化外，同样要保证整体投资结构的分散化，确定合理的股票、债券、现金的投资比例。生命周期理论认为，不同性别、不同年龄的个人投资者会有不同的风险承受水平，而这将会影响他们对不同资产的偏好与投资期限。据此，投资者必须先通过风险测评来估计个人的风险检态度，并根据对应的风险态度来确定资产组合中不同资产种类的比例与投资期限。

3. 不要忘记“黑天鹅”

不能忘记的一件事就是投资是对未来的决策，未来的不确定性说明除非未来已成为现实，否则没有人可以确定究竟会发生什么。人类的知识是对已有经验的积累，而对已有经验的积累不足以估计不确定事件的发生概率。现有金融理论中对收益期望与风险的估计都是基于历史交易数据所得出的。正因如此，Arthur L. Simpson 在其编著的《华尔街的幽灵》一书中所描述的思想者“幽灵”强调投资者在投资过程中必须为这种无法改变的突发事件做好计划和准备，否则一次“黑天鹅”事件的发生就会使投资绩效完全崩塌。

（二）制定严格的交易规则

严格的交易规则是帮助投资者在交易过程中避免过度交易和“处置效应”的最直接有效的方法。交易规则通过建立定量的交易标准，使投资者得以直接通过标准来判断是否应该买入股票或卖出股票。

1. 设定你的止损点

无论是价值投资还是趋势投资，个人投资者必须在交易前设定好一个止损点，股票投资的损失一旦达到这个止损点，就必须立刻卖出股票以避免损失继续扩大。《华尔街的幽灵》一书将这一规则引申为“交易是失败者的游戏”。历史经验证明,大部分的交易都是错误的。因此,不要等到市场证明你是错误的时候才卖出,而是要对正在交易的股票不断地调整持有量。

2. 在正确的时间对盈利的股票加仓

投资是为了获得收益,要使收益最大化就必须学会提高盈利股票的投资比例,降低亏损股票的投资比例,从而使投资组合的整体收益达到最大化。这正与存在“处置效应”(持有亏损股票而卖出盈利股票)偏差的投资者的行为相反。但必须强调的是,规则要求的是在正确的时间加仓,而不是说股票一旦实现盈利就加仓。因此,在交易的一开始,对股票的买入比例必然不能过高,而是应通过逐步的市场观察找到盈利的股票,并在合适的价格位置增加筹码。

3. 其他经验法则

市场同样还存在一些其他的零散投资原则,譬如:不要购买低价股、不要频繁地查看股票行情、别被社交论坛的言论影响等。这些经验规则或帮助个人投资者筛选股票,或帮助投资者避免心理偏差与认知偏差的影响。

(三)管理好自己的情绪

上述两节提到了个人投资者可以直接应用的投资原则与交易规则,从而帮助其抑制因认知或情绪偏差导致的投资失误。然而,上述原则要产生效果需要一个重要的前提,即个人投资者会坚定地完全地按照已有的投资经验去决策。事实上,这个前提在现实中并不总是成立。当投资者在具体应用上述的交易原则时,总会因一两次的意外导致上述交易原则并不能帮助其取得预期的收益。这会使投资者产生极大的情绪波动,认为交易原则无效而放弃使用。相反,当应用该类原则取得超出预期的收益时,投资者会产生过度自信,低估市场风险而高估自我的认知能力,并最终偏离投资原则与交易规则的边界。类似情境的发生会造成投资者的情绪大起大落,进而引发不合理性的投资现象。

因此,仅依赖于已有的投资准则不足以实现有效的投资者行为管理,投资者自身情绪的不可控使其不能很好地遵循准则的边界。所以,投资者有必要通过一定的行为规范来控制自我的情绪变化,以提高行为管理的有效性。

1. 坏的经历总有价值

已有研究证明,投资经验越丰富的投资者,其投资决策越趋于理性(Feng 和 Seasholes,2005)。但是,投资者总会因为一次的投资失误而变得更加风险厌恶(Strahilevitz 等,2011)。因此,投资者不能很好地面对负面的投资经历,在投资决策的过程中会选择性地遗忘负面经历而更多地回想正面经历，易引发过度乐观情绪。“幽灵”认为，投资者若要正确地面对负面经历，就必须先接受一个前提：“假设你的投资是错误的。”在这个前提下，交易就是一场失败者的游戏。当你的投资遭遇损失时，代表你被市场证明是错误的；当你的投资盈利时，代表你只是暂时未被证明是错误的。这样投资者才能根据投资经验总结教训，并且能够以开放的心态来不断地纠错，进而稳定个人的情绪变化。

2. 注意情绪的变化

Arthur L. Simpson 在其编著的《华尔街的幽灵》一书中写道：“如果你因为手中的仓位而耳热心跳、寝食难安。那么，请立刻清仓，不要让情绪主导你的投资。”在交易过程中，个人投资者常常会因为一个价格的波动、天气的变化，甚至一场比赛的结果而出现情绪的变化。因此，投资者必须时刻警惕交易过程中自我行为的变化。该书将此总结成一段精彩的论断：“如果你燥热到不得不解开你衬衫最上面的纽扣时，你就最好清仓；如果电话铃声让你心烦意乱，你就最好清仓；如果你已经超过了合理的时间，还持有没有被证明正确的仓位，你也最好清仓。”

3. 自我控制训练

针对不可控的情绪变化，可以尝试通过一些外在行为的训练以提高个人对情绪的自我意识，从而抑制情绪对个人行为的影响。譬如，写日记记录每天的情绪变化过程，培养自省习惯，找到影响个人交易行为的情绪波动。此外，John Curtin 的研究表明，大脑有分工，中间区域处理与自身相关的情绪信息，其他部分处理周围世界的信息。当一个脑半球被激活时，另一个就会受到刺激。这将使投资者陷入极其情绪化的状态中，难以识别和相应执行市场模式。通过潜心于如沉思、自我催眠或者重复弹手指等非情绪化的处理，可以抑制情绪化的处理方式，建立起控制感，进而抑制焦虑、自我怀疑和过度热情等感觉。最后，学会控制自身的投资环境，尝试以等间隔的方式查看投资组合，例如，每隔一周或一个月查看股票交易情况。

（四）信任比你更专业的人

情绪管理方法试图通过令投资者采取内生性学习的方式来降低心理偏差所引发的投资负面作用，但是情绪管理并不能进一步解决投资者认知局限性造成的投资错误。投资者受制教育水平、学习能力的有限性而不能有效地分析市场中的信息，也难以准确识别投资交易中的风险。而当下互联网信息时代的高速发展无疑更加放大了投资者的认知局限。在此局面下，投资者唯有寻求更专业的代理人来帮助自己投资决策。

无论是基于理性的投资还是行为金融学的投资，投资者都可以采取一些简单而实用的措施来规避风险和最大化收益。首先，了解自己的风险偏好和投资目标是非常重要的，这可以帮助投资者制定适合自己的投资计划，并在市场波动时保持冷静。同时，也要避免过于依赖市场媒体和其他投资者的决策，尽可能独立地做出决策。其次，控制投资成本也是非常关键的，包括降低交易成本、管理费用和税务成本等，这样可以增加投资回报率。还可以采取多元化的投资策略，分散投资组合中的风险，减少单一投资所带来的风险。最后，对于那些投资者，特别是长期投资者，需要树立正确的投资理念和长远的投资目标。不断学习和适应市场的变化，运用行为金融学中的这些方法和策略，可以帮助投资者更好地管理自己的投资行为，获得更好的投资回报。

本章小结

1. 本章从处置效应、过度交易、注意力驱动交易、情绪驱动交易、投资组合的不充分分散五个方面来描述和解释个人投资者交易的交易特征。

2. 决策者的行为基于其对客观事物的主观认知，由于心理和认知偏差的存在，决策者在真实情境下做出的决策常常有别于新古典经济学的推断。

3. “噪音”现象、账面市值比效应、日历效应、羊群效应等异象的出现与有效市场假说的论断相违背，使得一些金融学者开始怀疑有效市场假说的正确性。

4. 基本面分析与技术分析是两种重要的投资分析方法，都是评估公司的价值和未来发展潜力的重要方法。

5. 投资者行为管理是指通过研究和分析投资者的心理和行为特征，以及他们对市场信息的处理方式，来制定相应的投资策略和管理方法。

基本概念

从众效应　禀赋效应　羊群效应　基本面分析　技术分析

复习题

1. 请举例说明禀赋效应对投资者的影响。

2. 请分析羊群效应和禀赋效应对市场稳定性的影响。

3. 请简要说明心理账户理论在行为金融学中的应用。

4. 请解释后悔厌恶理论在行为金融学中的意义。

5. 为什么需要对投资者行为进行管理?

6. 如何利用行为金融学理论来指导投资者行为管理?

产业投资篇

第十六章　产业投资

本章节首先介绍产业投资定义和分类，其次阐述产业投资主体与目标，接着分析产业投资的运动过程等内容。

第一节　产业投资

一、产业投资的定义

产业投资又称为实业投资，是指为获取预期收益，以货币购买生产要素，从而将货币收入转化为产业资本，形成固定资产、流动资产和无形资产的经济活动。

产业投资往往需要购买固定资产，如设备和厂房，以扩大生产能力和提高效率，固定资产投资是支撑产业投资的重要组成部分，而产业投资的发展又会促进固定资产投资的增长。

二、产业投资的分类

产业投资可以从不同的角度进行划分，根据投资形态，产业投资主要有传统产业投资、新型产业投资、产业投资的高级形态。

(一)传统产业投资

传统资产类产业投资项目包括固定资产投资、流动资产投资、无形资产投资与递延资产投资。

1. 固定资产投资

固定资产是指在社会再生产过程中可供长期使用，而且不改变原有的实物形态的生产资料。它具有两个特点：在生产过程中发挥劳动手段的作用；可以多次反复地参加生产过程，并始终保持原有的实物形态，直到完全报废才需要更换。在整个发挥作用的时期内，其价值是按损耗程度逐渐地转移到产品中去。固定资产投资是指借款人在经营过程中对于固定资产的建设、购置、改造等行为。固定资产投资可分为重置投资与净投资、基本建设投资与更新改造投资、房地产投资。

(1)重置投资与净投资

重置投资(Replacement Investment),是指为补偿固定资产损耗而进行的投资,其基本功能是维持社会简单再生产,它有两种基本形式:为补偿固定资产有形损耗而进行的重置投资和为补偿固定资产无形损耗而进行的重置投资。

净投资(Net Investment)又称诱发投资,是指为增加资本存量而进行的投资支出,即实际资本的净增加,包括建筑、设备与存货的净增加。净投资的多少取决于国民收入水平及利率等变化情况。总投资中去掉重置投资的部分为净投资。

(2)基本建设投资与更新改造投资

基本建设投资是指为了满足生产和人民生活需要,对固定资产进行扩大再生产的建设投资,包括购置土地、建筑物、设备和构建基础设施等。该投资通常需要大量资金投入,建设周期长,对经济发展和就业有明显的拉动作用,但也存在着重复建设和资源浪费的风险。

更新改造投资则是指对企业或单位现有的生产设备、设施进行技术改造和升级的投资,包括设备更新、厂房改建、生产线自动化等。这种投资相对较小,建设周期短,可以在不改变生产能力的情况下提高生产效率和产品质量,同时也可以降低能耗和排放,提升企业竞争力。

在经济发展过程中,基本建设投资和更新改造投资各有其作用。基本建设投资主要用于扩大生产规模和提高生产力水平,满足市场对产品和服务的需求;而更新改造投资则主要用于提高生产效率和产品质量,降低成本和增强市场竞争力。两者相辅相成,共同推动着经济发展和产业升级。

基本建设投资和更新改造投资都是促进经济发展和产业升级的重要手段,但在具体实践中,需要结合实际情况进行合理的安排和控制,以实现最优的经济效益和社会效益。

(3)房地产投资

房地产又称不动产,包括地产和房产。地产是指对土地的所有权或使用权;房产包括住宅和非住宅两大类。房地产投资是指以盈利为目的用于形成不动产为目的的投资。它包括两种基本类型:一种是房地产开发投资,主要指房地产企业用于房地产开发的投资;另一种是房地产交易投资,指为了获取租金或增值收益而购置房地产的投资。

2.流动资产投资

流动资产是指在一次生产过程就改变或消失其原有实物形态的生产资

料。它具有三个特点:在生产过程中起着劳动对象的作用;只能参加一次生产过程,并在生产过程中改变或消失原有的实物形态,而且在每个生产周期后都必须重新购买新的原材料;只参加一次生产过程,它的价值则是一次全部转移到产品中去。流动资产投资是增加流动资产的投资,其中主要是指增加存货的投资。

3. 无形资产

无形资产是指在生产过程中能够长时间发挥作用,并能为所有者带来收益而没有实物形态的资产。它具有四个特点:没有实物形态;垄断性;必须以有形资产为依托才能发挥作用;其价值在于它为企业以现有的有形资产获得高于正常投资报酬率的超额收益提供了可能。

4. 递延资产

递延资产是指不能一次计入当年损益,应在以后年度分期摊销的支出,如开办费、租赁固定资产的改良支出等。递延资产投资指形成递延资产的投资。

(二)新型产业投资

新型产业投资可分为高新技术产业投资、风险产业投资、私募股权投资、数字投资。

1. 高新技术产业投资

高新技术是指当今世界领先的具下广阔发展前景的科学技术,它对一个国家工业化水平的升级、产业结构的优化、经济增长方式的改进、国际竞争力的加强具有重要作用。财政用于高新技术产业的投资,一方面表现在国家要集中一定的财力发展以电子信息技术为代表的高新技术产业;另一方面要通过国家财政的支持,用高新技术和先进适用技术改造传统产业,提高工业的整体素质。

高新技术包括高技术和新技术两个不同的范畴。高新技术是以科学最新成果为基础的技术。目前比较公认的高技术包括信息技术、生物技术、新材料、新能源技术、航空航天技术和海洋开发技术等。新技术是某一领域和范围相对较新的技术,并不是一定是高技术。高新技术产业是指研究和开发高新技术产品的企业的集合。高新技术产业投资则是高新技术产业部门的投资。

2. 风险投资

风险投资(Venture Capital,VC),在我国是一个约定俗成的具有特定内涵的概念,有的把它翻译成创业投资。广义的风险投资指一切具有高风险、高潜在收益的投资。狭义的风险投资是指以高新技术为基础,生产与经营技术密集型产品的投资。根据美国全美风险投资协会的定义，风险投资是由职业金融家投入新兴的、迅速发展的、具有巨大竞争潜力的企业中一种权益资本。

风险投资的方向主要集中于高新技术领域；投资对象主要为新兴的、迅速发展的、有巨大竞争潜力的中小企业；投资方式主要为股权投资；重点支持处在开发和试生产阶段的科技成果迅速进入商品化推广应用阶段；主要通过在风险企业公开上市后转让股权获取投资收益。

风险投资一般采取风险投资基金的方式运作。风险投资基金在法律结构是采取有限合伙的形式，而风险投资公司则作为普通合伙人管理该基金的投资运作，并获得相应报酬。在美国采取有限合伙制的风险投资基金，可以获得税收上的优惠，政府也通过这种方式鼓励风险投资的发展。

风险投资的特征主要有：投资对象多为处于创业期的中小型企业，而且多为高新技术企业；投资期限3—5年以上，投资方式一般为股权投资，通常占被投资企业30%左右股权，而不要求控股权，也不需要任何担保或抵押；投资决策专业化、程序化。风险投资人一般积极参与被投资企业的经营管理，提供增值服务，除了种子期融资外，风险投资人一般也对被投资企业以后各发展阶段的融资需求予以满足。由于投资目的是追求超额回报，当被投资企业增值后，风险投资人会通过上市、收购兼并或其他股权转让方式撤出资本，实现增值。

3. 私募股权投资

私募股权投资(Private Equity，PE)，它是指通过私募形式对私有企业(非上市企业)进行的权益性投资，在交易实施过程中考虑退出机制，并通过上市、并购或管理层回购等方式，出售持股获利。

广义的PE为涵盖企业首次公开发行前各阶段的权益投资，即对处于种子期、初创期、发展期、扩展期、成熟期和Pre-IPO各个时期企业所进行的投资。狭义的PE主要指对已经形成一定规模、产生稳定现金流的成熟企业的私募股权投资部分。

4. 数字投资

数字投资指的是在数字化领域进行的投资行为。随着社会经济的发展和科技的进步，数字化已经成为经济增长的重要驱动力。数字投资通过投资区块链、人工智能、大数据等数字化领域的企业，以获得高风险高收益的投资回报。

数字投资一般指投资者使用自己的闲钱投资数字货币，通过数字货币的升值达到赚钱的目的。常见的数字货币有比特币、莱特币等，数字货币可以认为是一种基于节点网络和数字加密算法的虚拟货币，在发行时不依靠任何机构。比特币在2009年诞生，它是一种P2P形式的虚拟的加密数字货币。总数量只有2100万个，需要依靠特定的算法产生，而且越往后得到的难度会越大。

(三)产业投资的高级形态

企业兼并与收购投资是产业投资的高级形态，也是证券投资的高级形态，是产业投资与证券投资的融合。企业兼并与收购，通常被简称为并购(Merger & Acquisition，M&A)。兼并收购投资是指用于企业兼并和收购的投资。

1. 企业兼并

企业兼并可分为吸收合并(Merger)、新设合并(Consolidation)。

吸收合并，是指目标(被兼并)企业被投标(兼并)企业吸收，目标企业的股东原来的股票被置换成投标企业的股票。兼并企业原来的名称和法律地位不变，继续存在，而被兼并企业则解散，其法律地位消失，不再作为一个独立经营实体而存在。

新设合并则是指参与合并的双方经过解散，其法律地位均消失、重新登记设立一家全新的公司的一种兼并形式。

2. 企业收购

企业收购分为股票收购(Acquisition of Stocks)和资产收购(Acquisition of Assets)。

股票收购是指投标企业购买目标企业的股票。在购买股票时，投标企业的管理层可以与目标企业的管理层就收购股票有关事宜进行协商，也可以直接向目标企业的股东发出购买股票的要约。

资产收购是指中投标企业购买目标企业资产。资产收购可以避免在购买股票方式下由少数股东带来的潜在问题，也可以逃避目标企业的一些债务；其缺点是要进行资产过户，成本较高。如果投资者运用高比例的债务融资购买企业的股票，就是杠杆收购(Leveraged Buyout，LBO)；如果是公司管理层通过杠杆收购的方式取得了公司的所有股票，就是管理层收购(Management Buy Out，MBO)。2016—2018年中企并购案例数量和披露金额都有所增加。受新冠肺炎疫情影响，2019—2020年披露并购金额和披露金额案例数量有所下降(见图16.1)。

图 16.1　2016—2020 年中企并购市场宣布交易趋势①

第二节　产业投资的主体与目标

一、产业投资的主体

产业投资主体可以按不同标准分类，按经济形式可以分为国有单位、集体单位、城乡个人、混合所有制单位等；按经济性质可以分为政府、企业和个人。企业是产业投资的主要组织单位，也是最具有典型意义的产业投资主体居民个人是证券投资的主体，他们为产业投资提供资金来源；企业组织产业投资，形成生产能力和服务能力，创造收入；政府投资主要应用于企业不愿或无力进入的产业部门和公共部门。

企业按所有制形式，可以分为三种基本类型：(1)业主制企业，又称个人所有制企业，指个人拥有并独立经营的企业，是最早、最简单的企业形式；(2)合伙制企业，指两个或两个以上的人组成的企业；(3)股份公司，指依照《公司法》设立的独立的法人组织，是现代企业的组织形式。

二、产业投资目标的界定

产业投资对某个特定行业或领域进行资金、资源或技术等方面的投入，以期获得一定的回报和利益。

① 数据来源：虎嗅官网，2021 中国并购市场报告：哪个行业交易量最大？ https://www.huxiu.com/article/493242.html。

(一)资本增值与现金流

投资者现在付出货币资金,是现金的流出,在未来时期获得收益,是现金的流入。资本是否增值,就要看未来时间的资金流入是否大于现期的现金流出。因此,资本增值是未来时期现金流入与现期资金流出的一种比较。只有当未来时期的现金流入大于现期限的现金流出时,资本才可能增值;否则,未来时期的现金流入小于现期的现金流出,资本不仅不能增值,还会受到损失。

(二)资本增值与会计利润

会计利润是企业评价企业经营业绩的综合性指标,股东红利来源于利润分配,公司资本增值则来源于未分配利润再投资。使用会计利润的概念时,必须注意如下几点。

1.会计利润是反映企业经营历史和现期业绩的指标,投资决策是关于未来的决策,需要考虑的是投资在未来时期能否为投资者带来利润,它不同于会计核算中的利润。

2.利润存在虚假的可能性。会计利润是会计核算的结果,不同的会计核算方法可能导致不同的利润计算结果。同时,利润指标十分容易被管理者通过一定的会计手段进行调整。

3.追求短时期的会计利润容易导致管理者的短期行为,而忽视企业的长远发展。

(三)资本增值与企业价值

企业价值,也称股东财富,指股东拥有的资产存量的价值。企业价值有四个测度指标。

1.企业资产或净资产总额,它反映企业累积的资产规模的大小,企业的总资产减去负债,即为股东权益。有关企业资产总额或净值的数据可以直接来自企业的会计报表。

2.企业的重置价值,它是用现时市场价格重新购置企业资产所需支付的货币价值。这个指标反映了资产价格变动的情况,并不完全反映资产在实际应用中的作用和效果。

3.企业的内在价值,即通过将企业未来收益资本化来确定企业的价值。

4.企业的市场价值,即企业股份数与股票价格的乘积。

(四)产业投资目标的实现

在业主制企业和合伙制企业,投资者既是出资人,又是企业的经营者。企业的收入就是业主和合伙人的收入,企业的资产也是业主和合伙人的财产。企业如果严重亏损,业主和合伙人可能不仅不能收回投资,其他财产也可能受到损失。在这种情况下,投资者与经营者的目标通常都是一致的。

在公司制条件下,企业的所有权与经营权分离,投资涉及三类不同的主体:所有者、经营者和相关利益者。企业投资者的目标能否实现与这三类主体之间的权、责、利的配置密切相关,而这三类主体之间的权、责、利的配置则是公司治理的核心问题。

公司制企业的所有者是股东,他们为公司提供资本金,可以分享企业的红利,也可以通过转让股票或股权获得资本增值收益,同时承担企业投资的风险。因此,理性的投资者期望在一定的风险条件下实现资本增值的最大化。但是,他们通常不直接经营企业,只能通过两种途径来保证他们投资目标的实现:一是通过选举董事会来实施对公司的控制;二是转让股票,俗称“用脚投票”。

(五)产业投资与企业发展战略

产业投资决策是企业的战略决策。企业是一种组织,不同于个人,必须以明确的战略统领企业的各个部门,整合企业的各种资源,并协调企业与利益相关者的关系。发展战略是依据企业所处的环境,通过对企业优势和劣势的分析,对企业发展目标以及如何发展的一个筹划。

第三节　产业投资的运动过程

产业投资运动过程会依次经过不同的阶段,实现不同的职能。这些阶段环环相扣,前一阶段为下个阶段创造条件,而下个阶段必须在前一阶段的基础上进行。一般而论,产业投资要经过三个阶段:投资前期、投资期、投资回收期。

一、投资前期

在投资前期需要进行可行性研究,探究产业投资项目是否能进行,同时为资金筹措提供依据。

(一)可行性研究

可行性研究根据研究任务的不同,又可分为机会可行性研究、初步可行性研究和详细可行性研究。

1. 机会可行性研究

机会可行性研究的主要任务是对投资方向进行规划设想。鉴别和确定一个项目的投资机会,并将项目设想转变为概略的投资建议简介,散发给潜在的投资者，以激发广泛的投资响应。机会可行性研究是相当粗略的，往往是根据调查得到的当时情况，通过与类似现有项目的比较来获得总的估计数据。但是对投资额估计的误差一般在±30%以内。一般而言，机会研究时间是1—3个月，研究费占总投资的0.2%—1.0%。

2. 初步可行性研究

初步可行性研究是在更为详尽的研究报告中系统阐述项目的设想，其目的是对项目设想进行初步估计，判明投资机会是否有这样的前途，以便可以在详细阐明资料的基础上做出投资决策，或确定需要通过诸如市场调查、实验室实验、试验工厂试验等手段，进行深入研究和深入调查，使项目设想具有足够的吸引力。初步可行性研究只需概括地研究，在初步可行性研究的基础上，对项目的各种方案可以进行初次筛选，以便对其中较优的方案做进一步的选择。初步可行性研究对投资估算的误差要求在±20%以内，所需时间约3—4个月，研究费用占总投资的0.25%—1.25%。

3. 详细可行性研究

详细可行性研究报告是投资者做出投资决策的主要依据。它必须全面研究并详细回答六个方面的问题，即说明六个"W"：What、Why、Where、When、Who、How。详细可行性研究对投资估算的误差要求在±10%以内，所需时间和经费随项目的大小及复杂程度有所不同，时间少则几个月，多则几年，经费占项目总投资的0.2%—3%。

(二)资金筹措

投资前期的另一项活动是筹措资金。企业的资金来源可分为内部资金和外部资金。内部资金指企业所有者提供的资金和企业通过生产经营活动所取得资金，主要包括股东出资、累计折旧、资本公积、盈余公积、出售资产等；外部资金指向企业以外单位筹措的资金，包括向银行借款、发行债券、商业信用资金等。筹资方式不同，必然影响到融资的成本、投资项目建成后的所有权、经营管理方式以及收益的分配形式。

二、投资期

投资期是投资的实施阶段，其主要任务是通过编制设计委托书、委托设计、委托施工和竣工验收等活动，形成具有生产能力的固定资产，主要包括如下工作内容。

(一)项目设计

设计是在技术经济上对项目进行全面、具体的规划，是项目施工的主要依据。投资项目的设计，一般有初步设计、施工图设计两个阶段进行。但对技术复杂而又缺乏设计经验重大项目,可以增加技术设计这个阶段。

初步设计的任务是阐明在选定的地点、控制的投资额、规定的期间内,工程在技术上的可行性和经济上的合理性,并对项目的设计做出基本的决定,同时编制项目的总预算。

技术设计是根据初步设计和更详细的调查资料编制的。它确定了初步设计中所采用的工艺流程和建筑形式,并解决设计方案中的重大技术问题,即有关试验、设备制造等方面的问题。

施工图设计是在批准的初步设计和技术设计的基础上,将设计的工程加以形象化。施工图设计图纸应该包括施工总平面图、房屋建筑施工图平面图等。

(二)项目施工

施工是按设计的要求,把投资项目的建筑物和构建物建造起来,同时把规定的机器安装就绪的过程。成功组织施工的关键,是正确选择投资项目的施工承包人。因此,在招标过程中就需要明确工程的具体情况、工程质量、施工进程、费用等方面的要求,并且需要对投标人进行严格的审查,优中选优,签订合同明确双方的责、权、利。

(三)竣工验收

竣工验收,是全面考核建设工作,检查是否符合设计要求和工程质量的重要环节,对促进建设项目(工程)及时投产,发挥投资效果,总结建设经验有重要作用。

三、投资回收期

投资回收期(Payback Period),又称投资回收年限,是指投资项目投产后获得的收益总额,即净现金流达到该投资项目投入的投资总额所需要的时间(年限),是使累计的经济效益等于最初的投资费用所需的时间,一般作为辅助评价指标。

投资回收期的计算有多种方法,按回收投资的起点时间不同,有从项目投产之日起计算和从投资开始使用之日起计算两种;按回收投资的主体不同,分为社会投资回收期和企业投资回收期;按回收投资的收入构成不同,分为盈利回收投资期和收益投资回收期。根据所取收益额的不同,投资回收期分为静态投资回收期和动态投资回收期两类。

投资是一项极其复杂的经济活动,需要依次经过投资前期、投资期和投资回收三个大的阶段。要想获得投资的成功,必须做好各阶段每个环节的工作。在这三个阶段中,投资前期工作尤为重要。投资运动三个阶段各个环节的时序不能任意跳跃，更不能颠倒，但可适当交叉。

本章小结

1. 产业投资又称实业投资，从投资形态来看，产业投资主要有传统产业投资、新型产业投资、产业投资的高级形态。

2. 产业投资主体划分标准多样，最常见的是按经济形式和按经济性质划分。出于理性人的考虑，产业投资目标是追求资本增值的最大化。而资本增值又可以用现金流、会计利润、企业价值来度量。

3. 产业投资运动过程会依次经过不同的阶段，实现不同的职能。产业投资一般要经过三个阶段：投资前期、投资期、投资回收期。

复习题

1. 选择题

(1)一家口罩制造商生产口罩 2000 件，新冠肺炎疫情发生后，口罩需求大增，该生产商为了更好满足市场需求，恢复已经耗尽的存货，该制造商立即生产口罩 1500 件，在此之前，由于低消费需求，其中有 800 件无法销售。则该企业非自愿存货口罩(　　)件。

A. 1200

B. 1500

C. 800

D. 2000

(2)投资回收期是指以项目的(　　)抵偿投资额所需要的时间长度。

A. 毛收入

B. 净收入

C. 净现金流量

D. 税前利润

(3)下列哪个过程不是产业投资需要经过阶段。(　　)

A. 投资前期

B. 投资准备期

C. 投资期

D. 投资回收期

2. 判断分析题

基本建设投资、更新改造投资和房地产开发投资均属于固定资产投资。(　　)

3. 计算题

根据下列给出的数字,用支出法计算 GDP。

个人耐用品消费:10 亿元

工资收入:19 亿元

公司支付红利:1 亿元

个人非耐用品消费:5 亿元

净利息收入:1 亿元

公司未分配利润:10 亿元

企业厂房与设备投资:10 亿元

居民住房:10 亿元

年底存货:3 亿元

年初存货:2 亿元

政府间接税收入:12 亿元

资本折旧:5 亿元

政府支出:13 亿元

净出口:−1 亿元

第十七章　产业投资类型

本章首先说明固定资产投资的内容，接着介绍房地产业及其投资，最后阐述气候投融资的框架等内容，并进一步说明我国气候投融资发展情况做进一步说明。

第一节　固定资产投资

一、固定资产统计对象

固定资产投资统计对象包括建设准备、设备安装、建成投产的全过程。国家进行固定资产投资统计的范围是指全社会固定资产投资。按照现行统计制度规定，全社会固定资产投资包括基本建设、更新改造、国有单位其他投资、城镇集体经济单位投资、房地产开发投资、零星固定资产投资、城镇私营、个体经济投资、城镇和工矿区私人建房投资和农村固定资产投资。

固定资产投资统计分析是从固定资产的投入、产出和效益的角度进行的宏观分析。从不同层面反映固定资产投资活动过程的总量指标有以下四个：①投资供给量，投资供给是投资活动的前提；②投资使用量，是指建设单位在一定时期内，用于投资实际支出的金额；③投资形成量，是以货币形式表现的因建造和购置固定资产而形成的工作量以及与之相关消费；④投资财产形成量，指经过投资活动所形成的财产。

二、固定资产分类

(一)管理渠道

按照管理渠道，全社会固定资产投资总额分为基本建设、更新改造、房地产开发投资和其他固定资产投资四个部分。

1. 基本建设投资

基本建设指企业、事业、行政单位以扩大生产能力或工程效益为主要目的的新建、扩建工程及有关工作。其综合范围为总投资 500 万元以上(含

500万元,下同)的基本建设项目,具体包括:

(1)列入中央和各级地方基本建设计划的建设项目,以及虽未列入基本建设计划中,但使用以前基建计划内结转投资(包括利用基建库存设备材料)在继续施工的建设项目。

(2)基本建设计划内投资与更新改造计划内投资结合安排的新建项目和新增生产能力(或工程效益)达到大中型项目标准的扩建项目,以及为改变生产力布局而进行的全厂性迁建项目。

(3)国有单位既未列入基建计划,也未列入更新改造计划的总投资在500万元以上的新建、扩建、恢复项目和为改变生产力布局而进行的全厂性迁建项目,以及行政、事业单位增建业务用房和行政单位增建生活福利设施的项目。

2. 更新改造投资

更新改造指企业、事业单位对原有设施进行固定资产更新和技术改造,以及相应配套的工程和有关工作(不包括大修理和维护工程)。其综合范围为总投资500万元以上的更新改造项目,具体包括:

(1)列入中央和各级地方更新改造计划的投资单位(项目)和虽未列入更新改造计划,但使用更新改造计划内结转的投资继续施工的项目;

(2)更新改造计划内投资与基本建设计划内投资结合安排的对企、事业单位原有设施进行技术改造或更新的项目和增建主要生产车间、分厂等其新增生产能力(或工程效益)未达到大中型项目标准的项目,以及由于城市环境保护和安全生产的需要而进行的迁建工程;

(3)国有企、事业单位既未列入基建计划也未列入更新改造计划,总投资在50万元以上的属于改建或更新改造性质的项目,以及由于城市环境保护和安全生产的需要而进行的迁建工程。

3. 房地产开发投资

房地产开发投资是指房地产开发公司、商品房建设公司及其他房地产开发法人单位和附属于其他法人单位实际从事房地产开发或经营的活动单位统一开发的包括统代建、拆迁还建的住宅、厂房、仓库、饭店、宾馆、度假村、写字楼、办公楼等房屋建筑物和配套的服务设施,土地开发工程(如道路、给水、排水、供电、供热、通信、平整场地等基础设施工程)的投资;不包括单纯的土地交易活动。

4. 其他固定资产投资

其他固定资产投资是指全社会固定资产投资中未列入基本建设、更新改造和房地产开发投资的建造和购置固定资产的活动,具体包括:

（1）国有单位按规定不纳入基本建设计划和更新改造计划管理，计划总投资（或实际需要总投资）在 50 万元以上的以下工程，主要包括：

①用油田维护费和石油开发基金进行的油田维护和开发工程；

②煤炭、铁矿、森工等采掘采伐业用维简费进行的开拓延伸工程；

③交通部门用公路养路费对原有公路、桥梁进行改建的工程；

④商业部门用简易建筑费建造的仓库工程。

（2）城镇集体固定资产投资，指所有隶属城市、县城和经国务院及省、自治区、直辖市批准建制的镇领导的集体单位（乡镇企业局管理的除外）建造和购置固定资产计划总投资（或实际需要总投资）在 50 万元以上的项目。

（3）除上述以外的其他各种企、事业单位、个体建造和购置固定资产总投资在 50 万元以上的、未列入基本建设计划和更新改造计划的项目。

（4）城镇和工矿区私人建房投资和农村个人投资。城镇和工矿区私人建房包括市、县城、镇、工矿区所辖范围内的全部私人建房，不论其房主是否系本地的常住户口均应包括。农村个人投资包括农村个人建房及购置生产性固定资产的投资。

（二）固定资产投资资金来源

根据固定资产投资的资金来源不同，分为国家预算内资金、国内贷款、利用外资、自筹资金和其他资金来源。

1. 国家预算内资金

国家预算内资金是指中央财政和地方财政中由国家统筹安排的基本建设拨款和更新改造拨款，以及中央财政安排的专项拨款中用于基本建设的资金和基本建设拨款改贷款的资金等。

2. 国内贷款

国内贷款是指报告期内企业、事业单位向银行及非银行金融机构借入的用于固定资产投资的各种国内借款，包括银行利用自有资金及吸收的存款发放的贷款、上级主管部门拨入的国内贷款、国家专项贷款（包括煤代油贷款、劳改煤矿专项贷款等）、地方财政专项资金安排的贷款、国内储备贷款、周转贷款等。

3. 利用外资

利用外资是指报告期内收到的用于固定资产投资的国外资金，包括统借统还、自借自还的国外贷款，中外合资项目中的外资，以及对外发行债券和股票等。国家统借统还的外资指由中国政府出面同外国政府、团体或金融组织签订贷款协议、并负责偿还本息的国外贷款。

4. 自筹资金

自筹资金是指建设单位报告期内收到的，用于进行固定资产投资的上级主管部门、地方和企业、事业单位自筹资金。

5.其他资金来源

报告期内收到的除以上各种拨款、固定资产投资，按其建成投产后的主要产品或主要用途及社会经济活动性质来确定。一般情况下，一个建设项目或一个企业、事业单位只能属于一种国民经济行业。为了更准确地反映国民经济各行业之间的比例关系，联合企业(总厂)所属分厂属于不同行业的，原则上按分厂划分行业。

(三)固定资产投资活动

固定资产投资活动按其工作内容和实现方式分为建筑安装工程，设备、工具、器具购置，其他费用三个部分。

1.建筑安装工程

建筑安装工程是指各种房屋、建筑物的建造工程和各种设备、装置的安装工程，包括:①各种房屋建造工程，各种用途设备基础和各种工业窑炉的砌筑工程;②为施工而进行的各种准备工作和临时工程以及完工后的清理工作等;③铁路、道路的铺设，矿井的开凿及石油管道的架设等;④水利工程，防空地下建筑等特殊工程;⑤各种机械设备的安装工程，为测定安装工程质量，对设备进行的试运工作。在安装工程中，建筑安装工程不包括安装设备本身的价值。

2.设备、工具、器具购置

设备、工具、器具购置是指购置或自制达到固定资产标准的设备、工具、器具的价值。固定资产标准按财务部门规定。新建单位、扩建单位的新建车间按照设计和计划要求购置或自制的全部设备、工具、器具，不论是否达到固定资产标准均计入“设备、工具、器具购置”中。

3.其他费用

其他费用是指在固定资产建造和购置过程中发生的，除建筑安装工程和设备、工具、器具购置以外的各种应摊入固定资产的费用。

(四)建设项目的性质

建设项目的性质一般分为新建、扩建、改建、迁建、恢复。基本建设按建设项目划分建设性质，更新改造、国有单位其他固定资产投资及城镇集体投资等按整个企业、事业单位的建设情况确定建设性质，房地产开发单位、农村投资、城镇工矿区私人建房等投资不划分建设性质。

1.新建

新建一般是指从无到有、“平地起家”新开始建设的单位。有的单位原有的基础很小，经过建设后其新增加的固定资产价值超过原有固定资产价值(原值)三倍以上的也算新建。

2. 扩建

扩建一般是指为扩大原有产品的生产能力，在厂内或其他地点增建主要生产车间(或主要工程)、独立的生产线或分厂的企业；事业单位和行政单位在原单位增建业务用房(如学校增建教学用房、医院增建门诊部或病床用房、行政机关增建办公楼等)也作为扩建。

3. 改建

改建一般是指现有企业、事业单位为了技术进步，提高产品质量，增加花色品种，促进产品升级换代，降低消耗和成本，加强资源综合利用和三废治理、劳保安全等，采用新技术、新工艺、新设备、新材料等对现有设施、工艺条件进行技术改造或更新(包括相应配套的辅助性生产、生活福利设施)。有的企业为充分发挥现有生产能力，进行填平补齐而增建，不增加本单位主要产品生产能力的车间等，也属于改建。

固定资产投资是固定资产再生产活动。固定资产再生产过程包括固定资产更新(局部和全部更新)、改建、扩建、新建等活动。固定资产具有回收时间较长、变现能力较差、资金占用数量相对稳定、实物形态与价值形态可以分离、投资次数相对较少的特点。

[例 17.1]

绿远公司固定资产投资案例

本项目是一个芦荟深加工项目，属于政府鼓励的投资方向。项目年产芦荟浓缩液 400 吨无菌包装后外销、年产芦荟冻干粉 20 吨。总投资 3931.16 万元，其中 1965.58 万元向商业银行贷款，贷款利率 10%；其余 1965.58 万元自筹，投资者期望的最低报酬率为 22%。

本项目建设期一年，项目总投资中，建设性投资 3450.16 万元应在建设期期初一次全部投入使用，流动资金 481.00 万元，在投产第一年初一次投入使用。项目生产期为 15 年。

2—6 年公司每年总成本费用为 2746.69 万元，7—16 年公司每年总成本费用为 2692.29 万元。本项目销售价格：浓缩液 60000 元/吨，冻干粉 1200000 元/吨。

为简便起见，本案例假设没有增值税。所得税税率按 33%计算。

根据以上信息，现对公司进行项目财务可行性分析。

(1)现金流量测算

①投资期现金流量 $NCF_0 = -3450.16$，$NCF_1 = -481.00$

②经营期现金流量，经营期现金流量测算如下：(单位：万元)

表 17.1　经营期现金流量测算表

	2—6 年	7—16 年
销售收入	4800	4800
减:总成本	2746.49	2692.29
利润总额	2053.51	2107.71
减:所得税(33%)	677.66	695.54
净利润	1375.85	1412.17
加:折旧等非付现成本	255.55	201.35
经营现金净流量	1631.04	1613.52

注:销售收入=60000×400+1200000×20=48000000(元)

③终结期现金流量 NCF_{16}=481+(1914.38+1197.38+67.39)×5%=3179.15

(2)折现率的确定

表 17.2　综合资金成本表

	资金成本	资本结构	综合资金成本
负债	10%×(1-33%)=6.67%	1572.46/3931.16=40%	6.67%×40%=2.67%
股权	22%	60%	22%×60%=13.2%
			2.67%+13.2%=16%

所以,本项目选择16%作为折现率和基准收益率。

(3)固定资产投资评价指标计算

本项目计算了两个指标作为投资方案财务可行性判断的依据,其中第一个指标属于静态指标,第二个指标属于动态指标。

①年平均报酬率法:(1631.04×5+1613.52×10)/15×3931.16=41.19%。

②净现值法:营业期现金流量表反映出,2—6 年经营现金净流量1631.04 万元;7—16 年经营现金净流量 1613.52 万元。

终结期现金流量=流动资金*残值率=639.96 万元

按照折现法的计算,NPV=2-6 年经营现金净流量+7-16 年经营现金净流量+终结期现金流量的现值-固定资产投资=30000.49 万元,NPV大于 0,可行。

第二节　房地产投资

一、房地产业定义

房地产业是指以土地和建筑物为经营对象，从事房地产开发、建设、经营、管理以及维修、装饰和服务的集多种经济活动为一体的综合性产业，是具有先导性、基础性、带动性和风险性的产业。在宏观层面，房地产业是指从事房地产投资、开发、建设、经营、租赁、抵押、信托、维修以及装饰等经济活动的产业部门，包括各类经济组织、专业人员和行政管理部门所组成的房地产市场。在微观层面，房地产业的活动领域包括土地开发和再开发、房屋开发、土地经营、房地产经营、房地产中介服务和物业管理服务等。

作为国民经济的重要支柱产业，房地产业的投资在固定资产投资中占有比例较大。不仅如此，房地产业巨大的产业关联度使其对钢铁、水泥、家电、装修等等多个行业都有着举足轻重的影响。在现阶段，房地产行业的健康稳定发展，对宏观经济有着重要意义。

二、房地产业特点

房地产行业的发展需要大量资金支持，同时与国家当期的政策密切相关，其具备以下特点。

（一）易受政策影响

房地产作为居民生活中的一种基本消费品，其价格的波动对居民的基本生活影响很大。政府采取了土地利用政策、产业政策和财政货币政策等一系列宏观经济政策来保障房地产行业的健康稳定发展。在现实中，中国的大部分房地产企业受资金土地供给政策、住房政策、金融信贷政策、财政税收政策、行业投资政策等影响深远。

（二）地域性明显

与其他行业不同的是，房地产行业具有明显的地域性。一旦房地产被投入建设，它就会被“留置”到固定的地方而不能移动和调配。除此之外，房地产的地域性还体现在价格上，房价因开发项目所处的城市、地理位置、街区位置不同参差不齐，差异很大。

（三）投资额度大，高度依赖融资

房地产投资金额一般比较大，融资依赖程度明显，需要根据企业的实际情况进行融资，有效控制资产负债比例。此外，如果对资本成本没有合理地控制，也会给房地产企业带来巨大的财务风险。

(四)销售收入确认比较特殊

房地产销售在房产完工并验收合格，达到了销售合同约定的交付条件，取得了买方按销售合同约定交付房产的付款证明时(通常收到销售合同首期款及已确认余下房款的付款安排)，确认销售收入的实现。销售收入的特殊性往往造成现金流量和收入不能同步实现。

(五)投资周期长，投资风险大

房地产行业的运作是一个长期的过程。在这种情况下，周期越长，不确定性就越大，风险也就越大。房地产本身的开发周期很长，房地产企业开发产品的成本和销售收入的不确定性就越大，直接影响企业利润和企业的资金回收。房地产使用周期的长久性，使得其适应性能与替代性相对来说较差，在人们日常生活日益变化的环境下，房地产产品面临着不能满足消费者需求的风险。

三、房地产投资内涵

(一)房地产投资含义

房地产投资是指经济主体以获得未来房地产增值或收益为目的，预先垫付一定数量的货币与实物，直接或间接的从事或参与房地产开发与经营活动的行为①。前者以有形资产为基础，以直接的方式进行；后者持有股权，进行的是间接投资(如收购房地产公司的股票、债券，以及收购房地产公司的债券和债券)。

房地产投资所涉及的领域有：土地开发、旧城改造、房屋建设、房地产经营、置业等。所以，这里的投资是预先垫付的资金(没有包括其他资源)。

(二)房地产投资的类型

1. 投资形式划分

从投资形式来看，房地产投资分为直接投资和间接投资。

(1)直接投资

房地产直接投资是指投资者直接参与房地产开发或购买房地产的过程并参与有关的管理工作，包括从购地开始的开发投资和物业建成后的置业

① 高志云. 房地产投资分析与实务[M]. 北京：北京大学出版社，2014：19.

投资两种形式。

①房地产开发投资

房地产开发投资是指投资者从购买土地使用权开始，经过项目策划、规划设计和施工建设等过程获得房地产商品，然后将其推向市场，转让给新的投资者或使用者，并通过转让过程收回资金、实现开发商收益目标的投资活动。

房地产开发投资通常属于短期投资，它形成了房地产市场上的增量供给。开发投资的目的主要是赚取开发利润，风险较大但回报也比较丰厚。房地产开发投资者将建成后的房地产用于出租（如写字楼、公寓、别墅、货仓等）或经营（如商场、酒店等）时，短期开发投资就转变成了长期置业投资。

②房地产置业投资

房地产置业投资是购置物业以满足自身生活居住或出租经营需要，并在不愿意持有该物业时可以获取转售收益的一种投资活动。置业投资的对象可以是开发后新建成的物业（市场上的增量房地产），也可以是房地产市场上的二手地产。置业投资一般从长期投资的角度出发，可获得保值、增值、收益和消费四个方面的利益。

(2)间接投资

房地产间接投资主要是指将资金投入与房地产相关的证券市场的行为。房地产的间接投资者不需直接参与有关投资管理工作。具体投资形式包括：购买房地产开发投资企业的债券、股票，购买房地产投资信托基金和房地产抵押贷款证券等。

2.房地产用途划分

从房地产用途来看，房地产分为地产投资、住宅房地产投资、商业房地产投资、工业用地投资、特殊物业投资等。

(1)地产投资

地产投资是指单纯地投资于土地，利用土地的买卖差价和进行土地开发后出售或出租经营来获取投资收益。

(2)住宅房地产投资

住宅房地产分为普通商品住宅、高档公寓和别墅等多种类型。投资于住宅房地产，既可直接出售，也可进行租赁经营。其主要体现为开发投资，伴随着消费者的生活水平的提升，通常情况下，对房屋的需求不会减少，因此，对住宅的投资风险比较低。

(3)商业房地产投资

商业房地产投资的对象包括写字楼、商场、旅馆、酒店和各种娱乐设施等，这类房地产主要以出租经营为主，收益较高，但同时承担的风险也较大。物业管理对于这类投资显得尤其重要，它是防范投资风险的主要手段。

(4)工业用地投资

工业用地投资主要是指投资于工业厂房用地、仓库用地、高科技产业用地、科研开发用地等。

(5)特殊物业投资

投资于专有财产，如高速铁路，机场，码头及其他须经特别批准的财产。

3. 经营方式划分

从经营方式来说，房地产投资分为出售型、出租型和混合型房地产项目投资。

(1)出售型房地产项目投资

这类房地产项目以预售或开发完成后出售的方式得到收入、回收开发资金、获取开发收益，以达到盈利的目的。

(2)出租性房地产项目投资

这类房地产项目以预租或开发完成后出租的方式得到收入、回收开发资金、获取开发收益，以达到盈利的目的。

(3)混合型房地产项目投资

这类房地产项目以预售、预租或开发完成后出售出租、自营的各种组合方式得到收入，回收开发资金、获取开发收益，使发展资本得以回笼，实现发展利润最大化。

四、房地产投资分析的主要内容

房地产市场受多因素影响，其价值具有一定的复杂性。对于一项房地产项目是否值得投资，主要分析内容如下。

1. 市场分析

房地产投资项目在投资决策确定之前，调查市场情况、项目背景资料，辨识投资风险，选择投资机会的过程，称为房地产投资项目的市场分析。市场分析包括对房地产市场的调查与预测。

2. 区位条件分析

在很多情况下，房地产销售价格和租金水平主要是由该区位因素决定的，对某一区位的需求越大，该区位单位面积的租金和价格水平就越高。所以区位条件的好坏，对房地产投资项目的利润和收益有着重要的影响。某一具体的城市地块常在很大程度上受这一城市区域内的经济、社会和政治力量的影响。对投资项目构成影响的区位条件还包括该项目具体地点的自然和法律特征。

3. 基础数据估算分析

许多定量的调查或预测结果，如项目的投资成本与费用、各项税金和利润、租售价格、资金的筹措、可获得的融资额以及进度的安排等，如果这些数据不够准确（当然是相对的），那么后面据此分析所得出的结论就是可商榷的。

4. 财务分析

财务分析是对项目的盈利能力、清偿能力、资金平衡能力等进行的分析，从而得出财务上是否可行的结论。

5. 不确定性分析

在房地产投资项目的经济分析中，运用了大量的技术经济数据，如销售单价、成本、收益、贷款、利率、工期等。由于这些数据都是投资分析人员根据资料对未来的可能性做出的某种估计，所以分析中必然带有某种不确定性。

通过临界点分析、敏感性分析对这些不确定性因素进行分析，以揭示项目所能达到的盈利水平和面临的风险。

6. 风险分析

前述的不确定性分析无法对投资者所承担的风险做定量估计，它只能起到定性说明的作用。而风险分析可以根据各种变量的概率分布，来推求一个项目在风险条件下获利的可能性大小。这种可能性描述了房地产项目在特定收益状态下的风险程度，进而为投资者决策提供可靠依据。

7. 决策分析

决策分析，即方案比选分析。某些时候，投资者需要从各种投资方案中选择一个或几个投资方案，用于投资活动。当投资者资源有限的时候，就需要对投资方案再进行比选。至此，一项完整的房地产投资分析过程才算完结。

五、房地产新型证券融资方式

（一）房地产抵押贷款证券

1. 定义

房地产抵押贷款证券（MBS），是指将大量的抵押贷款组合成一个庞大的集合，以此为基础发行抵押贷款证券，以组合中抵押贷款的本息支付给证券投资者。金融机构将其发放的房地产抵押贷款出售给了其他投资者（以机构投资者为主），增强了金融机构房地产抵押贷款资产的流动性。

2. 结构

美国 MBS 是金融危机前债券市场最大券种。MBS 采用了独一无二的交易结构(图 17.1),它通过将拟制的证券产品包装到 SPV(Specific Specific Virtuals,SPV),使其免受风险影响,再通过信用增级,使 MBS 具有了低风险特征,符合养老保险基金等机构投资者的需求。

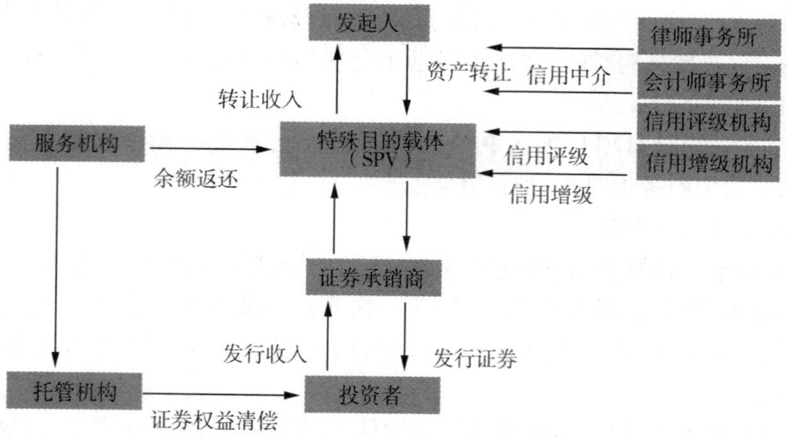

图 17.1　MBS 交易结构

(二)房地产信托

1. 概念

房地产信托(Real Estate Investment Trusts),是指信托投资公司发挥专业理财优势,通过实施信托计划筹集资金,用于房地产开发项目,为委托人获取一定的收益。房地产信托包括两个方面的含义:①不动产信托,是指不动产所有权人(委托人)为受益人的利益或特定目的,将所有权转移给受托人,使其依照信托合同来管理运用的一种法律关系;②房地产资金信托,是指委托人基于对信托投资公司的信任,将自己合法拥有的资金委托给信托投资公司,由信托投资公司按委托人的意愿以自己的名义,为受益人的利益或特定目的,将资金投向房地产业并对其进行管理和处分的行为。这也是我国近年来开始大量采用的房地产融资方式。房地产信托三种产品类型的比较参见表 17.3。

表 17.3　房地产信托三种产品类型的比较

类型	融资要求	关键保障措施	优点	缺点
债权型	四证齐全	土地等抵押物	1. 融资方资质良好	1. 融资方资质要求严
	二级以上资质		2. 债权债务关系,法律保障	2. 资金用途有限制
	自有资本金达 35%		3. 抵押物保障	3. 出现风险,需进入破产程序,耗时长

续表

类型	融资要求	关键保障措施	优点	缺点
股权型	无明文规定	开发项目股权	1. 投资面广，无硬性条件	1. 融资方偿债能力难以保障
			2. 多用优先劣后分层设计	
		结构化设计	3. 信托公司参与日常管理	2. 融资方成本高
			4. 退出方式多样	3. 投资风险高
收益型	已建成物业	物业收益权	1. 未来现金流有保障	1. 期限长，不确定性
			2. 盘活固定资产	2. 物业建成，开发商融资需求减弱
			3. 国内最接近 REITs 产品	

数据来源：搜狐官网信托产品种类，http://news.sohu.com/a/542152831_121378576。

(三)房地产投资信托基金

1. 定义

房地产投资信托基金(REITs)，或称不动产投资信托基金。我国公募REITs明确主要投资于基础设施建设，所以在一些已发行的文件中也称为基础设施证券投资基金。REITs指的是一种可以向投资者发行收益凭证，筹集资金对房地产进行投资，并对其进行投资收益的一种投资基金，它属于房地产收益权可以在资本市场中进行流通的一种金融产品。2016年6月3日，国务院办公厅明确提出稳步推进房地产投资信托基金(REITs)试点[①]。

2. 国内REITs发展

2007年，原中国银监会和原中国证监会等相关机构共同推进REITs的试点工作，并出台了修改后的《信托公司管理办法》《房地产集合投资信托业务试点管理办法》和《银行间债券市场房地产信托受益券发行管理办法》等，各类REITs[②]发展步伐逐渐提速。但由于我国现阶段还没有出台相应的税

① 数据来源：中华人民共和国中央人民政府官网：国务院办公厅印发《关于加快培育和发展住房租赁市场的若干意见》，https://www.gov.cn/xinwen/2016-06/03/content_5079523.html。

② 最具突破性和开创性的是，在2014年，首只私人REITs的"中信启航"特别资产管理计划的制定，以及随后"中信华夏苏宁云创"的设立，改变了这一类产品的运作方式，从单一地给地产开发商放款，变成了以购买物业为主要目的标准化REITs，从而推动了REITs的中国发展。

费优惠，与 REITs 有关的注册制度、上市条件和退出机制还不健全等原因，对 REITs 的发展也有一定的限制。

在我国，REITs 的基础设施项目，主要分为三个方面：一是商业地产项目，二是政府主导的基础设施项目，三是具有稳定现金流的公益性项目。当前，我国 REITs 的发展还处于初期，我国的 REITs 主要有两种方式：(1)中国央行和原银保监会共同参与制订了“债权类”保险计划；(2)原中国证券监督管理委员会设立了“股权类”股票，指的是把不动产的所有权转移到 REITs 的名义进行分割转让，就像是一个普通的公众投资者，他们可以通过持有 REITs 的股份来间接拥有不动产的所有权，而 REITs 可以在交易所进行公开交易，每个人都可参加。如鹏华前海万科不动产投资基金就属于此类。

第三节 气候投融资

一、气候投融资定义

根据 2020 年生态环境部等发布的《关于促进应对气候变化投融资的指导意见》，气候投融资的定义是，为实现国家自主贡献目标和低碳发展目标，引导和促进更多资金投向应对气候变化领域的投资和融资活动，是绿色金融的重要组成部分。气候投融资的支持范围包括减缓和适应两个方面(见图 17.2)。

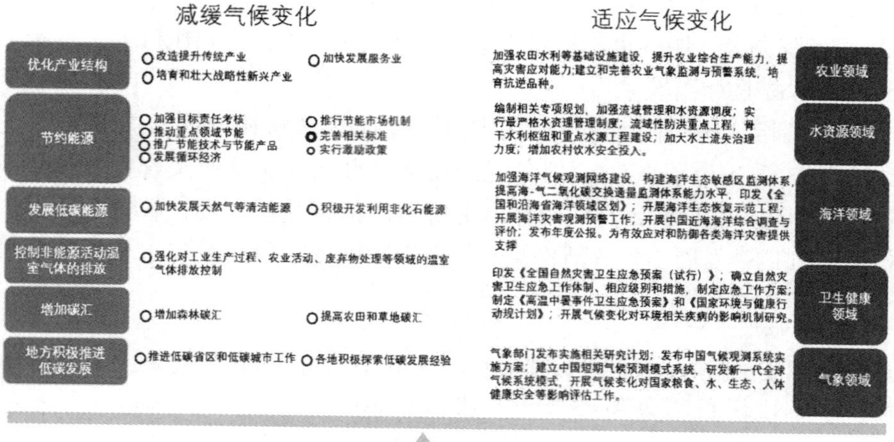

图 17.2 气候投融资范围

世界气象组织的最新研究显示，人类活动预计已造成全球温度比工业化之前上升大约 1.2℃。极端天气研究显示，每 0.5℃的全球升温都会带来显著的极端天气模式变化，会导致如洪涝和干旱之类的自然灾害更加频繁，更加严峻；由于海平面快速升高，在地势较低的海岸和小岛区域，更有可能遭受海洋侵蚀，更有可能破坏基本设备；在陆地上，生物可能会消失或绝迹等。

世界上所有国家应在可持续发展的基础上，联合起来应对气候变化，把增温降到1.5摄氏度以下。2015年通过的《巴黎协定》，现今已有196个国家签署并在191个国家生效。应对气候变化的各种倡议，如提高能源效率，降低燃料的碳排放密度，电气化改革，以及土地利用的转变等，这些应对气候变化的措施正在世界各地进行。

目前，《联合国气候变化公约》《京都议定书》《巴黎协定》等为我国应对和应对气候变化提供了一定的政策依据，但相关研究较少。据全球影响力投资网络（The Global Impact Investment Network，GIIN）研究表明，50%的被调查者说，他们会把参与国际条约，比如《巴黎协定》，当作一个主要的决策要素。虽然各国的气候投融资当前已达到了历史新高，但还远不足以实现1.5℃的气候目标。每年气候投融资的资金缺口仍然巨大。后续阶段，一方面，全球公共资源及其他优惠性财务资源需要以更加具有变革性的方式综合利用起来以撬动气候投融资；另一方面，各国政府、各类企业公司、金融机构以及私人投资者需要在可持续低碳发展的背景下，互联合作，共同参与气候投融资工作。

二、气候投融资的资金来源

气候投融资的资金来源主要包括公共资金与私人资金。公共资金与私人资金对气候融资的贡献份额接近相等。

（一）公共资金

从2015—2016年度算起，2017—2018年期间，由政府资助的气候投资基金的平均金额增加了18%，为2530亿美元，在全世界范围内这一数字为44%。在公营部门中，由开发性金融机构参加的环境投资（84%）继续占据着重要地位。在未来，气候投融资的增长仍有赖于开发性金融机构。2020年，新冠肺炎疫情的爆发为全球气候投融资的带来了不确定性。新冠肺炎疫情的影响主要表现为整体经济的下滑以及公共部门投资结构的变革，对各个国家的影响也因各国的经济发展情况不一而各有差异。

（二）私人资金

私营部门气候投融资主要来源于家庭、非金融企业部门、商业金融机构（银行）、各类机构投资者和各类私募基金。2017年，私人投资也创下新高，为3300亿美金，同比增长43%。但是，随着世界经济形势的改变，私人领域的投资也出现了轻微的下滑，只有3230亿美元。2017—2018年，公司层面的气候投资在私人领域占有份额为56%。由于近年来商业金融机构以及个人在气候相关投融资中的参与度不断提升，来自企业端的投融资占比呈现持续下降的趋势。

2013—2018全球气候投融资总量两年平均值见图17.3。值得关注的是，尽管私营部门气候投融资整体呈现不断上升的趋势，但商业银行对于传统化石燃料公司的贷款在2019年达到6500亿美元，说明商业银行整体投融资策略还需要进行调整以符合低碳的可持续发展战略。根据CPI《2019年全球气候投融资报告》的数据，估计2019年私营部门气候投融资将与2017—2018年平均投融资水平相当，但受新冠肺炎疫情影响，2020年3月全球私营部门投融资显著下降，影响气候投融资规模。

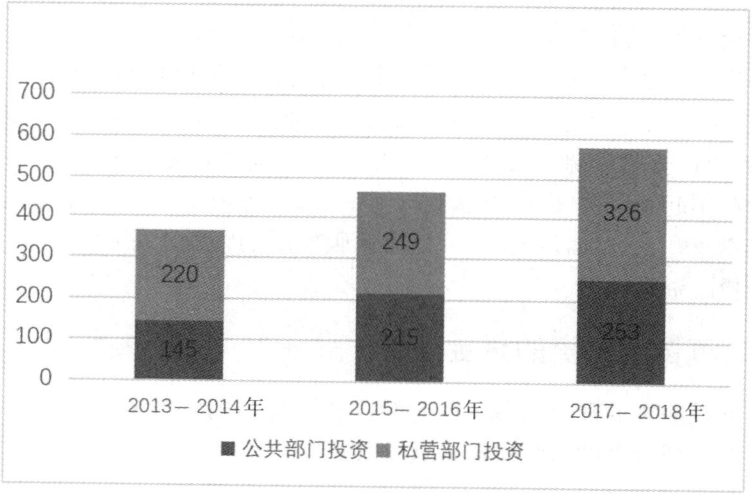

图17.3　2013—2018年全球气候投融资总量两年均值

（按公共部门和私营部门划分；单位：10亿美元）

三、气候信息披露框架

企业级气候信息披露是妥善管理气候变化风险、向碳中和转型提供充分资金保障的必要条件。金融业气候信息披露是气候风险定价机制正常运作的必要条件，将有利于市场主体抓住机会，并促进更好的风险管理。

气候金融风险论坛（CFRF）专门针对金融机构的气候风险信息披露发布了指引，指出金融机构披露气候信息的目标应包括：管理系统性风险、推动市场资金从棕色资产流向绿色资产、识别机构的气候风险情况，以及推动低碳转型的战略管理等。企业级信息披露是应对气候相关金融风险重要的支柱之一，一致性披露标准、充足的数据对高质量的气候信息披露至关重要。

目前，主要的全球性气候信息披露框架包括 ISSB（国际可持续披露准则）、CDP（碳信息披露项目）、CDSB（气候披露标准委员会）、TCFD（气候相关财务信息披露工作组）等。其中 2017 年 TCFD 发布的《实施气候相关财务信息披露的建议》（简称“TCFD 建议”）影响最为广泛。

TCFD 建议围绕治理、战略、风险管理和指标与目标四项主题披露气候信息，主要包括在“C. 建议与指南”部分，以体现气候因素对金融机构收入、支出、资产和负债以及资本和投融资的实际和潜在的财务影响，并最终为风险定价和资本配置提供支持（见图 17.4）。

表 17.4　《TCFD 披露建议》

A. 简介	1. 背景
	2. TCFD 的职责
B. 气候相关风险、机遇和财务影响	1. 气候相关风险
	2. 气候相关机遇
	3. 财务影响
C. 建议与指南	1. 建议与指南概述
	2. 实施建议
	3. 为所有部门提供的通用指南
D. 情景分析与气候相关的问题	1. 情景分析概述
	2. 面临与气候相关的风险
	3. 情景分析的推荐方法
	4. 应用情景分析
	5. 进行情景分析的挑战与益处
E. 考虑的关键问题和进一步工作的领域	1. 与其他报告倡议的关系
	2. 披露的地点与实质性
	3. 情景分析
	4. 数据可用性与质量和财务影响
	5. 与投资有关的温室气体排放
	6. 薪酬
	7. 会计方面的考虑
	8. 短期、中期、长期时间框架
	9. 覆盖范围
	10. 组织所有权
F. 结论	
附录 1：工作组成员	
附录 2：工作组目标和方法	
附录 3：有效披露的基本原则	
附录 4：选择披露框架	
附录 5：词汇与缩写	
附录 6：参考资料	

四、气候投融资工具

通常情况下，按照类型进行划分，气候融资工具主要包括债务融资工具、股权融资工具以及赠款(不要求偿还)。

大部分的气候资金都是由债务融资的方式获得。以债务融资方式获得的资金在2017—2018年占全部气候投融资比重为58%。从融资模式上来看，主要有以资产负债为基础的融资模式。以低利率项目为基础的融资模式，以市场利率为基础的融资模式；在这些贷款中，以市场利率进行的项目债务融资占据了最大比例，达到了40%，借贷主体为多边和国家开发性金融机构(DFIs)。股权融资作为另一大气候融资工具，占气候融资整体的比例变化不大，2015—2016年占比30%，2017—2018年占比31%。另外，近年来，公共部门为创造一个积极的气候投融资环境，同时为了向投资者展示可持续投资项目的可行性，对气候项目投资的捐赠占比不断扩大，呈现持续上升的趋势(见图14.4)。

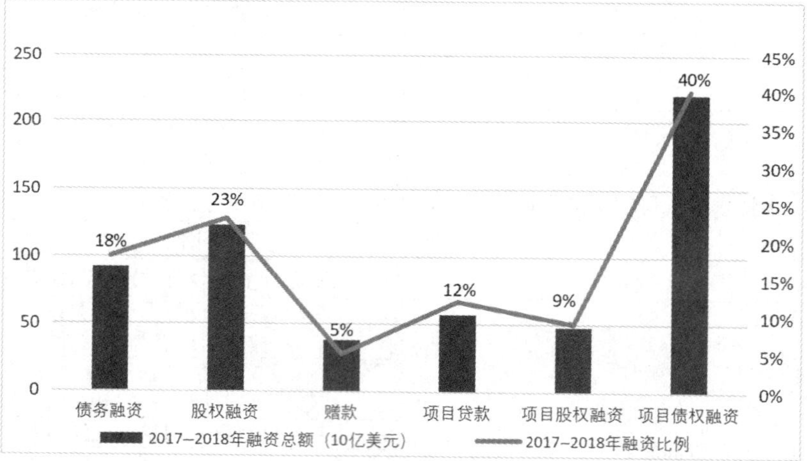

图17.4　2017—2018年全球气候融资总量均值

(按金融工具划分单位：10亿美元)

数据来源：CPI，《2019年全球气候投融资报告》，http://www.360doc.com/content/21/0629/20/42073224_984397006.shtml。

1.债务融资

气候投融资工具中，债务融资占比最大，其他创新类气候投融资产品使用有限。债务融资(包括市场利率及低利率基于企业或项目的债务融资)占比最大，占据可溯源气候投融资总量的58%。债务融资中又以市场利率的项目债务融资为主，占债务融资比重的69%。

2.股权融资

虽然债务融资比例较大，但在气候融资中仍然需要综合考虑项目的特点、市场条件和投资者需求等因素，选择适合的股权融资方式。不同的项目可能采取不同的融资组合，以最大程度地满足资金需求和风险偏好。

3.社会捐赠

除了债务融资和股权融资，社会公众捐赠也为气候融资提供了大量资金，并且赠款数量总体呈现上升的趋势。

目前，气候投融资工具以债务型产品为主，随着金融产品的不断创新以及适应解决实际问题的需要，一些当前较少使用的气候投融资工具如节能保险、混合融资工具将在未来有巨大的发展潜力。

五、中国气候投融资发展

（一）中国气候投融资政策

中国气候投融资政策发展脉络，发现我国气候投融资体系概念提出时间较短，但气候投融资发展较为迅速。从 2007 年制定的中国首个综合性政策文件——《中国应对气候变化国家方案》发布，至今已有十多年。在这十多年里，为了更好地应对气候变化、实现“双碳”目标，中国积极调整产业结构，控制温室气体排放同时大力发展绿色低碳等环境友好型产业，推动气候投融资的发展。气候投融资先在地方试点，打造气候投融资的样板，再进行全面推广。在试点半年的时间里，各试点地区在应对气候变化、推动气候投融资中取得了显著的成效（见表 17.5）。

表 17.5　中国气候融资政策梳理

时间	气候融资文件	发布主体	文件发布意义
2007 年	《中国应对气候变化国家方案》	发展改革委等相关部委	一项综合性政策文件，它是中国首份针对气候变化的综合性政策文件。这也是首个由发展中国家发布的《国家应对气候变化计划》，中国应对环境问题的“根本大法”。
2011 年	《“十二五”控制温室气体排放工作方案》	国务院	对今后 5 年的减排工作进行了总体安排，并推出了一系列具有创新意义的重要措施，得到了国际社会的普遍重视和好评。
2013 年	《国家适应气候变化战略》	中国发改委、财政部和农业部等九个部委	是中国第一个把应对气候变化上升到了一个国家的战略层面，对于提升我国应对气候变化的整体实力具有重要的现实意义。

续表

时间	气候融资文件	发布主体	文件发布意义
2016年	《“十三五”控制温室气体排放工作方案》	国务院	已明确提出要将投资政策引导和金融支持作为主要内容，推进气候投融资试点工作。
2020年9月	《关于促进应对气候变化投融资的指导意见》	生态环境部、国家发改委、人民银行、银保监会、证监会	这是首次对气候变化投融资作出顶层设计，意味着金融和气候变化开始深度融合。
2021年10月	《关于促进应对气候变化投融资的指导意见》	中国技术与经济学协会、中国环保协会气候投资与投资专业委员会	是中国第一个对气候投融资项目进行识别的标准，它为在全国范围内推动气候投融资工作提供了一个重要的参考基础。
2021年12月	《气候投融资试点工作方案》	中国人民银行、国务院国资、国家发改委、工业和信息化部等9个部门	该方案启动气候投融资试点的申报工作，为地方政府积极参与气候投融资提供了政策基础。
2022年6月	《国家适应气候变化战略2035》	国务院	明确指出气候融资具体实施方案。
2022年7月	《生态环境部贯彻落实扎实稳住经济一揽子政策措施实施细则》	国务院	确定了促进生态环境稳定发展的五大主要举措。
2023年2月	《甘肃省气候投融资项目入库指南》	甘肃省生态环境厅	该指南指导兰州市探索符合西北地区发展的气候投融资政策体系，积极打造气候投融资“西北样板”。

(二)气候投融资试点城市及效果

在当前全球气候治理与可持续发展进程之中，气候投融资在中国具备巨大前景。2022年8月10日，生态环境部发布了第一批全球范围内的全球气候变化投资试点区域的名单，共有23个城市和区域，12个市，4个区，7个国家级新区。各试点城市与区域的规模不尽相同，同一城市不同地区，在气候投融资方面也有不同发展模式。以北京为例，本次纳入试点的密云侧重于生态保护，通州侧重于绿色城市。在试点城市和地区中，既包括了具有良好经济基础的上海市浦东新区，又包括了内蒙古自治区包头市和甘肃省兰州市，更包括了四川省天府新区和广东省南沙新区等各种类型的区域。部分试点城市行动方案，见表17.6。

表17.6　部分试点城市行动方案

试点城市	发布时间	文件名称
北京市通州区	2022年10月	《北京市通州区(城市副中心)气候投融资试点三年行动方案(2023—2025年)(征求意见稿)》
湖南省湘潭市	2022年11月	《湘潭市气候投融资试点工作方案》《湘潭市气候投融资试点实施方案》
浙江省丽水市	2023年1月	《浙江省丽水市气候投融资试点工作方案》《浙江省丽水市气候投融资试点实施方案》《浙江省促进应对气候变化投融资的实施意见》(2023年3月发布)
北京市密云区	2023年1月	《北京市密云区气候投融资试点行动计划(2023—2025年)(征求意见稿)》
河北省保定市	2023年3月	《保定市气候投融资试点推进方案》
河南省信阳市	2023年5月	《信阳市气候投融资实施方案》
山西省长治市	2023年8月	《长治市2023年气候投融资试点工作行动计划》
山东省西海岸新区	2023年8月	《青岛西海岸新区气候投融资试点工作方案》《青岛西海岸新区气候投融资试点实施方案》

资料来源：证券之星23个气候投融资试点建设大盘点，https://finance.stockstar.com/IG2023101800025415.shtml。

(三)中国气候投融资问题及政策建议

1. 气候投融资政策存在的问题

(1)气候资金需求和供给矛盾突出

中国气候资金需求和供给矛盾突出，投融资缺口较大。2030年前，年均缺口约 0.54 万亿元，而 2030 年后平均每年气候投融资缺口约 1.3 万亿元以上①。绿色金融支持的行业过于集中，供需存在错配。在投融资结构方面，从 2017—2019 年的数据来看，气候投融资的信贷余额主要投向绿色交通运输项目（占比约 44%）和可再生能源及清洁能源项目（占比约 25%）②。从气候融资需求来看，能源行业的需求量在几大重点排放领域中最高，而建筑行业的总需求量次之，这表明气候资金的投放并不能完全匹配全社会气候融资需求。

（2）缺少统一的气候投融资标准和信息披露体系

目前我国在气候投融资方面尚未形成官方的或市场公认的权威标准。《气候投融资项目分类指南》删除了传统能源清洁高效利用，但涉及天然气的内容，仅保留了交通领域的加气站建设与运营，并未被纳入"低碳能源"类别中；《绿色产业指导目录（2019 年版）》相应条目包含了核电装备制造，但低碳能源类别并未纳入核能。此外，我国存在绿色信息披露强制性不足，披露标准不统一，企业、金融机构与监管部门在信息披露的责权不够清晰等问题。

（3）金融机构环境、社会和治理（ESG）投资占比较低

由于气候投融资项目具有正的外部性且并未实现内部化，普遍存在前期投资规模大、投资收益率不高和投资回收期长的特点，这就导致金融机构向气候投融资项目提供融资的动力明显不足。根据 CPI《2019 年全球气候投融资报告》，加拿大、日本、欧洲在资产管理过程中采用 ESG 框架的比例大都在 50%以上，而中国 2019 年基金管理机构开展 ESG 投资实践的比例仅为 16%。

（4）能力建设不足

部分地区低碳管理体制建设相对滞后，目标责任评价考核体系和统计体系尚不健全，缺乏相关专业人才，导致碳排放总量控制制度、碳金融等制度创新难以开展。金融机构熟悉绿色金融、气候投融资、ESG 等相关政策和产品设计运营的专业人才还比较缺乏，难以对气候投融资提供有力保障。目前，国家正在逐步构建一套气候投资制度，以填补与气候有关的金融方面的不足，促使气候基金逐步向供应端集中，对其运用的范围进行进一步的界

---

① 数据来源：新京报零碳研究院重磅发布《2023 绿色发展报告》，https://www.bjnews.com.cn/detail/1702551739168004.html。

② 数据来源：CPI，《2019 年全球气候投融资报告》，http://www.360doc.com/content/21/0629/20/42073224_984397006.html。

定，并对其进行独立的改进，从而对与之相适应的气候投资的统计与核算方式进行了改进。

2. 政策建议

通过对全球气候投融资情况的分析可以看出，目前全球气候投融资依然存在资金缺口巨大，部分私营部门（如银行）仍对高污染、高耗能、高排放领域企业投融资规模维持高位，用于适应气候变化的投融资资金体量较小，部分国家气候投融资资金情况难以统计等问题。针对这些问题，建议从以下几个方面进行改善，进一步推动全球气候投融资发展。

（1）引导私营部门优化资源配置，加大对相关领域企业支持力度

目前，尽管私营部门气候投融资规模呈现不断上升的趋势，但商业银行对于传统化石燃料公司贷款在 2019 年达到 6500 亿美元，一些民营企业的投资与金融政策也有待于进一步的调整与优化。所以，要引导私人部门进行最优的资源配置，对于高污染、高耗能、高排放的企业或项目，要做好融资的调整与引导工作，帮助它们实现低碳转型。与此同时，还要持续加强在新能源、绿色交通、绿色建筑、能效提升、防灾减灾建设等气候缓解和适应领域的融资支持。此外，还应加大对银行及其他金融组织开展环保业务的评估力度。

（2）提高对气候适应领域的投融资规模

根据 CPI 数据统计，2017—2018 年度可追溯性的气候投资资金中有 93%被用来缓解气候变化，这一数字为 5370 亿美元/年；相比而言，仅有 7%的可溯源的气候投融资用于适应气候变化，平均每年仅 300 亿美元。此外，还必须为各国提供更多的适应和减轻气候变化负面效应的经费，而目前针对气候适应的投融资远远不足以满足要求。因此，建议调动和鼓励更多的公私领域投资，通过国际合作获取境外低成本资金，通过创新气候投融资产品和服务借助金融机构促使更多气候适应项目融资落地，通过政策倾斜、融资引导、绩效评价等方式建立气候投融资激励机制，促进气候适应领域的投融资规模增长。

（3）推动建立气候投融资数据库与项目库，强化信息披露

目前，由于数据来源限制、统计机构能力等问题，部分国家内部、国家间气候投融资资金流动很难被完全记录，对于中国来说，也是如此。一方面，各国政府与机构增强对本土气候投融资项目、信息数据进行整理和整理，构建包含规模、行业、气候适应、气候减缓、投融资方式、投融资主体等多个维度的数据库；另一方面，加强对国际气候资金流的统计，如中国对“一带一路”、南南合作等的气候资金支持情况。这样有助于全球气候投融资信息的

积累和统计，利于国际谈判的开展，也可以在项目库中对气候影响明显的典型项目进行宣传和推广，从而产生规模的示范效果。

本章小结

1. 房地产业涉及宏观和微观两个层面，是国民经济的基础性产业和支柱性产业，具有易受政策影响，地域性明显，投资额度大、高度依赖融资，销售收入确认比较特殊和投资周期长，投资风险大等特点。

2. 房地产投资具有独特的特性，在房地产投资时需要进行投资决策分析。我国房地产市场新型证券融资方式主要包括房地产抵押贷款证券、房地产信托和 REITS 等。

3. 气候投融资的支持范围包括减缓和适应两方面，主要资金来源于公共资金与私人资金。当前，全球投资者对气候投融资呈现整体上升的趋势。气候信息披露有利于妥善管理气候变化风险。

4. 国内外气候投融资都取得重大进展，使用传统和新型气候投融资工具进行气候投资，以实现降低温室气体排放量和提高社会体系的适应能力的目的。

5. 我国国务院、国家各部委和其他部门气候投融资相关政策的发布，推动第一批共 23 个城市和区域进行气候变化投资试点，并取得一定效果。但我国气候投融资仍面临众多障碍，就政策层面提出推动其进一步发展的相关建议。

复习题

1. 选择题

(1)中国的房地产业作为一个迅速发展的行业，与其他行业相比，具有自身显著的特点，以下不属于房地产行业特点的是(　　)。

A. 受国家政策、经济环境显著影响

B. 虽然投资周期较长，但受益于国家重点发展行业资金支持，投资风险较小

C. 投资金额大，融资需求大

D. 地域性显著

(2)基于房地产投资(　　)的特征，房地产投资者特别重视房地产位置的选择。

A. 适应性强

B. 受政策影响大

C. 对专业管理依赖强

D. 不可移动性

(3)房地产间接投资不包括(　　)。

A. 房地产置业投资

B. 投资房地产投资信托基金

C. 投资于房地产企业债券

D. 购买房地产抵押贷款证券

(4)下列不属于商业房地产的项目是(　　)。

A. 购物中心

B. 旅馆

C. 写字楼

D. 车站

(5)房地产投资项目分析的任务不包括(　　)。

A. 为投资人提供投资方向

B. 为投资人提供运作方式

C. 为投资人提供投资方式

D. 为投资人确定投资收益

2. 简答题

简述房地产投资的特点。

3. 论述题

请根据当前国内外气候投融资发展现状,提出政策建议。

参考文献

[1]马克思. 资本论:第 3 卷[M]. 北京:人民出版社,1975.

[2]SAMUELSON P A,NORDHAUS W D. Economics[M]. 13th edition. New York:McGraw-Hill Book Company,1989.

[3]张中华. 投资学[M]. 5 版. 北京:高等教育出版社,2021.

[4]孙娟. 投资学[M]. 成都:电子科技大学出版社,2020.

[5]顾孟迪. 投资学[M]. 上海:上海人民出版社,2002.

[6]邢天才,王玉霞. 证券投资学[M]. 大连:东北财经大学出版社,2007.

[7]凯恩斯. 就业、利息和货币通论[M]. 高鸿业,译. 北京:商务印书馆,1999.

[8]林俊国,郑路. 证券投资学[M]. 北京:经济科学出版社,2013.

[9]吴晓求. 证券投资学[M]. 北京:中国人民大学出版社,2020.

[10]赫尔. 期权、期货及其他衍生产品[M]. 王勇,索吾林,译. 北京:机械工业出版社,2018.

[11]闫怀艳. 证券投资学[M]. 广州:华南理工大学出版社,2016.

[12]刘园. 固定收益证券[M]. 北京:首都经济贸易大学出版社,2017.

[13]麦克米伦,平托,皮里. 投资学[M]. 王晋忠,译. 北京:机械工业出版社,2015.

[14]李凤云,崔博. 投资银行理论与案例[M]. 北京:清华大学出版社,2011.

[15]郑振龙,陈蓉. 金融工程[M]. 北京:高等教育出版社,2016.

[16]张亦春,郑振龙,林海. 金融市场学[M]. 北京:高等教育出版社,2013.

[17]陈胜男. 我国财政政策与货币政策的组合效应研究[D]. 长春:吉林大学,2010.

[18]马君潞,李学峰. 投资学[M]. 北京:科学出版社,2011.

[19]丁忠明. 证券投资学[M]. 北京:高等教育出版社,2020.

[20]博迪,凯恩,马库斯. 投资学[M]. 汪昌云,张永骥,译. 北京:机械工

业出版社,2017.

[21]杨兆廷,刘颖,郭翠荣. 证券投资学[M]. 北京:人民邮电出版社,2014.

[22]黄贞贞,臧真博,苏娟. 证券投资学[M]. 重庆:重庆大学出版社,2017.

[23]唐凌,林文玲. 证券投资学[M]. 南京:南京大学出版社,2019.

[24]马金,塔特尔,平托. 投资组合管理:动态过程[M]. 李翔,刚健华,译. 3 版. 北京:机械工业出版社,2012.

[25]赫尔. 风险管理与金融机构[M]. 王勇,董方鹏,张翔,译. 北京:机械工业出版社,2021.

[26]赖利,布朗. 投资分析与组合管理[M]. 涂红,译. 北京:机械工业出版社,2023.

[27]王朝晖. 证券投资学[M]. 北京:人民邮电出版社,2016.

[28]饶育蕾,彭叠峰,盛虎. 行为金融学[M]. 北京:机械工业出版社,2018.

[29]KAHNEMAN D, AMOS TVERSKY. A prospect theory: An analysis of decision under risk[J]. *Econometrica*, 1979, 47(2).

[30]高志云. 房地产投资分析与实务[M]. 北京:北京大学出版社,2014.

[31]吴晓求,方明浩. 中国资本市场 30 年:探索与变革[J]. 财贸经济,2021 (4):17.